최은희가 들려주는 그림책 이야기

학교로 간 그림책

최은희가 들려주는 그림책 이야기

학교로 간 그림책

사이사이의 힘

차례

3. 그림책 안에서 살며 깨달으며

4. 우리 그림책은 어때?

5. 옛이야기 그림책도 썩 괜찮아

6. 이야기 그림책만 그림책인가?

머리말

그림책을 보여주는 몇 가지 엉큼한 속셈

그림책을 좋아하는 사람과 만나 이야기를 나누다 보면 종종 이런 말을 듣는다. "저어, 그림책에 대해서는 잘 모르는데……." 그런데 어느 순간 이런 생각이 들었다. 소설이나 동화를 읽을 때 우리는 단 한 번도 "소설에 대해서 잘 모르는데……." 또는 "동화에 대해서 잘 모르는데……."라고 하지 않는다. 또 아이들은 그림책을 보여 주면 그저 즐거워할 뿐이지 그림책에 대해 말할 때 주저하거나 기죽지 않는다는 것이다. 결국 그림책에 대한 이러저러한 이론이나 개론서를 본 어른들만이 오히려 그림책에 대해 기죽어 있고, 으레껏 자신의 생각을 드러내는 데 주저하게 된다는 생각에 이르렀다. 그래서 나는 어느 순간부터 그림책 앞에만 서면 은근히 주눅 들던 마음을 툭툭 털어 버리기로 마음먹었다. 그렇지만 지금 이 순간에도 그림책 앞에만 서면 수그러드는 마음의 고개가 당당하게 곧추세워진 것이 아님을 고백한다.

이제부터 내가 아이들에게 그림책을 보여 주는 엉큼한 속셈을 고백하는 이야기에는 그림책에 주눅 든 내 생각을 어찌하든 극복해 보고 싶은 마음 역시 포함되어 있다. 그림책을 보여 주는 엉큼한 내 속내를 처음에는 아이들에게 들키지 않았는데 어느 순간 내 입으로 불어 버렸다. 그림책을 보여 주는 기쁨과 즐거움이 너무 커져서 스스로 감정을 절제하지 못한 까닭이다. 그 때 아이들 눈빛은 얼마나 의기양양하던지.

첫 번째 엉큼한 속셈

아이들 상상력을 훔쳐다가 앙상한 내 상상력 살찌우기

아이들에게 그림책을 보여 주는 첫번째 속셈은 몇 번을 보아도 앙상한 내 상상력과 허술하기 그지없는 관찰력으로 빈곤한 책 읽기를 아이들 것으로 채워 보려는 것이다. 고백하건대 이런 내 속셈은 언제나 넘칠 만큼의 효과를 본다. 『아기늑대 삼 형제와 못된 돼지』를 볼 때였다. 아기늑대 삼 형제가 높다란 철 구조물 위에 앉아 맛있게 무언가를 먹는 표지부터 아이들은 제 각각 이야기를 하느라 바쁘다. 책 제목과 그림의 관계를 나름대로 상상하는 것이다.

"저게요, 돼지가 숨겨 놓은 걸 늑대들이 몰래 훔쳐서 먹는 거예요. 근데 돼지는 먹는 것 뺏기면 못 참거든요. 그래서 돼지가 못되게 된 거예요."

수학 시간에는 영 죽을 표정을 하고 있는 길성이지만 그림책을 보여 줄 때는 얼마나 신선한 생각을 해 내는지 나를 깜짝깜짝 놀라게 만든다. 표지 그림만 보고 돼지가 왜 못된 돼지가 될 수밖에 없었는지 생각을 이끌어 내는 게 놀랍다.

"저기, 돼지는 원래 먹는 걸 좋아하잖아요. 근데 늑대들이 지네들끼리만 맛있는 거를 먹으니까 삐져서 심술부릴 것 같아요."

평소에는 수줍어서 자기 생각을 잘 드러내지 않는 나영이도 그림책을 보여 줄 때는 서슴없이 자기 이야기를 한다. 정답이 없는 그림책 보기가 나영이의 숨통을 열어 주는 것이리라.

“지들끼리만 맛있는 거 먹구, 얄미워. 민성이 같이.”

헌용이가 민성이를 돌아보며 한마디 하자 “야!”하고 소리를 지르는 민성이 얼굴이 벌개지고 입이 한 보퉁이나 나온다. 이렇게 저마다 상상력에 발동을 걸기 시작한 아이들은 요술 램프처럼 생긴 속표지에 그려진 주전자와 찻잔이 이야기를 이끌어 가는 중요한 역할을 하게 될 것을 알아채기에 이른다.

“어, 저기 늑대가 주전자 들고 도망간다!”

명인이가 벽돌이 와르르 무너지기 직전에 밖으로 빠져 나오는 그림을 보며 손가락질을 한다.

“어, 근데 큰 형인 늑대가 가지고 가네? 역시 형아가 최고다.”

재성이의 말을 들으며 나는 책을 다시 들여다보았다.

“앗! 나는 못 보았는데…… 역시…….”

속으로 쾌재를 불렀다. 나는 검은 색 늑대가 찻주전자를 가져가는 것까지는 알아채지 못했는데, 아이들 눈은 얼마나 예리한지.

“야, 이번에는 막내 동생이 가지고 도망간다.”

“근데 막내 꼬리에 불 붙었어. 아, 다 타면 어쩌냐?”

“얼른 시냇물에 가서 꼬리 담그면 될 텐데…….”

아이들은 마치 실제 상황이 벌어진 것처럼 야단이다. 잔디밭에 뒹굴어도 된다고 하는 아이, 재들은 죽어도 주전자는 안 잃어버린다는 아이. 다음 장면으로 책장을 넘기기까지 족히 몇 분은 흘렀다.

"야, 돼지한테 꿀차 타 주는 저 돼지는 둘째 맞지? 그치?"

동욱이의 이 말 한마디는 그야말로 감동 그 자체이다. 나는 눈이 무뎌서 흘려보낸 그림의 장면 장면을 아이들은 이렇게 섬세하고 예리하게 찾아내는 것이다. 이런 아이들의 반응을 보면 내 속셈은 그 목적을 충분히 달성하는 것이다. 아이들 때문에 흐리고 경직된 내 눈이 조금씩 조금씩 열리고 닦여지는데 내 어찌 우리 아이들에게 그림책 보여 주는 일을 게을리 할 수 있겠는가?

두 번째 엉큼한 속셈

꽁꽁 감춰 둔 아이들 마음 들여다보기

아이들은 학년이 올라갈수록 자기 마음을 드러내려 하지 않는다. 어린 학년일 때는 묻지 않는 말도 종알종알해대서 때론 선생을 피곤하게도 하는데 점점 묻는 말에도 건성이고 좀체 제 속내를 보여 주지 않는다. 그러다보니 아이들 마음속을 잘 읽어야 하는 선생은 아이들과의 관계를 만들어 가는 데 어려움이 많다. 그런데 그림책을 보여 주면서 아이들 마음을 들여다보는 일이 조금 수월(?)해졌다. 그림책을 가운데 두고 생각을 나누다 보면 자기도 모르게 제 속내를 이야기하게 된다. 때론 아이들에게 하고 싶은 말을 그림책을 가지고 에둘러 말하기도 한다.

우리 반에는 영리하고 눈치도 빠르고 공부도 잘하고 게다가 운동까지 잘하는 그야말로 눈에 띄는 아이가 있다. 앞에서 동무들을 이끄는 능력도 있는 아이인데 좋지 않은 면이라면 승부욕이 많아서 지는 것을 무척 싫어해 능력이 뒤처져서 허덕이는 아이를 잘 용납하지 못하는 구석이 있다. 그래서 다른 아이들이 눈물 바람도 많이 하고 일기장에 하소연도 종종 한다. 그렇지만 아무도 나서서 그 아이의 부당함을 지적하거나 힘의 횡포(?)에 대항하지 못한다. 어른이 나서서 문제를 해결해 주길 바랄

뿐 아이들 스스로 맞서지 못하는 것이다. 선생의 고민은 바로 그 지점이다. 드러내 놓고 아이를 꾸짖을 수도 없고, 또 원칙적인 이야기로 아이를 훈계할 수도 없기 때문이다. 그 때 내가 선택한 방법은 그림책 보여주기였다. 『으뜸 헤엄이』를 보여 주며 아이들이 감춰 둔 이야기도 듣고 내가 하고 싶은 말도 하려는 속셈이다.

"상어나 고래처럼 큰 물고기가 많은 바다에서 요렇게 작은 물고기들은 어떻게 살아 남을 수 있을까?"

"그럼, 너희들 가운데 상어나 고래처럼 혹 다른 동무를 힘들게 하는 사람은 없을까?"

"어떻게 해야 힘센 동물을 이겨 내며 살아갈 수 있을까? 나라면 어떻게 할까?"

나는 그림책을 보여 주며 장면마다 이런 질문을 던졌다. 그러자 이제까지 그 아이 앞에서 자기의 억울하고 속상한 마음을 드러낸 적이 없는 아이들이 입을 열었다.

"저도 언젠가 ○○이가 축구 못 한다고 자기 편 하지 말라고 했는데, 그냥 울기만 했거든요. 그때 너무 억울해서 전학 가고 싶었는데 이제 또 그러면 왜 그러냐고 축구 못 하는 사람은 축구도 할 수 없는 거냐구 따질 것 같아요."

일수가 억울한 듯 얼굴이 벌개져서 이야기하자 ○○이가 고개를 푹 숙였다. 나는 모른 척하고 일수를 향해 고개를 끄덕여 주었다.

"저도 ○○이가 '지나 똥' 하면서 내 별명을 불러서 뭐라구 그랬더니, 미안하다고도 안 하구 날 때렸어요. 근데 다른 친구들이 아무도 나한테 위로를 안 해 줘서 더 속상했어요."

"니 편 들어 주면 ○○이가 안 놀아 주니까 그렇지."

혜원이가 미안한 얼굴로 말하자 몇몇이 고개를 끄덕거린다. 말을 꺼낸 지나는 억울했던 그때 일이 떠올라 무릎에 얼굴을 묻고 운다. 옆에 있던 정원이가 지나 어깨를 도닥거려 준다.

"힘 센 사람이 힘만 믿고 친구를 따돌리면 우리 반 전체가 힘을 합쳐서 그 친구를 물리쳐야 해요. 으뜸 헤엄이처럼요."

"그래, 근데 친구를 물리친다는 것은 어떻게 하겠다는 거지?"

"어, 어, 그 친구가 다른 친구를 무시하면 그렇게 하지 말라고 단체로 편지를 쓰든지, 또 말을 하든지 해서 깨닫게 해 주는 거예요."

"저, 힘만 믿는 애랑 안 놀아 주면 돼요."

"근데 그러면 걔가 너무 불쌍해요. 그냥 말로 잘 타이르면 돼요."

아이들끼리 의견이 분분하다. 나는 그저 고개만 끄덕이며 들어 주면 된다. 다만 한 아이에 대한 인신공격으로 나아가지 않게 적절하게 이야기를 끊어 주거나 흐름을 돌려주면서 말이다.

아이들이 마음에 맺힌 이야기를 털어 놓으며 속이 후련해지면 그림책 보여 주기는 이미 충분히 효과를 발휘한 것이다. 또 동무들 이야기를 들으며 고개를 떨군 그 아이도 당장은 속상하고 분하겠지만 자기 때문에 마음에 상처를 입은 동무들 이야기를 들을 수 있으니 내가 노린 속셈은 이루어진 셈이다. 평소에는 아이들이 털어놓기 어려워하는 이야기를 나는 이렇게 그림책을 보여 주며 듣는다. 아이들은 이야기의 흐름에 동화되어 자연스럽게 자기 속내를 털어놓는 것이다. 그림책 한 권으로 아이들 삶이 금방 달라질 리는 없지만, 아이들이 써 낸 감상글이나 그림을 보면, 조금씩 나아지리라는 기대를 갖게 된다.

세 번째 엉큼한 속셈

따분한 공부 시간을 즐겁게 보내기

초등학교 국어 교과서는 가르치는 선생이나 배우는 아이들에게 모두 재미없다. 그야말로 가르치겠다는 자세가 노골적으로 드러나 있어 따분하고 참신성이라고는 찾아보기 힘들다. 그러다 보니 선생이나 아이들이나 교과서에 흥미나 호기심을 나타내지 않는다. 흥미나 호기심이 없다는 것은 곧 공부가 수동적이고 평면적으로 이루어질 수밖에 없음을 뜻한다. 그래서 나는 그림책을 교과서 대신 활용한다.

뒷이야기 상상하기를 공부할 때는 아이들이 잘 알지 못하는 그림책을 고른다. 『100만 번이나 산 고양이』, 『녹슨 못이 된 솔로몬』, 『곰 인형 오토』, 『아모스와 보리스』, 『왕치와 소새와 개미』 등등 새로 나온 그림책 가운데 서사 구조가 탄탄한 것을 고른다. 그림책을 활용하여 수업을 해보면 아이들의 무궁무진한 상상력 앞에 절로 감탄사가 나올 뿐이다.

또 인물의 마음 알기나 인물에 어울리는 목소리로 이야기 읽기를 공부할 때는 『샌지와 빵집 주인』, 『부루퉁한 스핑키』, 『똥벼락』, 『팥죽할멈과 호랑이』 등으로 제재를 재구성하면 아이들이 무척 즐겁고 적극적으로 공부하는 모습을 볼 수 있다.

그림책은 완결된 구조를 갖추고 있으면서도 분량이 적어 수업 시간에 활용하기가 안성맞춤이다. 아울러 아이들의 호기심과 흥미를 이끌어주어 상상력과 창의력을 발휘하게 하는 데 매우 유용하다. 이렇게 내가 그림책으로 제재를 재구성하여 수업을 한 덕분인지 우리 아이들은 국어 시간을 가장 재미있어 하고 또 수업에 무척 적극적이다. 그래서 우리 반 국어 시간에는 공부를 잘하는 아이나 힘들어 하는 아이 모두 자기의 이야기를 거리낌 없이 드러내 놓는다. 이것이 내가 수업 시간에 그림책을 보여 주는 세 번째 속셈이다.

그림책 보여 주기에 대한 내 엉큼한 속셈은 몇 가지가 더 있으나 다음에 기회가 있으면 고백하기로 하고 이만 줄인다. 끝맺으며 고백하는 마지막 한마디는 '나는 가르치기 위해 그림책을 보여 주는 것이 아니라, 배우기 위해 그림책을 보여 준다.'는 것이다.

2014년 새봄에
최은희

1

학교는 오늘도 안녕하다?

1. 공평과 허용의 아슬아슬한 줄타기

『미술 수업』 © 토미 드 파올라 글, 그림, 엄혜숙 옮김 | 문학동네

화가가 되고 싶은 계집애가 있었다. 전깃불도 들어오지 않는 궁벽진 산골에 사는 계집애의 꿈치고는 꽤 화려하고 거창했다. 발목이 빠질 정도로 함박눈이 내린 아침. 문을 열면 붉은 용 비늘로 몸을 감싼 듯한 몇십 년 묵은 소나무 숲이 펼쳐져 있었다. 붉은 소나무 가지 끝에 있는 짙푸른 녹색 솔잎 위에 솜이불처럼 내려앉은 하얀 눈. 그걸 그리고 싶었다. 그러나 여덟 가지 색밖에 칠할 수 없는 크레용으로는 도저히 눈 앞의 장관을 흉내조차 낼 수 없었다. 서울 나들이를 다녀오신 아버지가 마흔여덟 색 왕자표 크레용를 사다 주신 날, 나는 비로소 꿈을 이룰 수 있다고 확신했다. 언니들이 받아 온 상장 뒷면에 그리고 또 그렸다. 아버지는 내가 그린 그림을 들여다보고는 '허허' 웃으셨다. 그리곤 밥풀을 짓이겨 그림을 벽에 줄줄이 붙여 놓았다. 마치 『미술 수업』에 나오는 토미네 식구들처럼. 그렇게 키워가던 화가의 꿈이 무너진 건 클럽 활동 부

서의 미술 선생님을 만나고 나서다.

아버지가 사 준 크레용를 신줏단지 모시듯 껴안고 간 미술부에서 선생님은 교탁 위에 사과 세 알을 올려놓고 그려 보라고 하셨다. 빨간 사과 세 알을 일렬횡대로 평평하게(그때까지 나는 그림을 입체적으로 그려야 한다는 걸 전혀 알지 못했다) 그렸다. 선생님은 그림을 보며 미술부에 합격한 아이들 이름을 불렀다. 끝내 내 이름은 불리지 않았다. '이름을 부르지 않은 사람은 다른 부서로 가도 좋다.'는 선생님 말을 들으며 나는 짐을 꾸렸다. 왕자표 크레파스를 껴안고 학교 변소 뒤에서 한참을 쪼그려 앉아 울었던 기억이 난다. 그러면서 화가가 되겠다는 내 꿈도 함께 접었다.

『미술 수업』을 읽으며 수십 년도 더 지난 어린 날의 나를 만나게 되었다. 화가가 되고 싶었던 어린 계집애의 꿈이 싹도 틔워 보지 못했던 서글픈 기억. 그 때 나를 밀어냈던 미술 선생님의 얼굴이 아직도 또렷한 건 내 절망이 그만큼 컸다는 것일까? 배가 나오고 오른 쪽 볼에 애기 손톱만 한 점이 있던 미술 선생님. 그러면서 나는 『미술 수업』의 주인공 토미가 무척 부러웠졌다. 절제된 허용을 보여 주신 선생님의 마음씀씀이가 또한 눈물겹게 고마웠다. 만약 바우어스 선생님 같은 분을 만났다면 내 인생은 어떤 골목길을 걸어가고 있을까 상상해 보았다. 이 책을 읽으며 나는 토미의 꿈이 좌절되면 어쩌나 안절부절못했다. 마음속에 있는 숱한 그림을 종이에 옮기고 싶어 하는 이 아이의 꿈이 꺾이면 어떡하나 불안했다. 그림 그리기를 가장 잘한다고 믿는 아이 마음을 주저앉히는 일이 생길까 봐 힘이 들었다. 『미술 수업』의 토미를 보며 나는 단발머리의 산골 계집애가 되어 있었다.

그림책을 보면, 속표지 첫머리에 'OO에게 바칩니다'라는 헌사의 문구가 새겨진 것을 발견할 때가 많다. 대부분 외국 작가의 책인 경우가 많다. 그런 책을 만나면 나는 그 책의 작가가 믿음직스럽다. 한없이 든

든하다. 대부분 가족이나 자기가 아끼고 사랑하는 사람에게 바치는 그 글귀는 작가의 마음 씀씀이, 책을 만드는 자세가 어떤지를 보여 주기 때문이다. 누구나 자신이 가장 사랑하는 이들에겐 최고의 것을 주고 싶어 한다. 비록 최고의 것이 되지 못해도 최선을 다하겠다는 작가의 다짐이 엿보여 가슴이 뭉클하다. 토미 드 파올라는 자신이 화가가 될 수 있게 마음을 써 준 5학년 때 담임 선생님과 미술 선생님, 그리고 크레용을 만들어 준 회사와 크레욜라 크레용에게 헌사를 바친다. 얼마나 근사한 일인가? 우리 아이들에게 그림책을 읽어 줄 때 나는 작가의 헌사를 빼먹지 않고 또박또박 읽어 준다. 최선을 다해 작품을 만들겠다는 그들의 마음 다짐과 다른 사람이 베풀어 준 고마움을 잊지 않는 자세를 들려주고 싶기 때문이다.

토미는 화가가 되고 싶었다. 그리기는 자기가 가장 좋아하는 일이기 때문이다. 그건 특별한 일이 아니었다. 다른 친구들이 거북이를 모으고 모래성을 쌓고 재주넘기와 물구나무서기를 잘하는 것과 다르지 않으니 말이다. 시간이 날 때마다 그리고 또 그리는 토미. 즐거움은 사람을 지치게 하지 않는다. 토미의 쌍둥이 사촌 누나들은 다른 사람의 그림을 따라 그리지 말라고 한다. 대신 연습하고 또 연습하라고 한다. 누나들의 말을 따라 토미는 제가 그리고 싶은 것을 제 방식대로 그리는 데 열중한다. 식구들은 토미의 그림을 집 안 곳곳에 붙여 둔다. 우리 아버지가 그랬듯이. 피붙이들이 보여 준 적극적인 지지는 토미에게 자신감을 심어 준다. 그러나 이런 자신감은 자칫 경계를 넘기 마련이다. 침대보에 그림을 그리고, 새집의 벽에 그림을 그리는 토미. 과유불급(過猶不及)이라 했던가? 자신감이 지나친 토미는 경계를 넘어선다. 그러나 식구들은 토미에게 그런 행동을 하지 말라고만 할 뿐, 정작 그림을 그리기 위해서 무엇을 먼저 배우고 익혀야 하는지 가르쳐 주지 못한다.

그런 토미에게 시련이 닥친다. 물감으로 그려야 한다는 것과 초등학교에서는 종이를 단 한 장밖에 주지 않는다는 사실이 토미를 불안하게 한다. 그런 토미 앞에 나타난 화가 미술 선생님. 미술선생님은 파란색 작업복을 입고 있다. 푸른색 작업복은 냉정한 이성의 소유자라는 것을 알려 주는 것인지도 모른다. 일 학년 선배들의 그림 앞에 서 있는 토미의 뒷모습. 엉덩이가 빠짝 치켜 올라가 있고 양 손을 쫙 벌린 채 서 있는 모습이 토미가 얼마나 긴장하고 있는지 보여준다. 아이들 말로 하면 바짝 쫀 것이다.

일 학년 생일날, 토미는 64색 크레용을 선물로 받는다. 가지가지 색을 보며 토미는 얼마나 설레었을까? 그러나 설렘은 된서리를 맞는다. 일 학년을 맡은 랜더스 선생님은 똑같은 크레용을 써서 그림을 그려야 한다고 말한다. 두 번째 시련이다. 똑같은 조건에서 그림을 그리는 법을 배우라는 선생님 말씀이다. 지켜야 할 규칙도 많다. 학교 물건인 크레용을 소중히 다뤄야 한다는 것과 종이를 딱 한 장밖에 나눠 주지 않는 것. 의기소침한 토미 뒤에 허리에 손을 얹고 서 있는 커다란 몸집의 선생님은 거역하기 힘든 존재임을 알려 준다. 작가가 잘라내기 기법을 활용하여 마저 그리지 않은 선생님의 얼굴이 어떠할지 상상이 된다. 그러나 토미는 금기의 선을 넘고자 한다. 64색 크레용을 품 안에 넣고 학교로 간다.

그런데 산 넘어 산이라더니! 바우어스 선생님은 '선생님 그림을 따라 그리라.'고 한다. 세 번째 시련이다. 감히 위대한 화가 토미에게 남의 그림을 따라 그리라니. 진짜 화가는 따라 그리지 않는다는 걸 아는 토미에게 이건 도저히 납득할 수 없는 가르침이다. 토미는 반기를 든다. 진짜 화가는 남의 그림을 따라 그리지 않는다며, 64색 크레용을 써서 그림을 그리고 싶다고 말한다. 바우어스 선생님과 랜더스 선생님은 잠시 머리를 맞대고 고민한다. 공평함과 허용의 줄타기를 시도한다. 다른 아이들과 다르게 대하지 않으면서 그림에 대한 토미의 열정을 북돋아 줄 수 있는 방법을 찾아낸다.

이 대목에서 나는 마음이 조마조마했다. '안 돼! 어디 규칙을 어기려고 해! 선생님이 시키는 대로 해! 쪼그만 게 건방지게!'라고 윽박지를까 봐 겁이 났다. 그러면 토미가 얼마나 상처 받을지, 화가가 꿈이었던 계집애는 알고 있기 때문이다. 그러나 선생님은 규칙을 지키면서도 토미가 하고 싶은 것을 할 수 있도록 묘안을 내놓는다. 우선 다른 사람의 그림을 따라 그리고 시간이 남으면 토미가 가진 크레용으로 그리고 싶은 것을 맘껏 그리라고 한다. 이 얼마나 공평한 허용인가? 그러면서 깨달음을 준다. 진짜 화가가 되기 위해서는 숱한 모방의 과정을 거쳐야 함을. 모방의 과정을 철저하게 거친 사람만이 제 마음으로 읽는 그림을 그려낼 수 있음을 가르쳐 준다. 말로 가르치는 것이 아니라 제 몸을 움직여 직접 깨닫게 한다.

선생님의 말씀을 듣고 남자 순례자와 여자 순례자, 칠면조를 그린 뒤 토미가 가장 먼저 그린 그림을 보면 선생님의 가르침을 토미가 어떻게 받아들였는지 짐작할 수 있다. 토미는 꽃을 들고 있는 바우어스 선생님을 그린다. 꽃을 든 바우어스 선생님은 웃고 있다. 그림을 들고 서 있는 토미 역시 당당한 모습으로 행복하고 만족스럽게 웃고 있다. 그림 속의 토미는 말하고 있다. 그림을 그리고 싶어 하는 자신의 마음을 다치지 않게 하면서, 진정한 화가가 되기 위해서는 무엇을 먼저 배우고 익혀야 하는가를 알려 준 선생님의 따뜻한 마음이 얼마나 고마운지. 또한 공평함을 잃지 않은 배려의 가르침이 오늘의 토미 드 파올라를 있게 해 주었음을 마지막 그림에서 다시 한 번 보여준다. 이 얼마나 잔잔한 가르침이고 배움인가?

교사로 있으면서 가장 어려운 점은 엄격함과 자애로움의 경계를 지켜내는 일이다. 때때로 나는 엄격함과 자애로움의 줄타기를 얼마나 아슬아슬하게 해내느냐가 아이들과 행복하게 생활하는 데 중요한 변수임을 절감한다. 과유불급(過猶不及)을 유지하는 것. 그건 바우어스 선생님처럼 모두에게 공평함을 유지하면서 절제된 허용을 할 수 있는 것이다. 공평함을 강조하다 보면 유연하고 탄력적인 사고를 하지 못하는 경우가 생길 수 있다. 그때는 아이들 마음을 들여다보면 된다. 똑같은 책상과 걸상에 앉아 있지만 각기 다른 생김새의 아이들 마음속에 일어나고 있는 그림을 읽으려 애쓰면 된다. 그런데 사과 세 알을 올려놓고 입체적으로 그리지 못했다고 미술부원으로 받아 주지 않은 초등학교 때 선생님은 왜 나에게 미술부에 왔느냐고 묻지 않았던 걸까? 『미술 수업』을 읽으면서 화가가 꿈이었던 단발머리 계집애는 공연히 울적해졌다.

2. 낱말이 모여모여 이야기를 만들 듯

『낱말 수집가 맥스』 © 케이트 뱅크스 글, 보리스 쿨리코프 그림, 신형건 옮김 | 보물창고

얼마 전, 텔레비전 다큐 프로그램에 출연한 일이 있다. 아이들과 지내는 이런저런 일, 우리 학교 이야기를 나누고 마지막으로 이런 질문을 받았다. "어떤 선생님이 되고 싶냐?" 별 망설임 없이 "이야기를 들려주는 선생님."이라 답했다. 그런데 인터뷰를 마치니 슬그머니 후회가 되었다. '좀 더 근사하고 멋진 말을 할 걸 그랬나? 너무 평범한가?' 그러다 혼자 피식 웃고 말았다. 남들에게 그럴듯하게 보이는 그런 대답은 오히려 우스꽝스런 일임을 깨달았기 때문이다.

지금까지 해 온 일을 꾸준하게 조금 더 깊게 할 수 있도록 애를 써도 모자랄 판국에 겉모습에 신경을 쓰는 부족한 됨됨이도 부끄럽게 느껴졌다. 그날 이후 나는 정말 '이야기를 들려주는 할머니'가 되겠다는 다짐을 하며 아이들을 만난다. 아이들에게 크나큰 가르침을 주겠다는 헛된 욕심을 버리자고, 그저 아이들 곁에서 그들이 보여 주고 들려주는 이야기를 고개 끄덕이며 듣는 이로 자리하자고 스스로를 다독인다. 나이 마흔을 넘기며 그렇게 나는 또 꿈을 꾸고, 그 꿈을 위해 아이들 마음을 닮아 보려 한다.

남들이 가진 것을 한없이 부러워하며 열등감에 괴로웠던 때가 있었다. 책꽂이에 책이 가득하던 친구네 집을 갔다 온 날, 저녁밥을 지으라는 엄마 말을 무시하고 일찌감치 자리에 누워 가난한 우리 집을 원망하며 훌쩍거렸다. 글짓기 대회에서 번번이 미역국을 먹었을 때, 빳빳한 상장을 든 친구가 미워 얼굴도 보지 않고 며칠 동안 말도 하지 않았다. 그러면서 부글부글 끓는 미움과 열등감을 재우지 못하고 마음앓이를 했다. 그런데 어느 날, 엄마한테 들은 옛날이야기를 친구들에게 들려 주었는데, 애들이 이야기를 참 재미나게 한다는 거였다. 친구들은 '네 얘기를 들으면 마치 그 일이 진짜 일어나는 것 같다.'며 치켜세웠다. 많은 사람 앞에 서면 사시나무 떨듯 하던 나였지만 몇 명을 모아 놓고 말을 할 땐 나도 모르게 흥이 나서 이야기를 덧붙여서 하곤 했다.

나를 닮은 아이가 있다. 아니 전혀 닮지 않은 아이다. 맥스는 형들이 가진 재주를 부러워하지만, 그것 때문에 절망하거나 열등감에 빠지지 않는 아이다. 스스로가 가장 잘할 수 있는 일을 찾아내는 무척 적극적이고 자신감에 찬 아이다.

"재는 글자로 상상을 하며 노나 봐요? 그때 우리가 신문에서 글자 찾아서 붙인 적 있잖아요. 그것처럼 가위로 글자를 오려서 만들고 그러네요."

지원이가 표지를 보며 말한다.

"근데 저 악어랑 개가 있는데도 웃고 있네요? 무섭지 않나?"

"야, 상상인데 뭐가 무섭냐?"

지원이 말에 강민이가 머쓱해한다.

"강민아? 너는 무섭니?"

"아니, 나는 안 무서운데 쟤는 어린 아이잖아요? 그래서 쟤가 무서울 것 같아서……."

강민이는 완강하게 부인하지만 나는 안다. 강민이는 막내인데다 덩치도 작고 겁이 많아 낯선 것에 다가가려 하지 않는 아이란 것을. 얼굴을 붉히며 강한 부정을 하는 강민이를 보며 터지려는 웃음을 참아야 했다.

"어? 쟤 혹시 작가?"

"왜?"

"글자를 가지고 뭐를 만들고 있잖아요. 글자를 갖고 만드니까 이야기 그런 거 쓰는 작가 같아서."

작가 지망생 보연이 눈이 예리하다. 정말 책상 위에 숱한 낱말 조각을 늘어놓고 앉은 아이가 고개를 돌려 독자를 쳐다보며 웃는 표정이 자못 의미심장하다. 뭔가를 성취한 사람만이 지을 수 있는 표정이다. 나는 보연에게 말없이 엄지손가락을 세워 보인다. 각양각색의 우표를 모으는 형 벤자민은 책상 가득 우표를 모아 놓고 득의양양하다.

"선생님, 저 애 욕심쟁이 같아요."

"왜?"

"다른 애들이 만질까 봐 우표에 손을 탁 올려놓고 있잖아요."

"맞아요, 그리고 다른 사람들이 쳐다보니까 눈을 흘기고 있잖아요. 또 우표가 저렇게 많은데 맥스가 한 장만 달라는데도 안 주잖아요."

그러고 보니 벤자민의 우표를 보는 사람들은 모두 뒷짐을 지고 있거나 팔짱을 끼고 있다.

"진짜. 니들 말을 듣고 보니 그런 것 같다."

동전을 수집하는 칼 역시 마찬가지다. 동전 한 닢만 달라는 맥스의 청을 매몰차게 거절한다. 그러나 맥스 표정을 보니 크게 낙담하는 것 같지는 않다. 대신 자기는 무얼 모을까 곰곰이 생각한다. 그러다 낱말을 모을 결심을 한다.

"낱말을 모아 어디에 쓰려고 그러지?"

내가 무심한 듯 한마디 툭 던지자, 보연이가 배시시 웃으며 조그만 소리로 말한다.

"이야기 쓰려구요."

'어허, 그것 참!'

나는 감탄을 한다. 맥스는 처음에는 짧은 낱말을 모은다. 그리고 그것을 책상에 죽 늘어놓는다. 낱말이 가득한 잡지에 푹 묻힌 맥스는 놀이에 몰입한 아이 그대로다. 한 번 시작한 놀이는 멈추지 않는다. 좀 더 긴 낱말을, 그 다음에는 기분을 좋게 하는 낱말을 모으는 맥스. 놀이의 자발성이 그대로 드러나는 장면이다. 무엇이든 그렇지 않은가? 처음에는 단지 재미와 호기심으로 출발한 것이 차츰 어떤 형태를 만들며 완성되어 나가는 것이 꿈을 실현하는 일반적인 과정이다. 좋아하는 음식의 이름을 모으고, 좋아하는 색깔을 모으는 맥스는 이제는 잘 모르는 낱말의 뜻을 찾고, 그것을 쪽지에 베껴 쓰기에 이른다. 탐구의 과정에 이른 것이다.

이 대목을 읽을 때 나는 문득 내가 처음 그림책을 만나던 장면이 떠올랐다. 팔 개월 된 아이와 놀기 위해 그림책을 찾아 읽었다. 그러던 것이 차츰 즐거움과 흥미가 커져 이제는 아이보다 내가 그림책을 좋아해서 그림책을 가지고 글을 쓰고, 나이 들면 '그림책 읽어 주는 할머니'가 될 꿈을 꾸고 있으니 맥스와 무엇이 다른가? 자기 세계에 몰입한 맥스를 보고 이제는 형들이 기웃거린다.

"와아! 이제는 형아들이 맥스를 부러워하네?"

세운이가 감탄을 한다. 드디어 맥스는 수집한 낱말을 가지고 새로운 세계를 만들어 내기 시작한다. 낱말의 차례를 바꾸는 방법을 찾아낸 것이다. 그 동안 낱말의 뜻을 찾아 새기고 베껴 쓰며 모방의 과정을 거쳤으니, 그 후 창조의 과정에 닿는 것은 당연한 이치다. 한 가지에 몰입하여 깊고 넓게 우물을 파 들어가니 맑고 시원한 샘물이 솟는 곳에 닿은 것이다.

"야아, 아까운데 막 버리네?"

"아니여. 무서운 거나 지가 필요 없는 거만 버리는 거지."

용준이가 기훈이 말에 생각을 보탠다. 기훈이는 머쓱한 표정으로 고개를 끄덕인다.

"그래, 니들도 겪은 일 쓰고 몇 번씩 읽어 보면서, 필요 없는 낱말을 빼거나 보태잖아. 맥스도 그런 것 같은데?"

"맞아요. 그렇게 하면 글이 으……음, 훨씬 더 실감나요."

윤진이 말이다.

"그런데 선생님, 맥스는 그래도 우표나 동전이 엄청 갖고 싶은가 봐요?"

"그런다고 욕심쟁이 형들이 바꿔 줄래나? 난 안 바꿔 줄 것 같은데……."

낱말 몇 개만 더 모으면 이야기를 만들 수 있다는 말을 하며 형들이 가진 것에 대해 관심을 보이는 맥스. 왜 그렇지 않겠는가? 다른 사람이 가진 것이 크고 귀하게 보이는 것은 모든 사람의 마음이니. 그걸 극복하고 자기 것의 귀함을 알기 위해서는 시간도 필요하고, 자기 것을 갈고 닦는 노력도 더 많이 해야 하지만 그 길이 그리 녹록하지 않으니 고민이 될 수밖에. 낱말이 허리까지 쌓인 곳에서 맥스는 갈등한다. 하지만 곧 용기를 낸다. 이야기를 만들어 내기엔 아직 부족하다는 형들의 말을 겸허하게 받아들인다.

그림책을 읽으면서 나는 내면의 나와 자꾸 이야기를 나눈다. 형들 말이 마치 내게 하는 말처럼 들린다. 다른 이 말에 귀를 기울이는 맥스를 보며, 여전히 겉치레에 신경 쓰고 스스로 만족하며 자만하는 내 모습이 떠오른다. 그래서 마음이 불편하고 한 장 한 장 넘길 때마다 힘이 든다. 작고 어린 아이의 당당함과 순수함이 내 마음을 마구 휘젓는다. 불편한 진실과 직면해야 하는 것이 만만치 않다. 나는 몰래 속으로 한숨을 쉰다. 드디어 맥스는 낱말 몇 개를 뽑아 '옛날에 큰 초록 뱀이 되고 싶어 하는 작은 갈색 애벌레가 한 마리 있었어요.'라는 문장을 만든다.

"으아, 진짜 애벌레가 나온다."

"야아~ 그건 상상이지."

"뭐 이야기는 원래 상상으로부터 생겨나는 거잖아. 근데 맥스 얘 참 끈질기다 그치?"

"맞아요, 나 같으면 형들이 뭐라고 할 때 속상해서 에이 안 해, 그럴 텐데……."

오랜만에 채은이가 입을 연다.

"근데 선생님, 저 애벌레 맥스 닮았어요. 눈도 동그랗고, 옷 색깔도 비슷해요."

"진짜네?"

아이들이 무릎걸음으로 가까이 다가와 확인한다. 한 번 시작된 이야기는 꼬리를 물고 확장된다. 무관심하던 형들도 맥스의 놀이를 구경한다. 그러더니 맥스가 잠시 이야기를 멈춘 사이 끼어든다. 바야흐로 공동 창작이 구현되는 순간이다. 셋은 지혜를 모아 서사를 완성해 나간다. 이야기 하나를 완성한 이들은 이제 새로운 이야기에 도전한다. 이야기 만들기에 빠진 형들에게서 맥스는 동전과 우표를 얻어 내는 데 성공한다. 이야기가 가진 힘이다. 생명력을 가진 이야기는 사람의 마음을 움직이고, 자기 세계를 새롭게 창조하는 힘을 준다. 낱말 뭉치를 가진 형들의 표정을 보면 그들이 얼마나 행복해 하는지, 자기가 가장 아끼던 것도 내놓을 만큼, 이야기가 매력적이란 걸 알 수 있다.

사람은 자기를 잘 알고 있다고 하지만 정작 자신의 가능성에 대해 충분히 믿지 못한다. 무한경쟁을 요구하는 우리 사회에서 이는 무척 심각한 문제다. 우리 사회는 맥스처럼 놀이를 하듯 즐거운 일을 찾아하며 자신의 미래를 가꾸는 데 관심을 기울이지 않는다. 그저 만들어진 우표나 동전을 모으듯 주어진 지식이나 정보를 모으고, 얼마나 많이 모았느냐에 따라 그 사람의 능력을 가늠하는 사회에서 맥스 같은 아이들은 숨이 막힌다. 낱말이 모여모여 이야기를 만들 듯 자기가 좋아하는 것을 찾아 즐기며 차근차근 자기 꿈을 실현시켜 가는 것은 너무 어렵다. 그럼에도 나는 아이들의 길들여지지 않는 야성과 잠재력을 믿는다. 그들이 가진 창조성과 끈질김을 믿는다. 신문에서 오린 낱말을 가지고 문장 만드는 놀이를 하며 '바깥에서 실컷 놀고 싶어요.'라고 자기들의 요구사항을 쓸 줄 아는 깜찍한 아이들이기에.

3. 나 대신 엄마가 다니면 좋겠어요

『나 대신 학교 가 줄래?』 © 마리사비나 루소 글 · 그림, 서지혜 옮김 | 느림보

선생님 안녕하세요? 방학 잘 보내셨나요? 아침에 민철이가 학교에 안 간다고 통곡을 하다 갔어요. 결국엔 제 사진을 가져갔지만요. 애기 같아서 걱정이네요. 오랜만에 학교가 시끌시끌하겠네요. 수고하세요.

민철 엄마 올림.

우리 반 민철이 엄마가 개학 날 아침에 보낸 문자다. 문자를 보는 순간 아기처럼 앙앙 우는 민철이 얼굴이 떠올라 웃음이 났다. 민철이는 입학하고서도 한동안 엄마와 떨어지지 못해 무척 애를 먹었다. 분리불안 증세가 있는 편이고, 낯선 공간과 사람에 적응하는 데 시간이 필요한 아이다. 일 년 동안 학교를 다니면서 동무 집에 가서 잠도 자고, 야영 가서도 그럭저럭 견뎠다고 생각했는데, 겨울방학을 지내면서 고무줄처럼 제자리로 돌아간 모양이다. 아침에 말간 얼굴로 교실에 들어선 녀석을 보자마자 덥석 안아 주었다. 품에서 벗어나려는 녀석 귀에 대고 "방학 때 네 꿈 꿨거든. 아마 무지 보고 싶어서 그랬나 봐." 하고 속삭였다. 민철이는 몸을 비비 꼬며 알듯 모를 듯한 웃음을 띠고는 다람쥐처럼 제자리로 달려갔다.

우리 집에도 민철이와 비슷한, 밝히기 부끄러운 내력이 있다. 막내 아들인 내 남편은 학교에 입학하고 약 열흘 동안 어머니 등에 업혀 학교를 다녔다고 한다. 아침마다 학교에 가지 않겠다고 떼쓰다 보니 어머니가 업고 학교까지 실어 날랐다는 거다. 한 열흘 그렇게 등교하던 남편은 어느 날 혼자 가겠다며 가방을 메고 나섰더란다. 그런 아버지의 유전자를 그대로 물려받은 우리 큰 아이와 작은 아이 역시 초등학교 입학식 때 한바탕 울음을 터뜨려 나와 남편을 난처하게 만들곤 했다. 입학을 하고 난 뒤에도 한참 동안 배가 아프다, 머리가 아프다며 아침마다 울어 젖히곤 했다. 그때의 난처함과 속상함은 이루 말할 수 없다. 주머니에 넣어 온 엄마 사진을 틈틈이 꺼내 보는 민철이를 보는데 마음 한 켠에 찌르륵 전기가 흐른다.

"나도 학교 오기 싫은데."

제목을 보자마자 민철이가 대뜸 말한다. 평소에는 그림책을 읽어 줄 때 자기 생각을 잘 드러내지 않는 아이가 오늘은 무척 적극적이다.

"왜?"

"일찍 일어나야 되잖아요. 그리고 공부해야 되잖아요."

"맞아, 나도. 나는 수학 싫어서 학교 오기 싫은데."

석규가 맞장구를 친다. 여기저기서 이런저런 까닭을 대며 학교에 오기 싫다고 수군거린다.

"나는 학교 오기 좋은데. 방학 때 집에만 있으니까 선생님 얼굴도 잘 생각이 안 나고, 그리고 심심하고 그랬는데……. 그래서 얼른 다시 학교 오고 싶었어요."

말하는 윤진이 얼굴이 발갛게 달아오른다. 내가 그러냐며 웃는 얼굴을 하니 여기저기서 자기도 학교에 오고 싶었다며 말을 바꾼다.

"저기 재가요, 학교에 가기 싫어서 우는 표정으로 서 있는 건가 봐요."

"맞아, 화났으니까 손을 허리에 딱 대고 있잖아요. 우리 엄마도 화나면 저렇게 하거든요."

지원이가 그림에 나오는 주인공처럼 허리에 손을 얹고 다리를 벌리고 선다. 주인공 모습과 똑같다. 눈초리와 입꼬리가 아래로 축 처진 것만 봐도 우울하고 속상한 아이 마음이 잘 드러나 있다. 속표지를 보니 작가의 헌사가 눈에 띈다.

'내 아들 벤자민에게/ 그리고 벤자민의 1학년 담임이셨던 파트리샤 페이글 선생님께.'

이 글을 보니 작가가 아들을 보며 그림책을 만들지 않았을까 하는 생각이 든다. 낯선 것에 대해 두려움을 느끼는 아이를 둔 부모가 의외로 많다는 생각에 민철 엄마도 나도 위로를 받는 기분이다.

노란색 옷을 입은 벤은 아이스바를 들고 있지만 전혀 즐거워 보이지 않는다. 노란색은 심리적인 불안을 의미한다고 하니, 아이의 노란색 셔츠는 낯선 것에 대한 불안감을 보여 주는 데 아주 효과적이다. 존슨 선생님에게 온 편지는 불안감을 더욱 키운다. 문제는 옆에 있는 한나 누나 때문이기도 하다. 벤의 약점을 알고 약 올리는 한나. 둘째가 많은 우리 반 아이들이 한나 누나를 질책한다.

"우리 누나도 최은희 선생님이 우리 학교에서 제일 무섭다고 겁줬는데. 그래서 나 학교 오기 싫었는데……."

석규가 벌떡 일어서며 말한다.

"그래? 왜 무섭다고 하는데?"

"으음, 숙제 안 하면 나머지 공부 시키고, 그리고 또……, 막 때린대요."

"진짜? 나 너희들 때린 적 없잖아?"

"나 때렸잖아요."

준혁이 소리를 빽 지른다.

"맞아, 준혁이는 세 대 때렸구나! 근데 그건 네가 동무들을 자꾸 때리고, 말로 해도 고쳐지지 않아서 그랬잖아. 아무리 그래도 때린 건 잘못한 일이네. 그래, 내가 잘못했다, 잘못했어."

준혁이 입을 씰룩거린다. 나는 손으로 얼굴을 쓸어내렸다. 얼굴이 화끈거리고 명치끝에 뭐가 걸린 듯 불편했다. 모자란 선생 허물이 드러나는 순간이다.

벤은 선생님이 무서운 분일까 봐, 버스가 집 앞에서 안 내려 주고 가버릴까 봐 전전긍긍한다. 엄마는 벤을 안심시킨다. 대개 부모들은 아이들이 학교생활을 잘하기 바라는 마음에 극단적인 예를 들어 말해 주는데 그건 오히려 불안감을 심어 줄 뿐이다. 예를 들면 학교는 유치원과 달라서 선생님이 무섭다거나, 공부 시간에 딴짓을 하면 혼난다는 이야기로 긴장감을 심어 주려 한다. 한나 누나도 사사건건 겁을 준다. 마치 학교 입학을 앞둔 우리네 엄마들처럼.

"에이, 한나 누나하구 우리 누나하구 똑같아. 우리 누나도 매일 나 약올리는데."

누나에게 맺힌 게 많은 용준이의 말이다. 누나와 두 살 터울인 용준이는 자기 누나가 잔소리꾼이라고 말한다.

드디어 개학 날 아침, 벤은 자는 척하고, 꾀병을 부린다. 아이들이 킥킥거린다. 방학 동안 늦잠을 자던 습관이 있던 터라 아침마다 실랑이를 벌이는 자기들 모습이 떠오른 모양이다. 집을 나서던 벤이 강아지에게 "네가 나 대신 학교에 가 줄래?"를 읽는데 민철이 또랑또랑한 목소리로 말한다.

"나는 우리 엄마가 나 대신 학교 다니면 좋겠다."

"진짜? 그럼 동무들하고 놀지도 못 할 텐데."

내가 되묻자,

"어……어, 그건 그런데……."

하며 말을 끝맺지 못한다. 학교에 가는 버스 안에서 한나 누나는 존슨 선생님이 책상 위에 독거미를 풀어 놓는다며 겁주기를 멈추지 않는다.

"어, 선생님! 책 다시 앞으로 넘겨 봐요."

"왜? 어디?"

나는 유빈을 보며 책장을 앞으로 넘겼다.

"거기, 거기요. 저기 침대 밑에 축구공 있잖아요."

"어, 그게 왜?"

"선생님 넥타이에 축구공이 그려져 있어요."

"어? 진짜네! 근데 이게 뭐?"

"벤도 축구를 무지 좋아하나 봐요. 그러니까 축구공을 침대 밑에다 놓았잖아요. 그리고 선생님도 축구를 좋아하나 봐요. 그러니까 축구공 그려진 넥타이를 맸지요."

"이야~, 진짜! 유빈이 너 어쩜 그렇게 예리하니? 선생님도 몰랐는 걸?"

"그러니까 선생님하고 벤하고 둘 다 축구를 좋아하는 걸 보니 이제 곧 친해지겠다. 그쵸?"

윤진이가 유빈이 말에 보태어 그럴듯한 추론을 한다. 내내 찡그린 벤의 얼굴이 밝아진 걸 보니 그 말이 맞을 것 같다.

아이들을 둥그렇게 앉히고 책을 읽어 주는 존슨 선생님.

"선생님하고 똑같다."

"맞아, 우리 선생님도 책 재미나게 읽어 주니까."

희진과 보연이 말을 주고받는다. '그래, 그렇게라도 날 기억해 주면 다행이다.' 속으로 생각하며 준혁한테 꾸짖음 당한 민망한 마음을 조금 덜어낸다. 존슨 선생님은 아이들을 기다려 주기도 한다. 아이를 재촉하지 않고 힌트를 주며 스스로 문제를 해결할 수 있도록 돕는다. 문제를 푼 아이에게는 적극적인 칭찬도 아끼지 않는다. 그리고 아이들이 흥미와 관심을 가진 것이 무엇인지 알고 그것으로 공부를 하겠다고 말한다. 이쯤 되면 벤은 내일 공부가 기다려질 수밖에 없다. 오늘 윷놀이를 한다고 말했더니 아침 내내 윷가락을 들고 맞부딪치는 바람에 시끄러운 우리 교실만 봐도 아이들은 관심 가는 공부에 대해서는 흥분하며 기다리곤 하니 말이다. 벤이라고 다르겠는가?

두려운 공간이었던 학교에서, 이젠 설렘을 안고 돌아가는 벤은 버스 안에서 내내 웃고 있다. 빙그레 웃는 얼굴이 클로즈업된 벤의 모습을 보면 아이의 내적 자신감이 어느 정도인지 짐작할 수 있다. 기쁨이 충만한 얼굴의 벤 곁에는 깨워도 꿈쩍 않고 잠든 한나 누나가 보인다. 아이들은 그런 한나 누나를 보고 손가락질하며 키득거린다.

"선생님, 벤은 이제 학교가 좋아진 거지요?"

재민이가 묻는다.

"글쎄? 네 생각은 어때?"

"겁이 다 없어진 거 같아요. 그래서 이제 학교에 잘 갈 거 같아요."

"왜?"

"웃고 있잖아요. 그러니까 그렇지요."

그것도 모르느냐는 표정이다.

"그래, 재민이 말을 들어 보니 그 말이 맞는 것 같다. 벤도 우리 반 애들처럼 학교 오기 좋아할 것 같다."

"민철아, 너는 어때? 이제는 엄마 대신 네가 학교에 오고 싶어?"

묻는 말에 민철은 피식 웃는다. 나는 민철에게 다가가 엄마 사진이 들어 있는 주머니를 툭툭 두드렸다. 민철은 멋쩍게 웃고 만다. 며칠 있으면 2학년이 되는 겁 많은 녀석에게 헤어지는 선물로 『나 대신 학교 가 줄래?』를 품에 안겨 줘야겠다.

4. 왜, 어른들은 우리 말을 끝까지 안 들어줘요?

『내 말 좀 들어 주세요, 제발』 © 하인츠 야니쉬 글, 질케 레플러 그림, 김라합 옮김 | 상상스쿨

"예, 알았어요, 그리고……."

뚜~우 뚜~. 상대의 전화에서 들려오는 소리는 나를 난감하게 하곤 했다. 결혼 초 우리 부부의 말다툼은 늘 '왜 전화를 그렇게 중간에 뚝 끊어 버리느냐?'는 것에 대한 섭섭함 때문이었다. 남편은 할 말을 다했으니까 끊은 것인데 무엇이 문제냐며 도무지 이해하지 못하겠다고 난감해 했다. 그러면 나는 "말을 다한 게 아니다. 할 말이 남았는데 당신이 그렇게 전화를 끊어 버리면 황당하고 무시당한 기분이 든다."며 목소리를 높였다. "알았어, 알았어." 귀찮다는 듯 대답하는 남편. 그렇게 말다툼을 하고 며칠은 애쓰는 기색을 보이지만 남편의 습관은 좀체 나아지지 않았다.

그러던 어느 날, 나는 보란 듯이 내 할 말이 끝나기 무섭게 전화를 황급히 끊었다. 당신도 당해 보란 뜻이었다. 전화를 끊자마자 곧 남편에게 다시 전화가 왔다. 그의 말은 내가 늘 하던 말과 똑같았다. 그때 나는 회심의 미소를 지었다. 그렇게 오랫동안 신경전을 벌였지만 아직도 나는 종종 뚜-뚜-뚜~하는 신호음만 들리는 전화기를 들고 있을 때가 많다. 사람들이 여럿 있는 데서 전화를 하던 경우엔 종종 텅 빈 전화기에 대고 혼잣말을 하는 웃지 못할 경우까지 있다.

내 말을 끝까지 들어 주지 않는다는 것이 부부 싸움의 원인이 된 것은 나를 존중하지 않는다는 섭섭함 때문이었다. 그런데 어느 날 학교에서 아이들과 이야기를 나누던 나는, 나 역시 아이들 말을 성의껏, 그리고 끝까지 들어 주지 않는다는 것을 발견하였다. 쉬는 시간에 바쁘게 숙제 검사며 여러 가지 일을 하고 있을 때 아이들은 자기들에게 발생한 문제를 나에게 하소연하곤 한다.

"선생님, 민수가요, 나한테……."

"그래, 말해 봐."

눈과 손으로는 연신 숙제 검사를 하며 건성으로 고개를 끄덕이고 있을 때였다. 재잘대던 아이가 조용해졌다.

"어? 계속해 봐.".

"다 했는데요.".

"그래? 근데 뭐라고 했지?".

내 물음에 아이는 실망스런 표정으로,

"아니, 됐어요."

그러더니 휙 자리로 돌아가 책상 위에 엎드려 엉엉 울음을 터뜨렸다.

아득해졌다. 속상한 일이 있어서 바빠 허둥대는 선생님에게 구구절절 이야기했는데, 선생님은 아무것도 들어 주지 않았다는 것을 확인한 아이. 선생님에 대한 실망감과 서운함, 그리고 무시당했다는 마음이 얼마나 컸을까? 미안하다는 내 말에도 아이는 쉽게 울음을 그치지 않았다. 그때의 난감함이라니! 남편이 내 말을 끝까지 들어 주지 않는다고 투덜거리던 나 역시 다른 사람의 이야기에 귀 기울이지 않고 있던 것이다. 그것도 교실에서 선생님의 절대적인 도움이 필요한 아이의 말을 들어 주지 않는 일을 아무렇지도 않게 저지르고 있던 거다.

그 이후 나는 아이들이 내게 무언가 이야기를 하러 오면 두 가지 모습을 보인다. 시간을 미루기 어렵게 바쁠 땐 "내가 지금 무척 바쁜데 조금 기다려 줄래?" 하며 양해를 구하거나 또는 하던 일을 제쳐 두고 아이와 마주 앉아 이야기를 들어 준다. 어떤 일을 해결하려고 하기 보다는 그저 억울하고 속상한 마음을 들어 주는 데 무게를 둔다. 너무 바빠서 기다려 달라고 한 경우에는 일을 끝내 놓고 무슨 일이냐고 물으면 대부분 다 해결됐다고 한다. 물론 그때까지 문제가 해결되지 않은 경우엔 여유를 갖고 아이의 민원 사항(?)을 듣는다. 그러면서 알게 되었다. 어른이나 아이나 누군가에게 자기의 이야기를 말할 땐 그것에 대한 해결을 원하기보다는 그저 자기 마음을 알아달라고 하는 것이 대부분이라는 것을.

대부분의 경우 답은 이미 자기 자신이 알고 있다. 다만 격려와 지지가 필요할 뿐이다. 그런데 나 역시 그 짧은 시간에 진정을 다해 아이의 이야기에 귀를 기울이지 않았던 거다. 그렇지만 듣기보다는 말하기 쪽으로 기울어진 내 시소는 아직도 균형을 찾으려면 멀었다. 말하기 쪽으로 시소가 기울어진 내면엔 여전히 누군가를 내 의지대로 끌어오고 싶어 하는 욕구가 강하고, 가르치려는 습성이 몸에 배어 있기 때문이다.

그래서 불편한 진실과 직면해야 하는 책을 만나면 심호흡을 여러 번 하곤 한다. 그러면서도 과감하게 아이들 앞에서 책을 펼치는 것은 듣기와 말하기의 균형을 회복하고 싶은 강렬한 욕망 때문이기도 하다.

"어후, 미치겠어. 자기 멋대로야. 왜, 재 말을 끝까지 들어 보지도 않냐?"

주현이가 억울하다는 듯 특유의 고음으로 소리친다. 옆에 앉아 있던 세림이가 소리 없이 웃는다. 『내 말 좀 들어 주세요, 제발』은 시작부터 아이들이 아우성이다.

"우리 엄마하고 똑같아요."

"우리 엄마도 내가 뭐라고 하면 맨날 '알았어, 알았어.' 그러는데?"

"너네 엄마도 그러냐? 어른들은 왜 말을 끝까지 안 듣냐? 그지?"

흥분한 아이들이 말을 주고받는데, 아 정말이지 얼굴이 화끈거린다. '어른들은 왜 말을 끝까지 안 듣느냐'는 질타는 나를 향한 화살이기 때문이다.

"저에게 문제가 조금 있어요. 그게 뭐냐면……."

곰의 말이 채 끝나기도 전에 '척 보기만 해도 안다'는 발명가는 날개 한 쌍을 둘러매 준다. 머뭇거리던 곰은 그곳을 나온다.

"선생님~, 저 곰이 언제 날개 필요하다고 했어요?"

재근이가 눈을 동그랗게 뜨고 묻는다.

"그러게 말이다."

"아니야. 저 사람이 그냥 자기 맘대로 그런 거야."

옆에 앉아 있던 은이가 조곤조곤 일러 준다.

"왜? 왜 자기 맘대로 그러지?"

여전히 이해되지 않는 표정의 재근이. 재근이는 무엇이든 궁금한 것이 이해될 때까지 묻고 또 묻는 아이다.

"원래 어른들은 다 그래!"

뒤이은 성훈이 말이 묵직한 둔기다. 으~, 피하기 어려운 치명타다. 여덟 살짜리 아이들 얼굴 위로 우리 집 녀석들의 얼굴이 겹친다. 나는 공연히 헛기침을 했다.

재단사는 목도리를, 모자 가게 주인은 모자를, 의사는 약이 가득 든 커다란 상자를 꺼내 준다. 누구도 몸을 낮춰 곰의 말을 들어 주려 하지 않는다. 어른들은 자기가 아이들보다 많이 알고 있다고 믿는다. 들춰 보면 어른 역시 허점투성이고, 부실하기 짝이 없음에도 자기들이 아이들보다 월등하다고 믿는 것은 착각이다. 그런 까닭으로 아이들 말을 진지하게 들어 주지 않는다. 그래서 아이들은 자라면서 어른의 말을 건성으로 듣고, 존중하지 않는다. 존중 받아 보지 못한 아이들이 자라 타인의 말에 귀 기울이지 않는 어른이 되는 것이리라.

사춘기 아들의 심한 몸살을 함께 겪는 요즘, 나는 아이의 잘못이 모두 내게서 비롯되었음을 뼈아프게 깨닫고 있다. 문제가 있다는 절실한 고백에 귀 기울여 주지 않았기에 내 아이 역시 몸으로 마음으로 항변하고 있는 것이다. 아이들 말을 듣는데 바늘에 찔린 듯 아프다.

"에휴, 저 아저씨는 또 웬 목걸이?"

노점상이 곰에게 묻지도 않고 목걸이를 주자 윤호가 불퉁스럽게 말한다.

"선생님, 곰 표정이 인젠 시무룩해져요."

"맞아요. 그리고 몸도 이렇게 구부정해지고 있어요."

도현이가 이야기 멍석 앞으로 나와 허리를 구부리고 어슬렁거리는 곰을 흉내 낸다. 그걸 보고 아이들이 까르르 웃는다.

"야, 진짜 곰 같다."

내 말에 도현이가 멋쩍은 표정으로 머리를 긁는다.

처음에는 맨몸이었던 곰은 어른들을 만나면서 날개, 목도리, 모자, 약상자, 목걸이, 안경, 꿀단지, 장화로 치렁치렁해진다. 어른들 자신이 갖고 있는 편견이 야생의 곰을 길들이고 있는 것이다. 어른들만의 생각으로 덧씌워진 곰은 피곤한 몸으로 언덕으로 올라간다.

"재, 시원하겠다."

"맞어. 곰은 저런 거 원래 필요 없잖어."

작은 도연이와 큰 도연이가 주고받는 말이다.

"그래, 작은 도연이 말처럼 이런 거 모두 벗은 곰 얼굴이 무척 밝아 보인다. 에휴, 나까지 마음이 다 후련하네?"

작은 도연이가 실눈으로 웃는다.

"왜 그러니? 무슨 일 있어?"

바로 옆에서 작은 목소리가 들렸어요.

파리 한 마리가 풀 줄기가 앉아

호기심 어린 눈으로 곰을 바라보고 있었어요.

자기 문제를 고백하는 데 지친 곰에게 누군가 먼저 묻는다. 절망하고 있는 곰에게 새롭게 다가온 기회다.

"어? 파리는 자기가 먼저 물어 보네?"

"진짜. 인제 일이 잘 되겠다."

"맞어. 선생님도 이제 곰한테, 그리고 너희들한테 쪼금 덜 미안한 기분이 든다."

"선생님이 왜 미안해요?"

지원이 말에 나는 비시시 웃으며 말한다.

"그냥. 그냥 미안하네!"

"선생님은 우리한테 잘못한 거 없잖아요. 그러니까 미안해하지 말아요."

"야, 선생님도 미안한 게 있겠지. 그렇지만 용서해 줄게요."

성훈이가 무릎 아래 앉아 내 종아리를 쓰다듬으며 키득거린다. 참으로 과분한 용서다.

"고맙습니다. 성훈 씨!"

내 말에 아이들이 "성훈 씨래, 성훈 씨."라며 깔깔거린다. 나도 아이들

웃음에 따라 같이 키득거린다. 무거운 돌에 눌린 듯한 미안함과 부끄러움을 이렇게라도 풀어 버리고 싶다.

"아, 쟤가 겁이 많은 거였네?"

"맞어, 그런데 어른들은 말도 안 들어 보고 자기 멋대로만 생각하고. 에휴~."

또다시 이어지는 주현이의 한숨 소리.

"파리가 진정한 친구네."

"진정한 친구니까 같이 산다고 그러잖어."

요즘 우리 아이들은 진정한 친구라는 말을 즐겨 쓴다. 이런저런 상황에 '진정한 친구'라는 말을 써 보곤 한다. 가끔은 그 말이 어울리지 않는 경우가 있는데 오늘은 딱 맞는 말이다. 친구의 마음을 진심으로 읽어 주고, 위로와 배려를 몸으로 보여 주는 자세. 아이들 말처럼 이게 바로 진정한 친구의 모습이 아니겠는가? 그래서 곰의 어깨에 앉아 함께 집으로 가는 파리의 모습에 마음이 푸근해진다.

듣고 싶은 것을 듣는 것이 아니라, 상대가 말하고 싶어 하는 것을 들어 주는 것. 이런 자세가 사람 사이의 물꼬를 트고 거기에 따뜻한 감동의 에너지가 흐르게 하는 첫걸음이다. 『내 말 좀 들어 주세요, 제발』에서 만난 불편한 진실. 이제는 말처럼 쉽지 않은 것을 몸으로 옮기는 일을 차근차근해야 할 때다. 이런 점 때문에 나는 그림책을 삶의 교과서로 여긴다. 불편한 진실을 별 두려움 없이 만나게 해주는 것이 바로 그림책이기 때문이다.

5. 아, 선생님이 릴리 마음을 알아줬구나!

『릴리의 멋진 날』 © 케빈 헹크스 글 · 그림, 이경혜 옮김 | 비룡소

분명 학교 버스에서 내리는 것까진 봤는데, 오늘도 몇 녀석이 아침 자습 시간이 다 끝날 때까지 교실에 들어오지 않는다. 운동장을 둘러봐도 눈에 띄지 않는다. 학교 구석 후미진 곳에서 또 놀이에 빠진 모양이다. 신발을 신고 유치원 느티나무 쪽으로 가 보니 아닌 게 아니라 우리 반 나무늘보 세 녀석이 가방을 둘러메고 엉덩이를 하늘로 향한 채 땅바닥에 고개를 박고 뭔가 열심히 탐구 중이시다. 발소리를 죽이고 살그머니 다가가 보니 내 눈엔 잘 보이지도 않는 개미를 살펴보느라 무아지경이다.

"니네 뭐하냐?"

하고 살짝 물어보지만 셋 다 대답이 없다.

"욘석들, 교실에 안 들어오고 뭐하고 있어?"

소리를 높이자 깜짝 놀라 엉덩방아를 찧는다. 그리고 날 발견하곤 되레 역정을 낸다.

"에이~ 선생님 땜에 깜짝 놀랐잖아요. 에~이~ 개미 다 도망갔잖아요."

이 지경이 되면 내가 사과를 해야 한다. 나는 불퉁스럽게,

"미안해, 사과했으니까 됐지?"

이러며 사태를 수습한다. 투덜거리면서도 발을 질질 끌고 내 뒤를 따라오는 녀석들을 보며 나는 혼자 키득거린다. 생각할수록 재미있는 녀석들이다.

그 가운데 눈을 흘기고 발로 흙을 차 내며 가장 큰소리로 나를 꾸짖는 녀석이 바로 준혁이다. 학교에만 오면 세상없는 장난꾸러기로 돌변하는 우리 반 준혁이. 집에서와는 전혀 다른 모습으로 학교생활을 하는 준혁에 대해 엄마는 가끔 내게 하소연을 한다. "집에서는 얌전하고 어른들 말씀도 잘 듣는 녀석이 어째 학교에서는 이렇게 개구쟁이 짓을 도맡아 하는지 모른다."고 울상까지 짓는다. 그런데 어느 날 준혁 엄마가 털어 놓는 이야기를 들으며 나는 큰소리로 하하하 웃고 말았다. 학교에서 좀 얌전하게 행동하라는 엄마 말씀에 준혁이 콧물 눈물범벅을 한 채 이런 말을 하더란다.

"나도 학교에서 점잖은 어린이가 될라고 다짐을 해요. 그런데 아침에 버스에서 내려서 운동장에서 친구들을 딱 보는 순간 심장이 쿵쾅쿵쾅 뛰고 막 흥분이 되고 가슴이 두근두근해요. 그래서 나도 모르게 매일매일 장난을 치게 되는 걸 어떡해요. 엄마를 속상하게 해서 미안해요."

매일 아침마다 엄마 말씀대로 오늘은 좀 얌전해져야지 하고 다짐을 하지만, 친구들을 딱 보는 순간 그 맹세가 물거품처럼 사라진다는 말씀이다.

외동으로 집에서는 심심하게 지내다 친구들을 보는 순간, 자신의 맹세를 잊을 정도로 흥분이 된다는 준혁의 아이다움에 나는 오히려 신선

한 감동을 받았다. 마음이 설렌다는 건 살아있음의 징표인데 학교에서 친구들을 보는 순간, 이렇게 매일매일 가슴이 두근거리는 아이와 한 공간에 있을 수 있다는 건 얼마나 감사한 일인가? 녀석이 풀잎처럼 싱싱한 에너지를 뿜어내며 지쳐 주저앉은 내 마음을 일으켜 세워 주니 오늘 같은 꾸짖음쯤이야 내가 감내해야 할 몫이라 여길 수밖에. 그러니 내가 어찌 우리 반 개구쟁이들을 미워할 수 있겠는가?

"우하하, 쟤 공주병 환자다. 이윤진하고 똑같다."

책 표지에 나오는 릴리를 보자마자 준혁이 대뜸 내뱉은 말이다. 그 말이 끝나자마자 윤진이가,

"내가 왜 공주병 환잔데…… 나 아니란 말이야."

그러면서 무릎에 얼굴을 묻고 흑흑 흐느낀다. 윤진이가 울음을 터뜨렸지만 준혁은 당황한 기색이 역력하면서도 헤헤거리고 웃는다. 보연과 희진이 윤진을 대신해 준혁을 째려본다. 미안하고 무안한 마음이 얼굴에 씌어 있는데도 준혁은 여전히 사과를 안 한다. 아니 못한다.

이렇듯 관심의 표현을 서로 다른 언어로 드러내는 남자애들과 여자애들은 하루에도 몇 번씩 한 치의 양보도 없이 팽팽하게 맞선다. '에구구, 저렇게 여자 마음을 못 읽어서 어찌하누!' 아들만 둔 나는 이럴 때 묘하게도 남자 녀석들이 짠하고 안쓰럽다. 그 둔함과 바보스러움이 남의 일 같지 않다. 이럴 땐 책읽기를 잠시 멈추고 숨 고르기를 해야 한다. 여자애들이 우르르 몰려가 윤진을 위로하기를 몇 분, 머리띠를 고쳐 매며 윤진이 고개를 든다. 시나브로 짧은 싸움이 끝났다.

담임인 슬링어 선생님이 결혼을 한다는 중대 발표를 하던 날, 릴리는 가슴이 마구 방방이질 치기 시작한다. 분홍색 원피스에 빨간색 리본을 꼬리에 매고, 빨간색 장화를 신은 릴리는 남들 앞에서 자기를 드러내기 좋아하는 여자아이의 전형이다. 선생님 결혼 소식에 두 손을 앞으로 그

러모은 채 눈을 빛내는 모습은 우리 반 여자애들을 쏙 빼닮았다. 나는 준혁이 말이 떠올라 혼자 '쿡'하고 웃었다.

"선생님, 왜 웃어요?"

강민이 고개를 갸웃거리며 말간 시선으로 쳐다본다. 속을 들킨 것 같아 나는 얼른 책장을 넘긴다.

릴리는 집에 돌아와 자기 방에서 결혼식장에 꽃을 들고 들어가는 연습을 한다. 정중하게, 얼굴을 높이 쳐들고, 미소를 지으면서, 눈을 얌전히 내리깔고, 고개를 이쪽저쪽으로 돌리면서……. 아이들이 깔깔거리며 웃는다. 릴리는 한껏 치장을 한 채 마치 자기가 선생님 결혼식의 꽃 드는 아이라도 된 듯 진지하다. 글에 나오는 내용을 그대로 그림으로 보여주는 장면이 화면에 가득 차 있다. 옷차림 또한 한껏 흥분된 릴리의 마음처럼 색색이 화사하고 환하다.

"근데, 쟤…… 선생님이 저한테 하라고 하지도 않았잖아. 웃긴다, 그지?"

근우가 세운을 보며 묻는다. 세운이 맞장구를 치며 낄낄거린다.

"저런 걸…… 으~으~ 우리 엄마가 뭐라 그러든데. 뭐하는 데 김칫국부터 마신다구?"

"떡 줄 사람은 생각도 않는데 김칫국부터 마신다?"

"아! 맞아요. 히히~ 쟤 김칫국부터 마신다."

보연이 내 말에 고개를 끄덕이며 키득거린다.

"야~아, 얼마나 하고 싶으면 저러겠냐?"

좀처럼 자기 생각을 드러내지 않는 채은이 발끈한다.

"채은이, 너는 결혼식장에서 꽃 들고 가 본 적 있어?"

"아니요, 그 전에 삼촌 결혼식 때 할라고 했는데 다른 애가 했어요."

"섭섭했겠다, 그치?"

대답 대신 얼굴이 발갛게 달아오른 채 채은이 고개를 끄덕인다. 그러니 채은은 김칫국을 마시고 있는 릴리 마음을 이해할 수 있는 것이다. 아니 삼촌 결혼식에서 꽃을 들지 못했던 그때 일이 떠올라 울컥한 것이다. 채은이 말에 여기저기서 자기는 꽃을 들어 봤다, 친척 애가 대신 들어서 자기는 못 들었다며 두런거린다. 아홉 살 여자애들이 공주같이 꾸미고 결혼식장에 꽃을 들고 들어가는 건 이맘때만 가질 수 있는 꿈이리라.

"에이, 안타깝다. 내가 결혼을 안 했으면 내 결혼식 때 우리 반 애들한테 모두 꽃 들고 오는 거 시겨 줄 텐데……."

"피~이~ 선생님은 결혼했잖아요."

아이들이 김빠지는 소리를 낸다.

"그러게 말이야."

"그럼 선생님 또 결혼식 해요."

경민 말에 애들이,

"야, 또 결혼식을 하면 어떡하냐? 우진 우혁 형은 어떻게 하고."

그러면서 힐난한다. 경민이 헤헤거리며 웃는다. 나는 일부러 안타까운 표정을 지어 보인다.

"엄마 아빠가 재, 릴리한테 너무 기죽이는 말을 해요."

"그러게 말이다. 용준이는 엄마나 아빠가 기죽이는 말 안 하지?"

"네에. 근데 누나랑 싸우면 나보고 주워 왔다고 놀려요. 그래도 나는 기 안 죽어요. 병원에서 나 낳았다고 이모가 그랬거든요."

온통 꽃을 들 생각에 들뜬 우리의 릴리 역시 용준처럼 기죽지 않는다. 부모님 말씀에도 아랑곳하지 않고 곰 인형에게 "아무리 그래도 내가 꽃 드는 아이가 될 걸." 하면서 자신의 간절한 소망을 다시 한 번 되새김질 한다. 릴리는 간절한 소망을 이루기 위해 선생님 앞에서 꽃 드는 아이가 되고 싶다는 속마음을 은근히(?) 털어 놓고, 선생님이 잘 볼 수 있도록 꽃 드는 아이라는 그림까지 그려 교실에 붙여 놓는다. 눈물겨운 노력이다. 이쯤 되니 선생님도 릴리 마음을 외면할 수 없다. 선생님은 릴리에게 꽃 들고 가는 조카 진저를 도와 달라고 요청한다. 릴리는 눈물 흘리며 '내가 꼭 필요하다면요.'하면서 애써 태연한 척한다.

"아~ 그래도 선생님이 릴리 마음을 알아줬구나!"

채은이가 감격에 겨운 듯한 목소리로 내뱉는다. 채은이 말을 들으며 나는 릴리의 간절함을 외면하지 않은 선생님이 고마웠다.

선생님 결혼식 날 꽃 드는 아이가 될 수 없다는 걸 알면서도 릴리는 쉽게 꿈을 접지 않는다. 많은 사람들의 눈길을 한 몸에 받을 꿈에 부풀었던 가슴이 쉽게 가라앉지 않기 때문이다. 처음엔 눈물을 흘리며 걷는 연습을 하다가 나중에는 또 꿈을 꾸듯 황홀한 모습을 한다.

"선생님, 재가 연습하는 걸 보니까 내 가슴이 막 두근거려요. 그리고 릴리 재는 슬픔을 모르는 애 같아요."

어느새 눈물을 그친 윤진이 긴 머리를 쓸어 올리며 살며시 웃는다.

"혹시, 진저가 아파서 못 오는 거 아닌가?"

이 책을 읽는 내내 여자아이들 반응이 뜨겁다. 마치 제 얘기인 양 푹 빠져 읽는다.

"나는 그 때, 외삼촌 결혼식 때 우리 언니랑 꽃 들고 가는 거 했는데, 나는 외숙모한테 주고 우리 언니는 외삼촌한테 주는 거였어요. 근데 우리 언니가 너무 떨려서 외숙모한테 꽃을 준 거예요. 그래서 내가 꽃 들고 막 울었어요. 그래서 결혼식에 온 사람들이 다 웃고, 우리 엄마가 얼른 나와서 나 안고 갔어요."

말을 마친 희진은 부끄러운지 배시시 웃는다. 여자애들이,

"진짜? 진짜?"

하면서 흥분한다.

드디어 결혼식 날, 긴장하여 꼼짝도 못하고 얼어붙은 진저를 안고 릴리는 그렇게도 꿈꾸던 꽃 드는 아이가 된다. 몇 날 며칠 집에서 혼자 연습했던 실력을 유감없이 발휘하면서. 느릿느릿 걸어, 얼굴을 높이 쳐들고, 환한 미소를 지으며, 눈은 얌전히 내리깔고, 고개를 이쪽저쪽으로 돌리면서 무사히 입장하여 '생애 최고의 날'을 만든다. 그리고 지쳐 나가떨어질 때까지 신 나게 춤을 추고 논다. 비로소 릴리는 꿈을 이룬 것이다.

어떤 일에도 더 이상 가슴이 두근거리거나 떨리지 않는 사람은 나이와 관계없이 이미 늙은 사람이라는 말이 떠오른다. 매일 보는 친구 얼굴을 보고 또 봐도 가슴이 두근거리고, 손톱보다 작은 개미를 보며 새로운 세계를 본 듯 환호하는 것도 모두 아이의 마음이기에 가능한 것이다. 호기심이 사라진 어른이 볼 때는 '하잘 것 없는 일'에도 흥분하고 얼굴이 달아오르고 눈빛이 빛나는 아이들. 그렇듯 가슴이 설레고 두근거리는 일이 많다는 것은 아이들 마음에 호기심과 사랑이 가득하다는 징표다. 그리고 아이들은 지나치게 설레고 두근거리는 마음으로 '택도 없는' 불가능을 가능으로 만들어 내는 놀라운 능력이 있다. 바로 김칫국을 먼저 들이켰던 우리의 릴리처럼. 이처럼 사소한 일상에서 뭔가 이뤄 내 본 경험이 있는 아이들은 더 크고 힘든 것에도 과감히 도전한다. 여전히 설레고 두근거리는 마음으로.

이 봄, 무슨 일이든 관심이 없고 시큰둥한 얼굴을 가진 아이가 내 곁에 있다면 얼른 나들이를 가자. 그리고 돋아나는 새싹과 코끝을 간질이는 봄바람이 부는 곳에 그저 아이들을 부려 놓자. 이 칙칙하고 팍팍한 힘겨운 세상을 밝혀 주는 힘이 어디서 오는지, 도무지 가슴 두근거릴 일이 없는 어른들은 곰곰 생각해 볼 일이다.

6. 어린 목숨을 위협하는 자, 누구?

『열한 번째 양은 누굴까?』 © 미지 켈리 글, 러셀 아요토 그림, 강미라 옮김 | 국민서관

미국산 쇠고기 수입에 대한 국민의 분노가 가마솥 달아오르듯 끓고 있다. 반대 집회에 10대의 참여 비율이 높은 것을 두고 이런저런 분석과 비판이 제기되고 있다. 광우병 위험이 있는 쇠고기 수입을 우려하는 10대들의 목소리가 촛불 집회에서 거세게 쏟아지는 모습을 보며 나는 어린 목숨들이 느끼는 생명에 대한 위기감이 어느 정도인가 실감했다. 선택권과 결정권이 없는 이들은 이제 어른에게 자기 생명을 구걸하지 않는 것이다. 더 이상 기대하지 않겠다는 그 목소리를 들으며 참으로 마음이 무겁고 부끄럽다. 어린 목숨들은 시시각각 자신들을 위협하는 공포의 그림자를 직감적으로 깨닫고 있다. 통계와 수치로 아무리 설득하려 해도 그 안에 담긴 거짓을 무의식적으로 알아 낸다. 왜? 인간은 누구나 자신을 해치려는 존재를 파악해 내는 힘이 있기 때문이다. 그건 본능이고 무의식이 갖는 직관이다. 『열한 번째 양은 누굴까?』를 읽으며

어른의 안일함과 무뎌진 상황 판단을 미국산 수입 쇠고기 현상과 연관 지은 것은 지나친 해석일까? 본능적으로 자기 생명을 지키기 위해 적을 구별해 내는 어린 목숨의 직관이 그들을 거리로 나오게 한 것은 아닐까? 이런 생각 역시 작품을 지나치게 작위적으로 읽는 오류를 범하는 것인가? 책 한 권을 들고 여러 생각에 잠기게 된다.

『열한 번째 양은 누굴까?』를 처음 볼 때는 마침 우리 아이들이 숫자와 차례 개념을 익히는 공부를 할 때라 수학 공부에 도움이 될 수 있겠다는 생각을 했다. 운동회 때 과자 따먹기도 주사위를 던져 나오는 숫자에 맞는 차례의 과자만 따먹는 방식으로 공부했었다. 어린 양들의 재치와 어른의 어리석은 모습이 대결 구도를 갖고 있는 재미도 있지만 수학 공부 복습도 할 겸 선뜻 아이들에게 읽어 줘야겠다고 마음먹었다. 그런데 책을 읽어 주기 전날 오후 다시 한 번 꼼꼼히 읽는데 순간 마음이 쿵 하고 내려앉는다. 폭풍우가 몰아치는 밤에 어린 목숨들을 안심시키지 못한 채 잠에 곯아떨어진 샘 곁에서 불안에 떨며 잠 못 이루는 어린 양 얼굴 위에, 촛불을 켜들고 차가운 길바닥에 앉아 있는 우리 아이들 모습이 겹쳐지는 거였다. 어린 목숨들을 위협하는 일을 벌여 놓고도 '괜찮다, 안심하라, 너희들은 공부만 하라!' 강요하는 우리 어른들과, 어두운 밤 태풍은 몰아치는데 일상의 피곤함을 이기지 못해 잠들어 버리는 무심하고 나태한 샘의 다른 점은 과연 무엇인가?

책을 펼쳐 들고 아이들 앞에 앉으며 나는 내심 마음이 불편하고 무슨 이야기가 나올까 불안했다. 열 마리의 양들 속에 숨어 있는 양의 탈을 쓴 늑대를 단박에 찾아내는 아이들. 경계의 눈초리를 한 채 팔장 끼고 곰곰 생각에 잠긴 어린 양들의 모습을 보며 경민이가 말한다.

"어~어, 저기 늑대 있어요. 웃고 있어요. 나쁜 늑대."

팔을 휘두르며 금방이라도 늑대를 때려눕힐 태세다.

"어? 늑대가 어디 있다고?"

내가 짐짓 시치미를 떼자,

"아이구…… 여기요. 안 보여요?"

고개까지 설레설레 내젓는다. 덩치가 유난히 작고 화장실에 가서 일을 볼 때마다 내게 뒷일을 부탁하곤 하는 어린 경민이가 한심하다는 듯 한숨을 폭폭 내쉰다. 마치 책에 그려진 양들처럼 걱정과 근심이 가득 담긴 얼굴이다.

앞 면지를 펼치니 연보라와 보라색 조각이 이어진 무늬가 그려져 있다. 무엇처럼 보이냐고 물으니 욕실 타일 같다는 아이, 색종이 같다는 아이, 분분하다. 그때 뒤쪽 줄에 있던 근우가 '이불 같지 않아요?'하고 되묻는다. 그러면서 한 술 더 떠 '근데 저 이불 덮으면 잠이 잘 안 올 것 같다.'고 한다. 어디선가 보라색이 흥분과 묘한 불안을 일으키는 색이라고 했던 것 같다. 근우 말을 듣고 보니 진짜 잠을 푹 자기는 쉽지 않을 것처럼 느껴진다. 폭풍우 몰아치는 밤에 빨간색 스카프를 쓰고 언덕길을 오르는 늑대. 굶주렸는지 몸이 말랐다. 그렇지만 혹여나 들킬세라 조심조심 걷는 발걸음. 뒤꿈치가 땅에 닿지 않도록 애를 쓰고 있다. 이어지는 산등성이 너머에는 불어오는 바람을 맞으며 걸어가는 양 열 마리와 주인이 보인다. 뒤 따르는 위험을 미처 인식하지 못한 이들을 보며 아이들이 안타까워한다.

"아, 빨리 가야 되는데……."

"잘못하면 늑대가 따라 와서 잡아먹는데, 그치?"

무사히 집으로 돌아왔지만 양들은 불안한 눈을 한 채, 잠들지 못한다. 아마도 양들은 직감으로 알고 있으리라, 자기들 뒤를 따르던 그 어두운 그림자를. 똑같은 고깔모자를 쓰고 얼굴만 내놓은 채 눈알을 굴리고 있는 양들의 모습이 귀여우면서도 애처롭다. 샘은 자기 전에 집 안에 들여온 양이 열 마리가 맞는지 확인해야 했다. 밖은 어둡고 험하고 또 배고픈 늑대가 어슬렁거리는 곳이니까. 그런데 언덕 위 꼭대기에 있는 샘의 집은 어쩐지 불안해 보인다. 강한 비바람을 맞으며 나무 뒤에 숨어 있는 늑대는 집의 불이 꺼지길 기다리는 걸까? 아니면 샘이 잠에 곯아 떨어졌다가 비몽사몽으로 엉겁결에 문을 열어 주길 기다리는 걸까? 모진 바람 속에서도 꿋꿋하게 서 있다.

결국 피곤에 지친 샘은 양 네 마리를 세기도 전에 잠이 들고 만다. 피곤한 세상살이는 어른으로 하여금 무감각하고 둔한 존재가 되게 한다. 아이를 재우기 위해 자리에 누운 어른들이 아이보다 먼저 잠드는 경우가 얼마나 많은가? 먼저 잠든 샘을 두고 투덜거리던 양들은 그래도 한 침대에 어른이 있다는 것으로 위안을 삼고 잠이 든다. 그때 모두를 깨우는 소리. 얼마나 놀랐는지 샘과 양들의 모자, 그리고 양말까지 벗겨진다. 아이들이 '꺄악!' 소리를 지르며 호들갑을 떤다. 그도 그럴 것이 샘이 잽싸게 달려가 문을 여는 것이다. 빗속에 어린 양을 두고 왔다고 자책까지 하며. 그러나 양들은 화들짝 놀라 뒤로 물러선다. 잠결에 문을 열고 양의 탈을 쓴 늑대도 몰라보는 샘은 안전불감증에 걸린 모습이다. 자신을 믿고 목숨을 의탁하는 어린 양들에게 신뢰를 보여주지 못하는 어른이다.

조금만 침착하게 살펴보면 어떤 상황인지 금방 파악할 수 있을 텐데 성급하고 경솔하다. 양의 탈을 쓴 늑대의 다리에 난 털도 무서운 이빨을 가린 마스크도 보지 못한다. 경솔한 샘은 자기 행동이 앞으로 어떤 일을 일으킬지 전혀 고민하지 않는다. 마치 자기 판단이 옳다고 믿으며 다른 목숨들을 위협하는 짓을 저지르면서도 심각성을 느끼지 못하는 이들처럼. 어린 양들은 살기 위해 몸부림을 친다. 몸을 날려 문을 막아 버린다. 그런데 샘을 보라. 그런 양들에게 호통을 친다. 누가 주인이냐고 묻는다. 양들이 무엇 때문에 왜 그런 행동을 하는지 알려고도 하지 않는다. 자기 행동을 방해하는 것에 대해 화만 낼 뿐이다. 양의 수를 다 세지 못하고 잔 자기 실수에 대해서도 구차한 변명만 늘어놓을 뿐이다. 그런 샘에게 우리 아이들은 서슴없이 '바보, 멍청이'라고 힐난한다. 목숨이 위태로운 쪽에 서 있는 아이들은 그 동안 '바보 같은 샘'을 얼마나 많이 보아 왔던가? 그러니 분통이 터질밖에.

결국 어린 양들은 더 이상 샘을 믿지 않는다. 그래서 샘의 몽롱한 의식을 깨울 궁리를 한다. 관심을 끌고, 깜짝 놀라게 할 일을 만든다. 그렇지 않으면 무뎌진 의식과 나태한 사고는 좀처럼 바뀌지 않을 테니 말이다. 어린 양들은 '쇼'를 펼친다. 서로 다른 숫자를 쓴 카드를 달고 화려한 불빛 아래서 자기들 모습을 확실하게 보여준다. 확인하라고, 제발 사실을 정확하게 알고서 행동하라고 몸으로 보여준다. 그렇게 하지 않으면 자기들 목숨이 위태로우니까. 아이들은 신이 나서 숫자를 큰 소리로 외친다. "일, 이, 삼, 사……."

이제 샘이 묻는다.

"그럼 얜 누구야?"

그때 진실이 드러난다. 바람은 거짓을 벗겨 내는 구실을 한다. 마치 폭풍우가 지난 뒤 어지러웠던 것이 제 자리를 찾는 것처럼.

늑대의 알몸을 본 샘과 양들은 경악한다. 어찌 보면 양들은 늑대의 존재를 미처 알지 못했던 것 같다. 다만 양들은 자기 목숨을 위협하는 존재를 직감적으로 알아차린 것이다. 생명을 지키고자 하는 본능은 약한 존재들에게서 더욱 민감하게 드러나기 때문이다. 경악한 샘이 허둥지둥 문을 닫는 바람에 늑대는 끈 끊어진 풍선처럼 날아가 버린다. 아주 멀리 멀리. 그리고 놀란 가슴을 쓸어내리느라 잠을 못 자던 샘은 양의 수를 세자마자 또 잠이 들어 버린다. 샘과 양이 나란히 한 침대에 누워 잠이 든다. 그런데 과연 샘과 양은 같은 꿈을 꿀까? 회색빛으로 바뀐 이불보가 그려진 뒤쪽 면지를 보며 묻는다.

미국산 쇠고기를 먹을 수밖에 없는, 그래서 광우병의 위험에 알몸으로 내맡겨지는 것은 과연 우리 아이들뿐일까? 선택과 결정의 권한이 있는 사람들과 우리는 과연 한 운명이 아닌가? 같은 땅에서 같은 공기를 마시고 살면서 우리는 서로 다른 운명을 갖고 있는 것인가? 코를 골며 잠이 든 샘과 열 마리 어린 목숨을 보며 나는 쉬이 책장을 덮지 못했다.

7. 오늘 하루가 최고의 잔칫날이다

『채소밭 잔치』 © 다시마 세이조 그림, 고향옥 옮김 | 우리교육

"얘들아, 학교 텃밭 있잖니? 올해 우리 새싹마을은 거기에 무얼 심을까?"

우리 학교 텃밭은 공동 경작지와 개별(마을) 경작지가 따로 있다. 공동 경작지엔 모든 학년이 다 같이 구황작물을 중심으로 심고, 개별 경작지엔 학년별로 즉석에서 먹을 수 있는 푸성귀를 기른다. 여리디 여린 고사리손들과 함께 농사를 지을 일이 설레면서도 올해도 일복 터졌다는 생각에 몰래 한숨을 쉰다. 아이들과 텃밭에 나가면 풀 뽑기나 솎아내기는 주로 내 몫이다. 풀이 뭔지 모르는 아이들이 풀은 곱게 놔두고 상추 싹이며 시금치 싹들을 모조리 뽑아내기 때문이다.

"어? 그건 상추야. 안 돼. 그건 시금치야."

마치 『오소리네 집 꽃밭』(권정생 글, 정승각 그림, 길벗어린이, 2000)에서 오소리 아줌마가 아저씨에게 말하듯 '안 돼'를 외치느라 경황이 없다. 급한 나머지 소리는 또 얼마나 크게 지르는지. 나중엔 목에서 쉿 소리가 날 때가 한두 번이 아니다. 그러니 아이들은 텃밭에 간다고 하면 환호를 하지만 나는 옷을 갈아입으며 폭폭 한숨을 쉴 수밖에.

"나는 호박 심고 싶어요. 으-음, 또 오이도 심을 거예요."

보윤이 말에 지원이가 조심스럽게 묻는다.

"선생님, 나는요- 감자 심고 싶은데 그거 심어도 돼요?"

"혜원이 감자 심고 싶구나! 근데 그건 여럿이 같이 심는 밭에다 심으니까 그거 말고 뭐 다른 게 좋을 것 같은데……."

"으-음, 그럼 쌈 싸 먹는 그거?"

"상추!"

"나는 깻잎 심을 거예요. 그리고 토마토하고 당근."

요원이 말이 끝나기도 전에 여기저기서 당근을 심겠다는 아이들 소리가 들린다.

"당근? 그건 왜 심을 건데?"

"토끼 줄라구요. 학교에 있는 토끼는 매일 맛없는 것만 먹잖아요."

아이들 말에 나는 하하 웃었다. 아이들답다. 나는 올해 상추나 치커리를 잔뜩 심어서 반의 찬값이나 줄여 보려는 음흉한 속셈을 갖고 있는데, 아이들은 마르고 시든 잎사귀만 먹는 토끼가 마음에 걸린 모양이다. 결국 아이들과 나는 텃밭에 상추와 오이, 치커리, 시금치, 그리고 토끼와 나눠 먹을 당근을 심기로 했다. 그런 이야기를 나눈 뒤 『채소밭 잔치』를 들고 아이들 앞에 앉았다.

"아, 나도 방울토마토 먹고 싶어요. 성생님은요?"

책 표지에 그려진 방울토마토를 보며 가람이 꿈꾸는 듯한 눈빛으로 말한다. 가람은 약간의 장애를 가진 아이인데, 늘 내 곁에서 맴돌며 생각을 묻고 확인하곤 한다.

"나도 먹고 싶어."

그러자 가람이 얼굴이 환해진다.

"성생님도 나하고 똑같으네, 그치요?"

나는 흘러내린 가람이 머리띠를 고쳐 주며 고개를 끄덕였다. 그때 가람이 내 손을 잡아끌더니 입을 쪽 맞추었다. 사랑에 굶주린 아이라 상대에 대한 애정 표현이 과감하다. 나는 힘을 주어 가람이 손을 꼭 잡아 주었다. 가슴 한 켠에 뭉클한 무언가가 차오른다.

할아버지가 풀을 뽑느라 두 손에 힘을 잔뜩 주고 있다. 쪼그려 앉은 다리와 약간 뒤로 밀려난 엉덩이에 팽팽하게 힘이 들어가 있다.

"할아버지가 힘드나 봐요."

"왜?"

"왜냐면요, 이렇게 얼굴을 찡그리고 있잖아요."

재근이 얼굴에 주름을 잔뜩 잡히게 하고 할아버지 흉내를 낸다. 사내아이 몇이 와하하 웃음을 터뜨린다. 아이들이 웃자 놀림을 당했다고 생각했는지 재근이 얼굴을 발갛게 한 채 식식거린다.

"야, 재근이 배우해도 되겠다. 얼굴 표정이 어쩜 그렇게 실감 나냐?"

내 말에도 재근은 분이 풀리지 않는지 한참을 오도카니 앉아 화를 식힌다. 그때 윤호와 다투고 울던 혜원이 슬그머니 이야기 멍석 한 귀퉁이에 앉는다. 나는 혜원을 보며 말없이 웃었다. 눈이 마주치자 혜원은 멋쩍은 표정으로 고개를 돌린다.

"아차, 오늘 밤에 마을 잔치가 있는 걸 깜빡했군. 얼씨구 좋구나!"

내가 무릎을 치며 가락을 넣어 '얼씨구 좋구나!'를 읽자 혜원이 배시시 웃는다. "어머, 근데 여기 토마토 잎사귀에 있는 이게 뭐지?" 혼잣말처럼 중얼거린다. 아이들은 그림책을 보며 자기 이야기를 털어 놓는데 아직 익숙하지 않다. 말없이 앉아 있길래 자꾸 툭툭 건드렸다.

"어, 그거 무당벌레예요. 선생님 무당벌레도 몰라요?"

주현이 목소리를 높인다.

"어, 이게 무당벌레였구나! 난 몰랐지. 주현이는 부모님이 농사를 지으니까 이런 걸 잘 아는구나! 앞으로 나 많이 가르쳐 줘. 선생님은 농사를 안 지어 봐서 이런 거 잘 몰라. 알았지?"

주현이 어깨를 올렸다 내렸다 하며 눈을 동그랗게 뜬다. 주현을 추켜세우자 여기저기서 자기도 '무당벌레 잘 안다, 벌레 이름 많이 안다'며 아우성이다. 조금이라도 선생으로부터 인정받고 싶은 아이들, 이제 막 젖니가 빠지는 여덟 살 꼬맹이들의 불꽃 튀는 시샘이 마냥 귀엽다.

"이십팔 점 무당벌레면 점이 이십팔 개예요?"

"그런가 보네?"

"이십팔 개가 몇 개야?"

아직 숫자 개념이 잘 형성되어 있지 않아 스물여덟 개와 이십팔 개가 같다는 것을 잘 모르는 아이들이다.

"28개."

"아-아!"

그때 큰도연이 성큼 나오더니 무당벌레의 등에 새겨진 점을 헤아린다. 손가락으로 한참을 헤아리더니 "28개 맞아." 그러면서 자리로 가 앉는다. 아이들이 "진짜?" 하며 눈을 크게 뜨더니 몇 녀석이 우르르 나와 서로 점을 헤아린다고 북새통이다. "야-아, 안 보여!" 주현이 호통을 치자 반 아이들이 하던 짓을 멈추고 뻘쭘한 표정으로 자리로 돌아간다. '오호라, 주현이가 우리 반 아이들을 쥐락펴락 하는구나!' 팔짱을 낀 채 아이들을 노려보는 주현을 보며 나는 혼자 빙긋 웃었다.

"선생님, 어떻게 채소들이 춤을 춰요. 쟤들은 못 움직이잖아요?"

"글쎄? 근데 동현인 왜 채소들이 못 움직인다고 생각해?"

"어-, 재들은 발이 없잖아요."

"너희들 밤에 잠자지?"

"예!"

"혹시 아니? 사람들이 잠잘 때 채소들이랑 저기 우리 학교 장승이랑 그런 것들이 몰래몰래 돌아다닐 수도 있지. 그때 우리는 자느라고 못 보잖아? 우리가 안 볼 때 막 돌아다니면서 놀다가 아침이 되면 안 그런 것처럼 시치미를 떼고 있을 수도 있잖아."

"진짜?"

재근은 완전 믿는 눈치다. 큰 눈이 더 커졌다. 이쯤 되면 아이들은 자기가 알고 있는 세계에 대해 고개를 갸웃거리게 된다. 나는 한 술 더 뜬다.

"저기 창문 옆에 있는 장승 보이지? 작년 겨울이었어. 내가 이갑순 선생님하고 밤 늦게까지 아마 열두 시도 넘었을 걸. 그때까지 학교에서 일을 하다가 집으로 갈라고 하는데, 여자 장승이 고개를 들고 두리번두리번거리더니 살그머니 움직이는 거야. 아마 아무도 없다고 생각한 모양이야. 그래서 우리가 숨도 안 쉬고 보니까 교문 쪽으로 가는 거야. 그리고는 어디론가 슝 하고 가는 거 있지? 근데 이튿날 아침에 보니까 여자 장승이 아무 일도 없었던 것처럼 제자리에 딱 서 있는 거야."

아이들은 침만 꼴딱꼴딱 삼키며 숨소리 하나 내지 않는다.

"그러니까 채소들도 아마 사람들이 모두 자는 밤에는 이렇게 춤추고 놀 수 있을 거야!"

"아, 나도 채소들이 춤추는 거 보고 싶다."

"나 밤에 장승 보러 학교에 올 거야."

아이들은 더 이상 진짜냐, 가짜냐 묻지 않는다. 보이지 않지만 존재할 수 있는 세계, 그 판타지의 세계로 아이들은 이렇듯 쉽게 마음자리를 옮겨 앉는다. 마을 잔치에서 돌아온 할아버지가 채소들의 흥겨운 놀이에 한바탕 신명이 나는 것처럼.

달빛을 받아 신이 난 할아버지네 채소들은 한바탕 신 나는 놀이를 한다. 손을 잡고 나란히 나란히 춤을 추고 코끝이 발개진 할아버지 역시 채소들의 잔치에 신명이 났다.

"할아버지가 가수 같아요. 왜냐면 할아버지가 노래를 하니까 채소들이 거기에 맞춰서 춤을 추잖아요."

도현이 안경을 밀어 올리며 말한다.

"할아버지는 저기가 방인 줄 아나 봐요."

"왜?"

"우리가 방에 가면 양말 벗잖아요. 근데 할아버지가 양말 벗으니까요."

주현이 그것도 모르냐는 표정으로 대꾸한다.

"아, 그러네."

그러면서 내가 키득거리자 아이들이 덩달아 웃는다. '술이 너무 취해서 그렇다, 자기 아빠도 술 취하면 아무 데서나 양말을 벗는다.'며 낄낄거린다. 구두 속에 줄무늬 양말을 얌전히 벗어 놓은 할아버지는 채소들이 벌이는 잔치를 맘껏 구경한다.

"와하하- 저것 봐요. 호박 얼굴이 할아버지하고 똑같아요."

지원이 말에 몇 아이가 맞장구를 치며 깔깔 웃는다. 참 잘 웃는다. 웃는 아이들 얼굴이 그대로 삶의 잔치다. 결국 아이들 걱정대로 무거운 호박은 콰다당 넘어진다. 아이들은 그것을 보고 또 와하고 웃는다. 아이들이 웃을 때마다 나도 웃을 수밖에 없다. 그다지 웃음이 나오지 않아도 같이 웃는다. 아이들한테 소외당하지 않기 위해.

"할아버지 죽었나 봐. 어떡해?"

유리가 안타깝게 말하자 지원이 위로를 한다.

"아니야, 아마 기절했을 거야."

팔다리를 큰 대 자로 쫙 뻗은 할아버지는 그렇게 채소밭에서 잠이 든다. 풀들이 모여 할아버지를 포근하게 감싸 안아 주고, 한바탕 신나게 노느라 힘이 빠진 채소들도 모두모두 잠이 든다.

"할아버지가 애기 같아요."

보윤이 말처럼 할아버지는 아기처럼 편안히 잠을 자고 있다. 밤새 신나게 놀았으니 좀 고단하겠는가?

책을 덮자 아이들은,

"고맙습니다."

하고 인사를 한다. 나도 공손한 자세로,

"들어 주어서 고맙습니다."

하고 인사를 한다. 인사를 마친 아이들이 자리로 돌아갈 때 큰도연이와 작은도연이 어깨를 걸고 춤을 추듯 걷고 있다. 마치 밤새 춤을 추던 채소들처럼.

의자에서 일어나려는데 가람이 갑자기 다가와 내 볼에 뽀뽀를 한다.

"이거, 성생님이가 이야기해 주니까 주는 선물이에요."

과분하고 황홀한 선물을 받고 나는 한동안 움직일 수 없었다. 오늘이 바로 내 생애 최고의 잔칫날이다.

2

누가 내 말 좀 들어줘

1. 하지 말라고 하면, 그 말 듣자마자 하고 싶어요

『하퀸, 골짜기로 내려간 여우』 © 존 버닝햄, 안민희 옮김 | 논장

쉬는 시간이 끝나면 창밖으로 탬버린을 내놓고 몇 번을 두드린다. 여기저기 흩어져서 놀던 아이들이 그 소리를 듣고 모이 먹으러 모여드는 병아리처럼 교실을 향해 뛰어온다. 오면서 '야, 들어오래.' 소리까지 친다. 그럼에도 수업을 하기 위해 자리에 앉으면 늘 서너 녀석 자리가 휑하다. 준혁이, 경민이, 재민이는 단골손님이고 가끔은 지원이와 기훈이가 합세한다. 다시 창을 열고 운동장을 내다보면 아직도 놀이터나 모래언덕에서 곰실거리며 놀고 있는 녀석들이 보인다. 탬버린을 몇 번 두드려도 요지부동이다. 결국 목청을 돋궈 '준혁아, 경민아, 재민아!'하고 이름을 부르면 그제야 교실 쪽을 한 번 흘낏 쳐다볼 뿐. 다시 못 들은 척 놀이에 빠진다. 그러면 다시 조그만 시골 학교가 쩌렁쩌렁 울리도록 고래고래 이름을 부른다. 자리에 앉아 있던 먼저 들어온 녀석들이 창턱에 올라가 동무들 이름을 부르느라 시끌벅적하다. 그제야 둔한 몸짓으로

일어나 똥 싼 걸음으로 뭉그적뭉그적 교실로 걸어 들어오는 녀석들. 뒤늦게 들어온 녀석들에게 '탬버린 소리 못 들었냐? 다른 동무들이 교실로 들어가는 거 못 봤냐? 선생님이 부르는 소리가 안 들렸냐?'하며 다그치면 말간 얼굴로 대답한다.

"못 들었는데요?"

그런데 그렇게 대답하는 녀석은 '내가 뭘 잘못했나요? 이제야 겨우 들었어요.'하는 표정이다. 나 혼자 흥분하고 있을 뿐 녀석들은 '왜 그러지?'하는 얼굴로 두리번거리며 전혀 동요가 없다. 이쯤 되면 아이들이 거짓말을 하고 있는 게 아니란 걸 안다. 나는 엉덩이를 툭툭 두들겨 자리로 돌려보낸다. 다음엔 쉬는 시간 끝나면 얼른 들어오라고 한마디 덧붙여서. 그렇지만 그 말이 이 녀석들에게 먹혀들지 않으리란 걸 나 또한 잘 안다. 놀이에 빠져들면 아무것도 들리지 않는 세계로 들어감을, 그래서 듣고 싶지 않은 이야기는 빠르게 던진 야구공처럼 아이들 귓전을 그냥 스쳐 지난다는 것을 잘 안다. 그럼에도 번번히 똑같은 이야기를 하고 꾸짖기를 반복한다. 스물한 명을 다 모아 놓고 수업을 하려면 족히 십여 분이 넘게 걸린다.

아이들과 같이 살다보면 몸은 이곳에 있어도 마음은 다른 데 가 있는 경우를 종종 발견한다. 특히 내가 자기들이 듣고 싶지 않은 이야기를 하거나, 훈계나 지루한 이야기를 할 때 아이들 눈빛은 먼 곳을 헤맨다. 쉬는 시간이 끝나면 매일같이 반복되는 우리 반 소란 역시, 그래서 끝이 없는 싸움이다. 그리고 이 싸움에서 나는 늘 질 수밖에 없음을 잘 알고 있다. 몰입해 있는 사람을 외부로 끌어내기는 여간 어려운 일이 아님을 알기 때문이다. 그걸 알면서도 내 잔소리는 멈추질 못한다. 어른이란 그런 존재다. 끊임없이 일러 주고, 다그치고, 확인하려 하고. 그래서 야누스 코르착의 말은 여전히 부족하고 끊임없이 가르치려고 하는 내게 따끔한 울림으로 다가온다.

"어린이를 알려고 하기 전에 자신을 먼저 알려고 애쓰세요. …… 아이들의 권리와 책임을 논하기 전에 당신의 능력이 어느 정도인지 먼저 깨달아야 합니다. 무엇보다 중요한 것은 당신도 한때 어린아이였음을 깨닫는 것입니다. 아이들을 기르고 가르치려면 무엇보다도 먼저 아이를 이해해야 합니다."

지루한 내 잔소리를 듣느라 고생한 아이들에게 미안한 마음이 들어 그림책을 뽑아 들고 자리에 앉았다. 눈치 빠른 근우와 세운이가 얼른 한쪽에 세워진 '이야기 멍석'을 들고 와서 펼쳐 놓는다. 존 버닝햄의《골짜기로 내려 간 여우 하컨》이다. 이 책을 읽으면서 내 머릿 속에 떠오른 녀석들이, 바로 오늘 꾸지람을 들은 주인공들이었기 때문이다. 동그란 눈을 요리조리 굴리며 호기심으로 반짝반짝 빛나는 눈동자를 가진 녀석들. 나를 웃게도 하지만 무슨 일을 터뜨릴지 몰라 늘 조마조마하게 만드는 우리 반 악동들. 읽는 내내 호기심 많고 궁금함을 참지 못하는 하컨과 녀석들의 얼굴이 겹쳐졌다. 그래서 혼자 낄낄거리며 책을 읽었던 터였다. 준혁이와 경민이는 내가 책 표지를 보여주자마자 언제 혼났냐는 듯 내 무릎 앞에 앉아 고개를 반짝 들고 있다. 그 눈빛과 표정이 눈동자를 굴리며 어딘가로 걸어가고 있는 하컨과 닮았다. 나도 모르게 훗, 하고 웃음을 터뜨린다. 내 웃음에 준혁이가 배시시 웃는다. 도저히 미워할 수 없는 얼굴이다.

"재, 여우, 장난꾸러기 같아요."

책 표지를 보자마자 윤진이가 대뜸 소리친다.

"왜?"

"으…… 으, 그건 재가 어디를 쳐다보면서 입으로 씨익 웃고 있잖아요. 그러니까 무슨 장난을 치고 미안해서 그렇게 웃는 거 같아요."

입으로 웃는 시늉까지 보여 준다. 일자형 걸음걸이로 조심스럽게 어딘가로 가고 있는 하퀸은 왜 골짜기를 내려가는 걸까? 궁금증을 불러일으키게 한다.

"재, 엄마한테 혼나서 집 나가는 거 아녀?"

방금 꾸지람을 들었던 터라 준혁이는 하퀸에게서 저를 발견한 듯하다.

"그래, 얘도 장난꾸러기라 엄마한테 혼났나 보다."

내 말에 준혁이가 앞니 빠진 입을 벌려 헤~헤 하고 웃는다.

"어! 하퀸이 쫓기고 있어요. 잘못하면 금방 잡힐 것 같아요."

"사냥개도 있어요. 그리고 속도가 무지 빨라요."

"저거 영국 군인들이 입는 옷 아녀요?"

"아~, 잡히면 어떡해!"

앞 면지를 펼치자마자 아이들이 술렁거린다. 아이들 마음은 이미 쫓기고 있는 하퀸의 편에 서 있다. 앉아있던 아이들이 몸을 일으켜 세운다. 아득한 풀밭을 빠르게 달려가는 말과 사냥개, 그리고 붉은 옷을 입은 사람들, 거기에 전력을 다해 도망가는 여우 하퀸이 아이들을 흥분시키고 있다. 아이들은 하퀸이 금방 잡히기라도 할까 봐 초조해 한다. 현민이 얼굴이 일그러져 있다.

여우 사냥꾼이 눈치채지 못하는 산꼭대기에서 평화롭게 살고 있는 하퀸네 식구. 엄마 아빠는 어린 여우들에게 곧잘 일렀다. '산 위에서만 놀고 골짜기에는 절대 가지 말아라.' 옛이야기에 나오는 금기사항이다. '절대로 하면 안 된다'는 금기. 그러나 문제는 여기서 시작된다.

"나는 우리 엄마가 뭐하지 말라고 그러면 그 말을 딱 듣자마자 해 보고 싶어요."

지원이가 벌떡 일어나며 말한다. 여기저기서 '나두 나두'하며 동조를 한다.

'에구구 녀석! 어찌 그리 듣는 순간 하고 싶을고?'

호기심이 많아 늘 사고를 일으키는 지원이 때문에 애면글면하는 지원이 엄마 얼굴이 떠올라 웃음이 나왔다. 지원이 엄마는 그런 지원이 속을 알기나 하고 있으려나?

"니들만 그런 게 아니여. 나도 나보다 나이 많은 어른들이 그거는 절대 하지 마세요, 그러면 왠지 더 해 보고 싶거든. 사람들은 다 그래."

내가 맞장구를 쳐 주자 아이들 목소리에 힘이 실린다. 금기는 새로운 도전에 대한 통제다. 그러나 이 금기를 깨지 않으면 역사는 만들어지지 않는다. 옛이야기에 나오는 주인공을 보면 모두 금기를 어기고 스스로 위험한 것에 도전하고 극복을 통해 한층 성숙한 사람으로 성장해 간다. 호기심은 금기를 깨는 데 필수 요소다. 호기심 많은 하퀸이 부모님의 말을 곧이곧대로 들을 리 없다. 가 보지 않은 길에 대한 끝없는 호기심과 갈망은 누구에게나 존재하는 법. 만약 어른의 가르침을 고이 받들어 가라는 길만 간다면 앞 세대가 뒷 세대에게 교육을 하기란 얼마나 쉬운 일인가? 그러나 금기에 도전장을 내미는 사람은 몸으로 공부를 하고 그러면서 스스로를 단련시키고 세상을 보는 눈을 넓히게 마련이다. 그걸 알면서도 어른인 나는 끊임없이 금기사항을 말하곤 한다. 나 역시 어린 시절 하퀸처럼 우리 반 아이들처럼 행동했음에도 모두 잊고 있는 것이다. 그렇지만 어린 시절의 내가 그러했듯 우리 아이들 역시 낯선 것에 과감히 몸을 던진다.

부모님의 말씀을 어기고 밤마다 골짜기로 내려가는 여우 하퀸. 골짜기에는 신기한 것이 너무도 많았다. 모두가 잠든 틈에 골짜기로 내려간 하퀸은 꽃밭에서 꽃향기도 맡고, 위험한 늪을 건너갈 수 있는 비밀 통로도 찾아낸다. 자식의 일탈을 눈치챈 아빠는 사냥꾼에게 잡힌 삼촌 이야기를 하며 호기심이 불러온 엄청난 결과에 대해 일러 준다. 한층 더 강력한 경고 조치다. 그러나 도무지 말을 듣지 않는 하퀸. 결국 어느 날 밤 사냥터지기의 눈에 띄게 되고 하퀸네 식구는 두려워한다. 모두들 사냥꾼들이 들이닥칠 것 때문에 두려움에 속수무책으로 몸을 떨 때 하퀸은 사냥꾼들을 다른 데로 유인할 방법을 고민한다.

"역시, 하퀸이야. 꼭 해낼 거야."

재민이가 박수를 친다. 나도 하퀸이 문제를 해결할 묘안을 찾아내길 간절히 바란다. 목숨의 위협을 느낀 하퀸네 식구가 조그마한 상자 안에 갇혀 있는 걸 보면 안타깝다. 식구들이 얼마나 마음을 졸이고 있는지 잘 느끼게 해 주는 장면이다.

사냥꾼들이 들이닥치는 날, 하퀸은 덤불 속에 숨어 있다가 들판으로 달려 나가 그들의 눈에 띄길 기다린다. 당당하게 선 하퀸에게 두려움은 느낄 수 없다.

"재는 저기 있으면 어떡하냐?"

소명이가 안타깝게 말하자,

"아마, 무슨 방법이 있을 거야. 아마도 유인책?"

보연이가 소명이를 보며 위로를 한다. 사냥꾼들의 눈에 띈 하퀸은 죽을 힘을 다해 달리기 시작한다. 앞면지에 나오는 그 장면이다. 아이들이 숨을 죽이고 있다. 약자의 편에 서는 아이들 심리에서 보면, 지금 아이들은 쫓기는 하퀸과 완전히 하나가 되어 있는 것이다. 하퀸과 사냥꾼들의 간격이 좁아져 금방이라도 잡힐 것 같다. 그 때 하퀸은 비밀통로로 들어간다. 아이들 얼굴에 안도의 빛이 감돈다.

첨버덩! 풍덩!

질퍽한 늪에 빠진 사냥꾼과 말들을 가리키며 깔깔깔 웃는 아이들. 불같이 화를 내는 땅 주인을 보며 아이들이 신났다. 힘과 꾀의 대결에서 꾀가 이겼으니, 강자와 약자의 싸움에서 약자가 승리했으니 왜 신나지 않겠는가? 하퀸과 한편에 선 아이들은 마치 저희들이 힘을 가진 강자를 물리친 것처럼 즐거워한다. 그러니 저희들끼리 손바닥을 마주치며 '잘

했어!'를 연발하는 것이리라.

사냥꾼들이 떠나는 모습을 지켜보는 하퀸은 짙은 빨간색으로 그려져 있다. 이는 어렵고 두려운 상황을 겪기 이전의 하퀸이 아님을 말해 주고 있다. 두려움을 이겨 낸 자만이 가진 당당함과 자신감이 느껴진다. 하퀸은 늪 앞에 덩그러니 떨어진 모자를 기념으로 들고 오는 여유까지 있으니 말이다. 하퀸은 이제 더 이상 어린 여우가 아니다. 낯선 것을 몸으로 극복하고 목숨을 지탱하며 살아가는 방법을 터득한 성숙한 여우다.

비로소 어른이 되어 한 가족의 가장이 된 여우 하퀸은 부모님이 그랬듯 자식들을 모아 놓고 그 유명한 사냥 이야기를 들려준다. 그렇지만 그 가운데 딱 한 아들은 따분한 이야기만으로는 성에 차지 않는다. 직접 골짜기 너머로 가고 싶어 한다. 마치 어린 시절의 하퀸처럼.

"이히히, 걔 좀 봐. 맨 오른 쪽에 있는 애는 아빠 말을 하나도 안 듣고 있다. 샘통이다."

연신 히히덕거리는 준혁이. 아마 하퀸이 아버지에게 했던 일을 똑같이 당하는 게 샘통인 모양이다. '니들도 더도 덜도 말고 나중에 꼭 초등학교 선생이 되어 니네 같은 녀석들 만나 봐라.' 준혁이 말끝에 대고 나는 속으로 중얼거린다.

여하튼 존 버닝햄의 말처럼 아이들의 호기심은 무엇으로도 막을 수 없다. 자기가 듣고 싶은 것만 듣는 아이들, 하고 싶은 일에만 에너지를 쏟는 아이들. 그 아이들이 실은 어린 시절의 나다. 그래서 마음 깊은 곳에서는 아이들을 이해하고 믿는다. 오이밭에서 오이 서리를 하고, 어른들이 귀신이 나온다며 절대로 가지 말라던 소용돌이치는 강기슭에서만 수영을 하던 내가 별탈 없이 또는 무사히 어른으로 자란 것처럼, 저 장난꾸러기 녀석들도 몸으로 부딪치고 겪으며 어른으로 성장해 갈 거라 믿는다. 그러나 그런 믿음을 갖고 있음에도 나는 여전히 하퀸처럼 잔소리를 길게 늘어놓으며 잘했네 못했네 아이들과 다투며 살아갈 듯하다. 애들은 다 그러면서 크는 거라 믿지만 순간순간 노파심 많은 선생으로 살아가는 삶을 완전히 버리겠노라는 다짐은 차마 못 하겠다.

2. '나랑 친구하자!' 그 말이 그렇게 어렵니?

『너도 갖고 싶니?』 © 앤서니 브라운 글 · 그림, 허은미 옮김 | 웅진주니어

"이 사탕 먹고 싶지?" 갓난아기 주먹만 한 눈깔사탕을 불쑥 들이밀며 말하던 녀석. 평소 친구들한테서 따돌림을 당하며 빙빙 겉돌던 녀석은 그렇게 우리 눈이 튀어나올 만큼 진귀한 먹을거리를 가지고 나타나곤 했다. 그동안 녀석에게 했던 행동과 말 때문에 쉽게 자존심을 던져 버리지 못하고 머뭇머뭇 망설일 때, 빼기는 목소리로 일침을 가하는 한마디.

"나는 니들 주고 싶은데, 우리 엄마가, 아-무도 주지 말고 나 혼자만 먹으래."

그러고는 얄밉게도 눈깔사탕을 입으로 쏙 집어넣던 녀석.

"야, 누가 먹고 싶댔냐? 하나도 안 먹고 싶다, 이 바보 같은 놈아."

거친 말을 쏟아붓고 돌아서면서도 눈앞에 삼삼하게 어른거리던 알록달록한 사탕. 사는 게 그리 넉넉지 않았음에도 녀석은 그렇게 종종 맛난 것을 들고 우리 앞에 나타나 속을 뒤집어 놓고는 했다. 그런데 주전부리

할 것을 들고 있을 때는 그렇게도 의기양양하던 녀석이 손에 먹을거리가 떨어지면 숨 죽은 배춧잎이 되어 그림자처럼 우리 둘레를 기웃거리곤 했다.

그러던 어느 날, 나는 보고야 말았다. 동네 가게 앞 질퍽한 흙바닥에 벌렁 드러누워 떼를 쓰는 그 녀석을. 엄마가 휘두르는 회초리를 온몸으로 고스란히 맞으면서도 '라면땅! 라면땅!' 고래고래 소리치던 녀석. 우리 앞에서 깃발처럼 쥐고 흔들던 과자 한 봉지를 얻어내기 위해 필사의 몸부림을 치던 그 녀석은, 딸 많은 집 귀한 아들이라 주전부리를 달고 산다는 우리의 부러움이 오해였음을 증명해 주었다. 과자 한 봉지, 사탕 한 알을 흔들며 녀석은 친구들한테 한마디라도 건네 보기 위해 그렇게 매번 죽을 힘을 다해 떼를 쓰곤 했던 거다.

그날 가게 앞에서 본 녀석은 행동이 굼뜨고, 말귀도 어둡던 평소의 어수룩한 친구가 아니었다. 맛있는 걸 가지고 우리 속을 뒤집어 놓던 얄밉고 얄미운 녀석은 더더욱 아니었다. 그 날 이후로 나는 뭐라고 말하긴 어려웠지만 어린 마음에 그 친구가 어쩐지 안쓰러워 보였다. 그래서 맘 놓고 얄미워하지도 못했다.

『너도 갖고 싶니?』를 읽으며 나는 불현듯 삼십 년도 더 된 어린 시절의 친구가 떠올랐다. 지금은 얼굴도 희미한 녀석이 책 속 제레미와 겹쳐졌다. '아, 그 때 그 녀석이 무척 외로웠던 거구나!' 뒤늦게 미안하고 가련한 마음이 들면서 지금은 어디서 어떻게 살고 있나 문득 궁금해졌다. 그런 옛 기억 때문에 책을 읽는 내내 나는 샘보다 제레미에게 끌렸다. 사탕을 한 봉지 끌어안은 채 샘에게 "너도 먹고 싶지?"라고 말할 때는 목이 꽉 막히기까지 했다.

칠판에 그림책과 관련된 기본 정보를 쓰는데 아이들 몇이 웅성거린다.

"어, 저 사람. 숨은 그림 찾기, 그거 많이 하는 사람이잖아! 디게 재미

있는데…….”

그림 장면 장면에 여러 가지 상징을 그려 놓는 앤서니 브라운에 대한 아이들 반응이다. 언젠가 『돼지 책』을 함께 읽을 때 장면마다 숨겨진 돼지를 찾으며 신나게 놀았는데, 한참 지난 그 일을 아이들은 용케 잊지 않고 있다. 그림책을 읽다 보면 종종 아이들이 작가에 대한 선호를 드러내기도 하고 작가의 스타일을 파악하고 있는 것을 발견한다. 책을 읽어 주는 사람은 그럴 때 무척 뿌듯해진다.

“재, 무지 잘난 척하는 거 같지?”

세운이가 노란 머리 아이를 가리키며 근우에게 묻는다. 입꼬리가 아래로 처지고, 감은 눈초리가 치켜 올라간 아이는 척 보기만 해도 거만해 보인다. 반면 맞은편에 서 있는 소심해 보이는 아이는 노란 머리 아이가 내민 상자를 부러운 듯 혹은 꿈꾸듯 들여다보고 있다.

“저 상자에 좋은 게 있나 봐요. 그래서 너도 갖고 싶니? 하고 묻는 거예요.”

희진이가 또랑또랑하게 말한다.

“어-어, 그런가 보다. 근데 이 상자에 뭐가 들었을까?”

“닌텐도요, 히-이.”

기훈이는 제가 말하고도 멋쩍은지 머리를 긁적이며 웃는다. 기훈이 말을 따라 여기저기서 ‘변신 로봇, 게임기, 휴대전화, 예쁜 인형’이 쏟아져 나온다. 평소에 갖고 싶어 하던 것들이 보이지 않는 상자 안에 들어 있으면, 하는 바람이 드러난다. 그런데 재미있는 것은 아이들 가운데 아무도 먹을 것에 관련된 말을 하지 않았다는 점이다. 아마 요즘 아이들은 먹는 것에 대한 간절함이 없기 때문인가 보다. 만약 삼십 년 전에 이런 질문을 했다면 어떤 대답이 나왔을까? 평소에 얕보던 녀석이 과자를 들고 나타나면 한없이 흔들리고 술렁거리던 우리들은 무엇을 간절히 원했을까?

면지에 펼쳐진 연두색은 보는 이의 마음을 평화롭게 한다. 표지에서 느껴지는 야릇한 갈등은 전혀 드러나지 않는다. 책장을 넘기자 속지에는 끊어진 필름 같은 상자에 두 아이가 담겨 있다. 더벅머리 아이는 꿈꾸는 듯한 표정으로 빙그레 웃고 있다. 마주 보고 있는 노란 머리 아이는 과자를 가득 담은 봉투를 끌어안고도 뭔가 잔뜩 심술이 난 표정이다. 앞으로 전개될 이야기가 어떨지 짐작된다.

주머니에 손을 넣은 채 산책하는 샘. 소극적이거나 자신만의 세계에 몰입해 있는 아이의 모습이다.

"어? 뒤에 저거, 자전거 바퀴다."

찬하 눈썰미가 대단하다. 이끼 낀 벽돌담 앞을 지나는 샘 머리 위로 청둥오리가 날고 있다. 어딘가로 훨훨 날아가고 싶은 샘의 내면일까? 그런데 그 새는 프레임에 갇혀 한계가 있어 보인다. 자유롭게 훨훨 날아가기는 어려울 것 같다. 뒤이어 새로 산 빨간 자전거를 타고 나타난 제레미. 길 가는 샘을 가로막고 거만한 표정과 자세로 묻는다.

"너도 갖고 싶지?"

"저 뒤에 있는 옷 있잖아요. 쟤, 제레미 옷이랑 샘 옷이랑 색깔이 똑같아요."

"근데 저 옷들 서로 손을 잡고 있는 거 같아. 놀고 싶은가 봐."

용준이가 예리하게 찾아낸다. 용준이 말처럼 빨랫줄에 걸린 빨간색과 초록색 옷 소매 끝이 서로 손을 잡은 듯 묶여 있다. 그런데 가만히 보면 초록색 옷이 빨간색 옷을 끌어당겨 잡은 듯하다. 아이들 말을 빌어 짐작해 보면 샘하고 놀고 싶은 제레미 마음이 그렇게 표현되었나 보다. 내가 화들짝 놀라는 시늉을 하자 용준이가 코를 발름거린다. 용준이는 쑥스러울 때마다 지나치다 싶을 정도로 콧구멍을 늘였다 줄였다 한다. 그 하는 짓이 참 귀엽다.

"야, 놀고 싶은데 왜 말을 저렇게 하냐?"

근우가 흥분한 목소리로 딴지를 건다.

"그거야, 같이 놀자 그러기가 쪼금 창피하니까 그런가 보지, 뭐."

보연이가 대수롭지 않게 맞받아친다. 그 말에 근우가 고개를 끄덕거린다. 매번 느끼지만 그림책을 읽다 보면 아이들은 이렇게 서로 배우고 나눈다. 내가 굳이 무엇을 가르치려고 끼어들지 않아도 스스로 배우고 자라는 모습이 대견하다.

"아하하 내가 저럴 줄 알았어."

콰당 넘어진 제레미를 보며 남자아이들이 박장대소한다.

"재는 친구가 넘어졌는데도 그냥 서 있냐?"

박살 난 제레미의 자전거를 보면서도 별다른 표정 없이 서 있는 샘을 보며 소명이가 불퉁스럽게 이야기한다. 나는 얼른 책장을 넘겼다.

"야, 괜찮느냐고 물어보잖아."

지원이가 소명이를 보며 핀잔을 준다.

"나는 몰랐잖아!"

소명이가 쉿소리를 내며 대꾸한다. 한바탕 싸움이 날 태세다.

"나도 샘이 주머니에 손을 넣고 그냥 서 있는 거 보고 얄미웠는데, 뭘."

내가 끼어들자 소명이가 그렁그렁한 눈물을 얼른 닦아 낸다. 겸연쩍은 표정을 한 지원이가 입술을 물어뜯는다.

외로운 제레미는 샘에게 온갖 방법으로 접근을 한다. 새 축구공을 사서 함께 축구를 하기도 한다. 그렇지만 제레미는 날렵하지 못해 샘에게 축구공을 빼앗긴다. 공을 갖고 재빠르게 움직이는 샘을 쫓아다니는 제레미 표정을 보라. 울 듯하다. 이럴 때 아이들은 대부분 '야, 그거 내 공이야.' 하며 생색을 내기 마련이다. 그런데 약이 바싹 오른 제레미는 발을 걸어 샘을 넘어뜨리는 방법을 택한다. 무엇 하나도 샘을 이길 수 없으니 어찌 속상하지 않겠는가? 결국 제레미는 공을 잘못 차서 공원 관리 사무소의 유리창을 깬다. 번번이 이런 식이다. 아이들은 제레미에게 손가락질을 하는데 나는 마음이 아리다. 외롭고 쓸쓸한 제레미 마음이 읽혀서 짠하다.

드디어 제레미는 먹을 것을 가지고 샘에게 접근한다. 보아하니 제레미는 친구가 없다. 그리고 샘 역시 친구가 없다. 그런데 샘은 혼자서도 잘 논다. 생각에 골몰한 모습으로 보아 자기만의 세계에 빠져 있는 아이 같다. 어찌 보면 샘이 더 외로운 목숨이다. 볼이 미어터지게 과자를 먹으면서 제레미는 샘이 '나도 좀 줘.' 하기를 바라는지도 모른다. 그러면 조금은 빼기면서 못 이기는 척 과자를 나눠 줄 준비가 되어 있는 것이다. 그런데 무심한 샘은 아무런 반응을 보이지 않는다. 참 심심한 싸움이다.

그러나 여기서 포기할 제레미가 아니다. 고릴라 탈을 뒤집어쓰고 쫓아다니고, 계속해서 묻는다.

"새로 산 거야, 너도 갖고 싶지?"

하지만 그러다 개에게 쫓겨 줄행랑을 친다. 제레미는 다시 해적으로 무장을 한 채 샘에게 다가선다. 그러나 돌아오는 샘의 반응은 "아니, 천만에." 하는 말밖에 없다. 숲 속에서 만난 친구들이 해적놀이에 끼워 줘도 제레미는 늘 아웃사이더다. 그러니 제레미 관심은 오로지 샘밖에 없다. 그렇지만 성향이 다른 두 아이가 친구가 되는 것은 그리 녹록하지 않은 일.

자기의 속마음을 제대로 표현하지 못하는 제레미와 자신의 내면세계에 빠져 있는 샘. 번번이 "너도 갖고 싶지?"라고 말하는 제레미를 보며 윤진이가 한마디 던진다.

“이그, 바보같이……. 그냥 ‘우리 친구하자’ 그러면 되는데.”

그러면서 나를 쳐다보고 눈웃음을 친다. 맞다. 외로운 샘과 제레미는 둘 다 서로에게 다가가는 방법에 서투르다 보니 늘 엇박자다. 자신을 드러내는 데 여전히 서툰 이 둘은 언제쯤이나 친구가 될까? 숲에서 온갖 동물을 보며 생각에 잠긴 샘의 뒷모습이 그래서 더욱 쓸쓸해 보인다. 쓸쓸한 샘의 뒷모습에 삼십 년 전 내 친구와 어른이 되어서도 솔직하게 나를 드러내는 게 서투른 내 모습이 겹쳐진다. 그리고 매일 먹을 것을 한 보따리씩 싸오는 경민이가 보인다. 그러면서 외롭고 소외된 목숨 편에 서서 이야기를 건네는 앤서니 브라운의 따뜻한 마음이, 문득 정겹게 느껴진다.

3. 지금은 안 하면서 자꾸 나중에 나중에 그러네?

『나는 노벨상을 받을 거야』 © 이자벨 핀 글, 그림, 김서정 옮김 | 문학과지성사

중학교 때까지 그런 대답을 했던 것으로 기억한다. “네 꿈이 뭐니?” 혹은 “커서 뭐가 될래?” 하고 누가 물으면 거침없이(겁도 없이) “노벨문학상을 받는 소설가가 될 거예요.”라고 고개 빳빳이 들고 말했다. 내 능력에 대한 냉정한 판단 따위는 없었다. 십 리 길을 걸어 학교에 갈 때 삭아서 자꾸 풀리는 낡은 운동화 끈을 바투 매야 했던 산골 아이는 그렇게 야문 꿈을 꾸었다. 노벨이라는 사람이 누군지, 또 그 상을 받는다는 게 얼마나 어려운 일인지는 알지 못한 채.

그렇게라도 꿈을 꾸고 싶었다. 그게 가난한 현실을 견딜 수 있는 유일한 힘이었다. 이루지 못할 꿈일지라도 저 멀리 오를 깃발을 꽂아 두고 이 정도의 팍팍한 현실쯤은 너끈히 견뎌야 한다고 스스로 주문을 외웠던 듯하다. 그런데 소녀의 꿈은 거창했지만 꿈을 이루기 위해서 지금 해야 할 일은 게을리했다. 책을 많이 읽지도 글을 쓰지도 않았다. 고작해야 어두컴컴한 학교 도서실에서 빌린 도스토예프스키나 톨스토이의 낡은 책을 읽지도 않으면서 옆구리에 끼고 다니는 걸로 만족했다. 그리고 글 쓰기는 학교에서 때마다 치르는 반공 글짓기나 무슨 무슨 글짓기대회 때 쓰는 게 전부였다. 그렇게 한 삼사 년 노벨상 운운하며 폼을 잡았던 것 같다.

그런 내게 『나는 노벨상을 받을 거야』는 다른 사람의 이야기가 아니었다. 스물 몇 해 전, 얼굴에 마른 버짐이 하얗게 핀 산골 계집애의 이야기였다. 거창한 미래를 꿈꾸는 머리와 전혀 움직이지 않는 몸이 따로따로 작동하던 과거의 내가 거기 있었다.

새해가 되고, 새 학년이 될 때 우리는 종종 굳은 결심을 한다. "올해에는 꼭!" 또는 "이번 학년에서는 꼬~옥!" 그 결심이 여러 가지 상황을 겪으며 봄눈 녹듯 사라진다 해도 새 일기장에 또는 새 달력에 큼지막한 글씨로 새로운 다짐을 하는 것은 얼마나 아름다운 일인가? 결심조차 하지 않는 것에 견주면 말이다. 자, 이제 머릿속 생각이나 결심을 몸으로 옮기는 데 지난한 어려움을 겪는 우리 모두의 또 다른 모습을 만나러 가자.

『나는 노벨상을 받을 거야』를 읽기 전에 아이들과 함께 노벨상과 노벨이라는 사람에 대해 찾아보았다. 다이너마이트를 발명하여 많은 돈을 번 노벨이 사회를 위해 공헌한 이들에게 상을 줄 수 있게 기부했다는 말에 아이들이 '와~아' 하고 탄성을 지른다.

"왜?"

"돈을 벌어서 자기 혼자 안 쓰고 다른 사람들한테 주니까요."

용준이가 코를 발름거리며 대답한다.

"그래, 그럼 니들도 자기 것을 다른 사람한테 나눠 줄 수 있으려나?"

"나중에요, 돈 많이 벌면."

"어른이 돼서 돈을 벌어야지요. 그 때 가난한 사람들한테 줄 거예요."

"돈을 많이 못 벌면 다른 사람에게 내 것을 나눠 줄 수 없나?"

내가 묻자 아이들이 머뭇거린다.

"어……, 그게……."

석규가 머리를 긁적인다.

"그래, 고민이 되지? 그럼 우리 이 책에 나오는 아이는 어떤 생각을 하며 사는지 한번 찾아보자."

월계수 잎을 입에 물고 있는 아이. 등에는 자유를 찾아 날고 싶은 욕망을 드러낸 새하얀 날개가 달려 있다. 그러나 아이 옷차림을 보면 웃음이 난다. 군복 같은 옷에 허리에는 총을 꽂고 있다. 오른쪽 아래에는 총을 겨누고 있는 군인이 보인다. 평화를 갈구하는 아이의 내면과 권총을 차고 있는 외면이 갈등하고 있는 것처럼 보인다.

아이들이 손가락질을 하며 웃는다. 왜 웃느냐고 물으니 "이상해서요."라고 답한다. 어색하다는 것은 톱니바퀴가 맞물려지지 않는다는 거다. 도망가는 계집애를 쫓아가며 총을 쏘는 사내아이. 우리 반 사내애들이 신 났다. 입으로 총소리를 내며 동무들에게 손가락을 겨눈다. 내가 책장을 넘기지 않고 가만히 있자 지원이가 머쓱해 하며 "야, 책 안 볼 거야?" 하며 도리어 큰소리를 친다.

크면 이웃을 사랑할 거라 말하는 아이. 하지만 그림은 글과 전혀 다르다. 여동생은 끈으로 꽁꽁 묶인 채 침대 밑에 매달려 있고 방에는 온통 전쟁놀이에 쓰이는 도구들이 널브러져 있다. 그림이 글과는 다른 이야기를 하고 있다. 아이들은 진술과는 다른 그림을 보며 키득거린다. 그림책이 가지고 있는 묘미가 잘 드러나 있다. 글이 하고 있는 이야기를 그림이 반복해서 보여 주는 것보다는 서로 다른 이야기를 만들어 가는 것이 그림책을 한층 풍요롭게 해 준다.

"에헤~헤! 재 좀 봐. 동생을 막 괴롭히면서 이웃을 사랑한대."

목소리 큰 지원이가 손가락질을 하며 낄낄거린다. 사내 녀석 몇이 덩달아 비웃는다.

세상을 평화롭게 만들고, 사람들이 사이좋게 지내도록 하고 싶다는 아이의 갸륵한 소망. 그러나 아이는 자를 들고 책상 위를 넘나들며 싸움놀이를 하고 있다. 물론 아이의 표정은 해맑지 않다. 머리와 몸이 함께 가지 않으니 즐거울 리 있겠는가?

"근데, 재는 개구쟁이예요. 말로만 착하고……."

윤진이가 눈살을 찌푸린다.

"저기 선생님, 재는 머리로만 공부해서 그런 거지요?"

보연이가 나를 쳐다보며 동의를 구한다.

"글쎄 말이야."

내가 고개를 끄덕이자 보연이가 환하게 웃는다.

동물을 괴롭히지 못하도록 하고 싶다는 아이는 무얼 하고 있는가? 생쥐를 축음기 위에 올려놓고 괴롭히고 있다. 그 뒤 벽에 걸린 비둘기 그림은 평화를 상징하고 있다. 아울러 금방이라도 넘어질 것 같은 의자 끝에 앉은 아이의 모습이 위태로운 내면 심리를 드러내는 듯하다. 장면마다 굳은 결심을 내뱉는 아이의 의지가, 실은 금방이라도 우당탕하고 넘어질 것 같다는 것을 그림으로 보여 주고 있다.

가난한 사람에게 내가 가진 걸 나눠 주겠다는 결심은 또 어떤가? 옆에 있는 동무의 가난한 도시락을 보면서도 음식이 가득 든 자신의 도시락을 함께 나눠 먹는다는 생각조차 전혀 없어 보이는 아이.

"재 봐요. 혼자 큰 거 다 먹으려고 욕심내니까 눈이 사나워 보여요. 욕심쟁이 같아요."

"근데도 가난한 사람한테 나눠 준대. 순 거짓말만 한다."

준혁이가 입을 내밀며 한마디 뱉는다.

"그래, 그렇게도 볼 수 있겠다. 근데 얘는 마음이 뭔가 좀 꺼림칙하지 않을까?"

내 눈에는 주인공 아이가 안쓰럽게 보인다. 머리로는 그렇게 해야 된다는 걸 알고 있기에 반복하여 미래를 운운하며 스스로를 다그치는 것이 안타깝다.

"선생님, 쟤는 머리로만 공부하고 몸으로는 공부를 안 해서 그래요. 선생님이 진짜 공부는 몸으로 해야 된다고 했잖아요."

영특한 녀석들. 무얼 배우든지 머리에만 넣어 두지 말고 몸으로 옮겨야 한다는 평소의 가르침을 이렇게도 잘 알고 있구나! 여덟 살짜리 꼬맹이들이 내뱉는 말이 마음 한 켠을 '쿵!' 하고 울린다.

"글쎄 말이다. 말로만 하지 말고 쪼금이라도 몸으로 실천하면 좋을 텐데 그치? 근데 그게 쉽지는 않으니까 얘도 아마 괴롭지 않을까?"

"맞아, 나도 우리 엄마가 말할 때 끼어들지 말아야지 그러면서도, 음…… 나도 모르게 또 막 끼어들어서 혼나."

"그래 그럴 수 있어."

소명이 말에 내가 맞장구를 쳤다. 말과 행동이 다른 아이는 지구 환경을 보호해 줄 거라며 나무에 올라타고 심지어는 가지를 꺾어 칼싸움까지 한다. '아, 마음먹은 대로 살기는 얼마나 어려운 일인가?' 그럼에도 아이는 계속 되뇐다. 자신이 하고 있는 행동이 옳지 않음을 알기에 갈등한다. 그래서 남에게 도움을 주고 힘이 되고 싶다면서도 무거운 짐을 든 노인 곁을 무심히 지나친다. 도덕적인 무게를 짊어지기에 아이는 아직 너무 어리다.

머리로는 알고 있으면서도 몸으로 실천하는 데는 시간이 필요한 법. 몇 년 동안이나 환경교육을 하면서, 일회용품이나 종이컵을 쓰지 말자고 교사들끼리 굳게 약속을 했다. 그러고도 이 핑계 저 핑계로 실천을 못 하다가 오 년이나 지나서야 비로소 종이컵을 사용하지 않게 된 우리 학교만 봐도 앎을 실천하기는 만만치 않은 일임을 알고 있다. 어른도 이럴진대 아이들은 오죽하랴. 그런데도 우리는 머리의 앎이 몸으로 옮겨 오는 시간을 기다리지 못하고 꾸짖고 닦달한다. 무릇 때가 되고 무르익으면 저절로 바뀌게 될 터인데……. 그래서 나는 책 속 아이에게 차마 손가락질은 못하겠다.

책 속 아이는 그렇게 끊임없이 갈등하고 고민한다. 마음과는 전혀 다른 모습으로 살면서 불의에 맞서는 사람이 되고 싶고, 위대한 일을 하고 싶어 한다. 지금 그렇게 살고 있지 못하니까 자꾸자꾸 뒤로 미룬다. 나중에, 어른이 되면 그렇게 현재의 갈등을 잠재우고 싶어 한다. 어린 시절 우리가 그랬던 것처럼.

"재는 지금은 안 하면서 자꾸 나중에 나중에 그러네?"

어렵게 말문을 뗀 근우 얼굴이 빨갛다.

"너희들도 그러잖아."

"우리가 언제요?"

"어~ 아까도 그랬잖어. 나중에 돈 많이 벌면 그 때 다른 사람한테 기부할 거라고."

"지금은 돈이 없으니까 그렇지요."

기훈이가 소리를 빽 지른다.

"지금 돈이 없으면 다른 걸로 어려운 사람 도와줄 수는 없냐?"

"뭘로요?"

"아니 뭐, 꼭 돈이 아니어도 남을 도와줄 수 있는 일은 얼마든지 있잖아. 없어?"

"아~ 친구가 지우개 없을 때 빌려 주는 거?"

재민이가 눈을 동그랗게 뜨고 말한다.

"야, 너는 지우개 안 갖고 다니잖어."

세운이 한마디에 재민이 얼굴이 구겨진다.

"재민이가 깜빡 잊어서 그렇지. 지난번에 보니까 친구들한테 공책도 빌려 주던데?"

내가 얼른 재민이 편을 들었다.

"나중에 돈 많이 벌고 힘이 세지면 할 수 있는 일이 더 많을 거야. 그렇지만 지금도 할 수 있는 일이 무지 많어. 음……, 예를 들면 우리 학교 어떤 형이 유치원 동생들을 괴롭힐 때 도와줄 수도 있고, 맛있는 거 있으면 같이 나눠 먹어도 돼. 찾아보니 많지? 근데 솔직히 말하면 선생님도 어렸을 때 책 속 이 아이처럼 매일 나중에 나중에 한 일이 많다."

내 고백에 몇 아이들이 빙그레 웃는다.

"그래도 얘가 지금 당장 시작한다고 하니까 참 잘한 것 같아요."

바른생활 희진이답다.

"희진이 말처럼 나도 참 다행이다 싶어. 또 미루지 않고 지금 가위 들고 동생부터 구하러 가잖어."

"생쥐도 안 괴롭혀요. 저 봐요. 껴안고 있잖아요."

4. 내 안의 아름다운 힘을 찾아 떠나는 여행

『치킨 마스크』 © 우쓰기 미호 지음, 장지현 옮김 | 책읽는곰

예전에 우리 반에서 있었던 일이다. 공부를 무척 잘하는 동규와 공부는 못하지만 인간성 좋아 친구도 많고 책임감도 강하고 의리 있는 철규가 싸움을 했다. 하나를 가르쳐 주기도 전에 이미 열 개를 알고 있는 공부 잘하는 동규가 (여기서 나는 망설여진다. 그 애는 공부를 잘하는 거라기보다 정확히 표현하면 교과 성적이 뛰어난 아이이다. 공부란 말은 교과 성적의 우위만을 가지고 말할 수 있는 것이 아니니 말이다. 그럼에도 교과 성적이 뛰어난 아이를 우리는 아무런 망설임 없이 '공부를 잘한다'고 말한다. 이건 분명 문제가 있다.) 학급 규칙을 어기며 함부로 행동을 하자 의리 있는 철규가 지적을 한 모양이었다. 둘이 한참 티격태격하는 양을 교실 뒤 켠에 서서 지켜보았다. 내가 있는지도 모르고, 서로 네가 옳다, 내가 옳다며 녀석들은 말싸움을 계속했다.

청산유수로 자기에게 유리한 말을 갖다 붙이는 동규를 보는데, 나까지 얄밉다는 생각이 들었다. 저러다 욱하는 성미의 철규가 주먹이라도 올려붙이면 어쩌지? 초조한 마음으로 바라보는데 철규는 용케도 잘 참아냈다. 그때 상황으로 볼 때 불리했던 동규가 '공부도 못하는 주제에'라며 철규의 약점을 건드렸다. '어이구, 저놈! 어쩌자고 저런 말을.' 사태가 심각해질 것 같아 내가 제지하려고 나서는데 터지는 철규의 한마디. 쐐기를 박는 그 말이 통쾌했다. "그래. 나 공부 못한다. 근데 너는 공부 빼고 잘하는 게 뭔데? 치사한 놈!" 그리고는 상대도 하기 싫다는 듯 몸을 돌려 제 자리로 가 앉았다. 철규의 그 한마디에 옆에서 구경을 하던 아이들은 박수를 쳤고, 나는 자꾸 웃음이 나왔다. 그때까지만 해도 서슬이 퍼렇던 동규는 얼굴이 하얗게 질려 교실을 뛰쳐나갔다.

그 날 싸움의 승자는 철규였다. 솔직히 철규가 그때처럼 멋있어 보였던 적은 없었다. 나까지 아이들 틈에 섞여 박수를 치고 싶은 심정이었다. 철규의 그 당당함. '공부 빼고 잘하는 게 뭐 있어?'라는 철규의 말은 '나는 공부 빼고 다 잘한다.'는 자신감에서 나온 말이 아니던가? 내가 아이들에게 심어 주어야 할 것이, 열심히 가르쳐야 할 것이 무엇인지를 알게 해 준 철규의 말은 그 뒤 내 교육 철학이 되었다.

학교에서 보면 저학년 아이들은 무엇을 시키든 '저요, 저요.' 한다. 그러던 아이들이 고학년이 되면 '재요, 재요.'로 바뀐다. 이타성이 발달해서 그럴 수도 있겠지만 그 속내를 보면 자신감이 없어서이다. 나는 잘 못하는데 다른 친구는 잘하는 것처럼 보이기 때문이다. 그런데 요즘은 1학년 아이들도 무엇을 해 보자면 자기는 못한다고 울상이다. 심지어는 자기는 뭣도 못하고 뭣도 못한다며 미리 고해성사를 하기도 한다. 안타깝다. 학교에 오기 전부터 한글을 배우고 수학을 배우고 심지어는 영어까지 배워 왔는데도 일찌감치 스스로의 능력을 포기하는 일이 일어나고 있다. 언 땅을 뚫고 나오는 새싹처럼 생기 가득해야 할 아이들이 그늘져 있다. 어깨가 처져 있다. 아직 채 싹도 틔우지 못한 씨앗에게서 어른들이 꿈을 빼앗았기 때문이다.

올해는 1학년 아이들을 만났다. 첫 날 아이들에게 옛이야기를 들려주고 일부러 '나는 아직 한글 모르는 사람이 좋아. 한글은 원래 1학년이 되어야 배우는 거거든.' 하고 말을 했다. 학교에 오기 전에 미리 한글을 배운 아이들이 많다 보니 글을 모르는 아이들은 기가 죽어 있기 일쑤이기 때문이다. 그런 아이들은 내가 무엇을 하든 자기는 공부 못한다며 울상을 짓고, 힘들어 하는 것을 보아 온 터라 미리 기죽지 말라 못을 박은 것이다. 그런 내 말에 몇 아이는 집에 가서 신나게 이 말을 전했다고 한다.

『치킨 마스크』 표지에 나오는 주인공 아이 얼굴을 보자. 우리 아이들의 얼굴이다. 시험지 앞에서 삶에 대한 의욕을 상실한 얼굴. 어디에서 아이다움을 찾을 수 있는가? 책 표지를 보며 아이들은 말한다. 울고 있는 거라고. 공부 못해서 엄마한테 혼날까 봐 속상해서 그런 거라고. 그러더니 『치킨 마스크』라는 제목 때문에 녀석들은 치킨이 먹고 싶다고 자기는 양념을 좋아하네, 후라이드를 좋아하네, 야단이다. 유치원에서 간식을 먹던 습관이 있어서 배가 출출하던 참이다. 그대로 두면 치킨 잔치라도 열어야 될 판이다.

"어? 치킨 마스크. 근데 마스크가 뭘까?"

"입에 하는 마스크요."

"나 오늘 엄마가 마스크 줬어요."

황사 때문에 마스크를 챙겨 온 녀석이 주머니에서 꺼내자 몇 녀석은 사물함으로 마스크를 꺼내러 간다. 어수선하기 그지없는데 세운이가 불쑥 말을 한다.

"치킨 가면이요."

"왜?"

"저기 어떤 애가 닭처럼 생긴 가면을 쓴 거잖아요. 그러니까 가면이죠."

마스크를 꺼내느라 분주하던 녀석들이 뜨악하니 세운이를 쳐다본다. 그림책을 읽어 줄 때 가끔 이렇게 관찰력이 뛰어난 아이들이 나타나 다른 데로 흐르던 물길을 제대로 잡아 준다. 나는 세운이가 그림책을 아주 잘 본다며 칭찬을 아끼지 않았다. 마스크를 만지작거리던 아이들 눈길이 다시 그림책으로 쏠린다.

"사람들은 저마다 재능이 담긴 그릇을 가졌다."

그리고 그 재능을 각기 표현하는 가면들이 여럿 나온다. 어떤 가면을 쓰고 싶냐고 물으니 대답하는 아이마다 다 제각각이다. 토끼 가면을 쓰고 싶다는 윤진이에게 까닭을 물으니 '사람들이 귀여워해 주니까.' 그렇단다. 윤진이 내면에 사랑 받고 싶은 욕구가 많기 때문이다. 다른 가면들이 안고 있는 그릇에는 무언가 가득 차 있는데 유독 치킨 마스크를 쓴 아이 그릇만 비어 있다. 강민이는 치킨 마스크가 아무 것도 없어서 울고 있다고 말한다.

수학을 잘하는 올빼미 마스크와 글씨도 못쓰고 수학 성적도 형편없는 치킨 마스크, 만들기를 잘하는 햄스터 마스크와 뭘 하든 서투른 내가 싫은 치킨 마스크, 체육도 씨름도 못해 친구들한테 소외 당하는 치킨 마스크. 다른 마스크들이 잘하는 것을 이야기하는 치킨 마스크는 점점 작아진다. 자신감이 상실된 아이는 늘 자신을 작은 존재로 생각한다. 내 얼굴 그리기를 해 보면 생김새와는 관계없이 도화지가 모자랄 정도로 크게 그리는 아이와 눈 코 입이 잘 드러나지 않을 정도로 작게 그리는 아이들이 있다. 내면에 있는 아이의 자신감이 어떤가를 잘 드러내는 그림이다. 치킨 마스크는 늘 혼자 외떨어져 있다. 남들과 자신을 견주며 다른 사람은 다 나보다 낫다고 생각하니 그럴 수밖에 없다. 자신감이 없으니 어디든 섞일 용기가 없다. 그러다보니 다른 친구들의 존재가 커 보일 수밖에 없지 않은가? 심지어는 자신은 없는 게 낫다는 자학까지 하게 된다. 누가 이 아이를 이렇게 만들었는가?

자신의 존재에 대해 고민하던 치킨 마스크는 정신을 차린다. 현실에서 소외된 아이는 누구나 비밀 장소를 갖기 마련인데, 눈에 띄지 않는 외진 구석에 있는 꽃밭이 그곳이다. 자기처럼 아무의 눈에도 띄지 않는 작지만 예쁜 꽃을 찾는다. 외로운 영혼은 외로운 존재에게 눈길을 주는 법이다. 치킨 마스크는 그 꽃을 자기처럼 여긴다. 그러니 눈에 들어올 수밖에. 그러면서 자기가 꽃에게 눈길을 주듯 다른 사람들도 자기에게 마음을 쏟아 주길, 자신을 발견해 주길 원한다. 그러나 스스로가 모습을 드러내지 않으면 다른 사람들이 나란 존재를 인식해 주기가 얼마나 어려운가? 결국 치킨 마스크는 자신을 찾는 내면 여행을 떠난다. 나는 누구인가, 내가 간절히 원하는 것이 무엇인가를 찾아 떠나는 내면 여행에서 숱한 타인의 얼굴을 만난다. 부러워했던 모든 얼굴을 보며 다시 태어나고 싶은 욕망을 느낀다. 올빼미 마스크를 쓰고 수학 문제를 술술 풀어 보기도 하고, 햄스터가 되어 거짓말처럼 근사한 작품을 만들어 보기도 하고, 토끼와 장수풍뎅이, 개구리 마스크까지 쓰며 굉장한 체험을 한다. 그런데 머릿속은 엉망진창이 된다. 온통 까맣게 칠해진 치킨 마스크를 보면 그가 얼마나 혼란을 겪는 지 알 수 있다. '치킨 마스크가 아닌 것 같다.'는 찬하 말처럼 다른 마스크를 쓴 치킨 마스크는 더 이상 치킨 마스크가 아니다.

토끼 마스크를 손에 쥔 채 꽃밭 꽃들을 만난 치킨 마스크 얼굴은 아직 우울하다. 확신이 없어서이다. 외로운 것들을 눈여겨볼 줄 아는 자신이 얼마나 아름다운지 깨닫지 못하고 있다. 그래서 묻는다. '이런 나라도 필요하다고 생각하는 거야?' 그렇게 자신에 대해 묻는 과정 속에서 치킨 마스크는 새롭게 태어난다. 자신을 돌아보고, 자신이 가진 힘에 대해 어렴풋하게나마 깨달으니 비로소 둘레 사람들이 자신과 함께 존재하고 있음을 보게 된다. 친구들과 교실로 들어가는 치킨 마스크를 보라. 좋아서 만세를 부르고 있지 않은가? 친구들 앞에서 한없이 작아져 있던 모습이 어느덧 다른 친구들과 비슷한 크기로 성장해 있지 않은가? 없었던 것이 아니라 본래부터 존재하던 자신의 힘을 보며 겉모습이 바뀌는 것이다.

어른들이여! 둘레를 보자. 그리고 어깨가 처진 어린 영혼이 보이면 그 아이 내면이 지금 어떤 아픔을 겪고 있는지 들여다보자. 다른 사람과 견주어 보지 말고 오롯이 그 아이만을 보며 그가 가진 색깔과 모습을 드러내어 힘을 주자. 그리하여 이 봄, 다투듯 피어나는 저 꽃처럼 아이들이 환하게 웃을 수 있도록 말없이 버팀목이 되어 보자. 더 이상 다른 가면 때문에 자신이 가진 아름다운 힘을 상실하게 하지 말자.

5. 고물자전거의 아프리카 여행기

『고물자전거 날쌘돌이』 © 우쓰기 미호 지음, 장지현 옮김 | 책읽는곰

나는 세운이네 집에 있는 버려진 후레쉬야. 근데 나는 건전지만 바꾸면 되는데 세운이가 나를 쓸모없다고 확 버린 거야! 난 무척 슬펐다. 근데 나를 무척 좋아했던 세운이가 나를 버리니까 세담이가 "오잉? 여기 쓸 수 있는 후레쉬가 있네?" 그러면서 보연이네 일랑이에게 준거야! 일랑이는 나를 무척 좋아했어. 나는 무척 기뻤다.

얼마 후 일랑이가 나를 잘 쓰더라. 집이 어두울 때 다칠 뻔 했는데 후레쉬 때문에 안 다친 거야. 잠시 후 세담이가 오니까 후레쉬가 대활약을 했다고 했어. 나는 일랑이에게 유명한 후레쉬가 되었어. 세담아 너 때문에 좋은 데에 왔어. 고마워. 정말 정말 고마워.

— 2009년 7월 4일 금요일, 이세운

『고물자전거 날쌘돌이』를 함께 읽은 뒤 우리 반 세운이가 쓴 글이다.

책 표지에 그려진 찌그러진 자전거를 끌고 가는 아이를 보며 세운이는 "저거 바퀴 바람 넣고 고치면 쓸 수 있을 텐데……." 하고 안타까워했다. 교실을 현대화한다면서 프로젝션 텔레비전을 바꿀 때도 우리 반 아이들은 '아직도 쓸 만한데, 저거 어떻게 할 거예요.' 하며 미련을 버리지 못했다.

대부분 헌것보다는 새것에 마음이 끌리기 마련인데 우리 반 아이들이나 나나 아직은 더 쓸모 있는 것을 버리는 것에 대해 이렇게 맘을 졸인다. 길을 가다가 버려진 신발 한 짝이나, 살 부러져 구석에 처박힌 우산 같은 것을 볼 때마다 생각을 한다. '저것은 누구와 지내다 저렇게 되었을까?' 그러면서 그것들의 지나간 삶을 상상해 보곤 한다. 한때는 귀한 대접을 받았을 것들이 쓰레기로 버려진 것을 보면 마음 한 켠에 스산한 바람이 분다.

『고물자전거 날쌘돌이』 표지만 보았을 때도 버려진 자전거의 스산한 삶의 자취가 그려진 작품이지 않을까 추측을 했다. 아이들 반응도 나와 크게 다르지 않았다.

"자전거가 고물이 돼서 아이가 슬퍼하고 있어요."

"으음, 무지 아끼는 자전거였는데 이제는 더 탈 수 없어서 속상한가 봐요."

"버려야 되는데, 버리기 싫으니까 울려고 해요."

책 표지를 보며 아이들이 쏟아 낸 말이다. 바람 빠지고, 군데군데 녹슨 자전거를 끌고 가는 계집애는 금방이라도 울 듯한 표정이다.

"선생님, 근데 저기 고양이는 웃고 있어요. 뭐 좋은 일을 생각해 냈나 봐요."

턱을 괴고 있던 경민이 말이다.

"어? 진짜네! 경민이가 아주 세심하게 그림을 보았구나!"

내 칭찬에 경민이가 벌쭉 웃는다. 공부 시간에도 딱지나 조그만 장난감을 만지작거리느라 공부에 집중하지 못하는 녀석인데 오늘은 무릎 아래 바짝 앉아서 꼼짝도 하지 않는다. 그림의 무엇이 경민이 내면과 맞닿은 것일까? 궁금함을 갖고 그림을 보니 고물 자전거를 끌고 가는 아이의 키가 유난히 작다. 경민이는 키도 작고, 몸집도 갸날프다. 그러고 보니 아이의 외모가 경민이를 끌어 당겼을지도 모르겠다.

"어? 재는 왜 좋아하지?"

책 날개에 그려진 흑인 아이가 물구나무를 서서 웃고 있는 장면을 보며 준혁이가 고개를 갸웃거린다.

"글쎄? 뭣 땜에 이 아이가 이렇게 좋아하지?"

"어, 그거야 나도 모르지요."

눈을 동그랗게 뜨고 어깨를 올렸다 내렸다하는 준혁이. 내가 빤히 쳐다보자 슬그머니 눈길을 피한다.

"어우, 불쌍하다."

쓰레기 더미에 버려진 날쌘돌이를 보며 아이들은 측은한 표정을 짓는다.

"저 까마귀들, 못됐다. 남이 슬퍼하는데 신난다고 노래니 부르고."

"재들도 친구들 놀리는 개나리 같다."

친구 놀리는 일에서 둘째가라면 서러워 할 지원이가 말한다. 나는 터져 나오는 웃음을 참는다.

우리 반은 까닭 없이 친구를 놀리는 아이들을 '개나리'라고 부른다. 언젠가 친구의 외모나 행동을 가지고 놀릴 경우 그건 개나리를 보고 '개나리래요, 개나리래요.' 하고 놀리는 거나 마찬가지라는 이야기를 했다. 그랬더니 어느 날부턴가 친구를 놀리는 아이를 보며 '개나리, 개나리'라고 부르기 시작하였다.

버려진 날쌘돌이는 젖 먹던 힘까지 내어 달려 보려 애를 쓰지만 꼼짝도 하지 않는다. 좌절과 분노로 날쌘돌이 주위는 마치 유리창이 깨어지듯 연필 선으로 날카롭게 그어져 있다. "날쌘돌이는 슬픈데 저 쪽은 휘황찬란해요. 그러니까 날쌘돌이가 더 슬퍼 보여요."

희진이 말이 끝나기도 전에,

"선생님! 사람들은 날쌘돌이처럼 버린 것들을 이제는 까맣게 잊어 버렸나 봐요."

세운이가 인상을 쓴 채 말한다.

날쌘돌이가 나오는 장면은 어둡다. 더 이상 희망이 없다는 뜻인가? 그러나 버려진 날쌘돌이 둘레에는 역시 버려진 떠돌이 고양이들이 가슴을 맞대고 고민을 한다. 자신들도 인간에게 버림받았기에 버려진 것의 마음을 누구보다 잘 알고 있기 때문일까? 팔짱을 낀 채 생각에 잠긴 고양이들의 모습에 가슴이 뭉클하다.

고물 자전거에게 연민을 갖고 위로를 하는 고양이들 속에서 문제를 해결하는 고양이는 덩치가 가장 작은 구슬이다. 구슬이는 유끼짱한테 고물 자전거의 존재를 알리고, 도움을 요청한다. 그런데 유끼짱 역시 힘없고 어린 계집애다. 어린이문학에서 문제를 해결하는 존재는 언제나 약자인데, 이 책에서도 마찬가지다. 유끼짱은 날쌘돌이를 끌고 겐지 할아버지에게로 간다.

"어? 색깔이 이제 환해졌네? 어두운 색이 아니네."

보연이가 환하게 웃는다.

"색깔이 환한 그림이, 왜?"

"뭔가 좋은 일이 생길 거 같아요. 희망 그런 거가 생긴 거 같아요."

"근데 사람들이나 자동차 그런 게, 재하고 날쌘돌이를 막 비웃고 있어요."

"그래도 저 여자애는 기가 안 죽은 거 같아요. 씩씩하게 걸어가요."

강민이 목소리가 높아진다.

"왜 기가 죽지 않았을까?"

"으음, 우리 아빠가 그러는데 남들이 놀려도 자기 마음만 흔들리지 않으면 된다고 그랬거든요. 그러니까 재도 날쌘돌이를 위해서 뭐를 할려고 하니까 마음이 안 흔들리는 거죠, 뭐!"

야무진 대답이다.

"할아버지가 참 착한 것 같다. 잘 도와줄 것 같다, 그치?"

용준이가 지원이를 보며 동의를 구한다.

허리가 구부정한 겐지 할아버지는 흘러내린 돋보기 너머로 유끼짱을 인자하게 바라본다. 어린이가 어려운 문제에 부딪쳤을 때 이렇게 두말 않고 도움의 손길을 내미는 어른의 모습은 보는 이로 하여금 훈훈함을 느끼게 한다. 아이들은 이런 이야기를 읽으며 자기 역시 어려움에 처했을 때 누군가로부터 도움을 받을 수 있으리라는 위안을 얻을 것이다.

자상하고 사려 깊은 겐지 할아버지 덕분에 고물 자전거는 다시 쌩쌩하게 태어났다.

"휴우, 다행이다."

현민이가 참고 있던 숨을 내쉰다.

"와아, 아프리카로 가는구나! 근데 저 그림 무지개 같아요."

"무지개는 희망을 뜻한다는데……."

내가 한마디 하자, 보연이가 갑자기 벌떡 일어난다.

"아, 알았다. 저 날쌘돌이가 이제 아프리카에 가서 씽씽 달리게 되나 봐요. 아프리카에는 가난해서 자전거가 없는 사람이 있을 거 아니에요. 그래서 날쌘돌이가 그 사람 자전거가 돼서 씽씽 달리며 신나는 거 그런 얘기?"

"야~~아, 보연아. 너 이 책 봤니?"

"아니요."

보연이가 의아한 표정으로 쳐다본다.

"근데 어쩜 그렇게 이야기를 읽은 것처럼 다 알고 있냐? 보연이 상상력은 진짜 놀라워."

"우~~~와!"

아이들이 환호성을 지르자 보연이가 몸을 꼬며 배시시 웃는다. 날쌘돌이는 부푼 꿈을 안고 아프리카로 여행을 떠난다. 버려져서 아무 것에도 쓸모없다고 울던 날쌘돌이가 이제 새롭게 태어나는 순간이다. 그러나 날쌘돌이의 여행은 결코 순탄치 않다.

"어? 저거, 저 눈동자 두 개 있는 게 날쌘돌이다."

기훈이가 큰 소리로 외친다.

"어떻게 알았어?"

"아까 노란 차에 자전거가 실려 있었거든요. 근데 다른 건 눈이 하난데 날쌘돌이만 두 개였어요."

"진짜?"

나는 책장을 앞으로 넘겼다.

"야. 진짜 맞네?"

아이들 관찰력이 참 놀랍다. 옆에 있던 아이들도 놀라서 입을 다물지 못하자 기훈이 얼굴이 빨개진다.

해적의 침입을 받고 위기에 처한 날쌘돌이. '어우, 어떡하냐?' 아이들이 안타까워한다. 정신을 잃고 쓰러진 장면은 깜깜하다. 그런데 책장을 넘기자마자 환하게 쏟아져 들어오는 햇빛과 바다, 그리고 무지개. 뒤쪽에 앉아 있던 채은이가 '휴' 하고 가슴을 쓸어내린다.

"히히, 자전거도 뱃멀미를 하나 봐."

용준이가 키득거린다.

"어, 저 그림. 아까 맨 처음에 나왔던 그 그림이다."

날쌘돌이를 보고 신이 나서 물구나무를 서는 아이를 보며 아이들이 외친다. 아프리카에 온 날쌘돌이는 산파인 모샤 아줌마를 태우고 집집마다 다닌다. 파란색으로 칠해진 날쌘돌이가 당당해 보인다. 세찬 비가 와서 다리가 끊긴 어느 날, 날쌘돌이를 짊어진 모샤 아줌마는 강을 건너 아기의 생명을 구한다.

날쌘돌이를 타고 온 힘을 다해 질주하는 모샤 아줌마의 표정이 비장하다. 그 힘들고 어려운 일에 날쌘돌이는 큰 구실을 하게 된다. 어려운 상황 속에서 간신히 태어난 아기 이름은 '츠이마' 즉 '희망'을 뜻한다. 츠이마 곁에 당당하게 선 우리의 날쌘돌이 역시 새로운 존재로 태어났다.

꽃목걸이를 건 날쌘돌이는 행복한 얼굴이다. 우울함과 슬픔은 찾아보기 어렵다. 이런 날쌘돌이의 모습은 텔레비전에 방송되어 유끼짱에게 그 당당하고 멋진 모습을 보여 준다. 불행했던 날쌘돌이의 여행은 이렇게 행복한 결말을 맞이한다. 쓰레기장에 버려진 고물 자전거가 기나긴 여행을 거쳐 새롭게 태어나는 이야기를 읽으며 아이들과 나는 안타깝던 마음을 쓸어내렸다.

살면서 존재감을 회복하는 것만큼 뿌듯한 일이 어디 있겠는가? 아무 짝에도 쓸모없다고 좌절했던 한 존재가 새로운 생명을 얻어 꼭 필요한, 귀한 존재로 태어난다는 것은 여리고 힘없는 아이들에게 희망을 준다. '나도 이 세상에서 무언가를 해낼 수 있는 가능성이 있어.'라며 자신을 다독일 수 있기 때문이다.

그래서 아이들과 나는 책을 덮은 뒤 우리가 버린 것들을 떠올리며 버려진 그것이 되어 글을 썼다. 별 생각 없이 버렸던 것들이다. 이제 내가 그들이 되어 속상하고 슬픈 마음을 드러내며, 미안한 마음과 새로운 희망을 불어넣어 주는 시간은 그래서 무척 소중했다.

6. 뚱뚱해야 코끼리지

『뚱보 페트라』© 헬가 반쉬 글 · 그림, 배상희 옮김 | 여유당

4대강 사업에 반대하며 소신공양을 한 문수 스님. 전교조 교사들에 대한 파면과 해임 소식. 묻어 둔 마음속 이야기를 쓸 수 있도록 손을 내밀어 주었던 친정 같은 출판사의 지난한 싸움과 그 처참한 끝. 눈부시도록 빛나던 스무 살 내 청춘에 설렘을 주었던 영화감독의 떠남. 마음이 어지럽고 도무지 일이 손에 잡히지 않는다. 아이들이 남기고 간 흔적을 청소기로 빨아들이고 찬물을 벌컥벌컥 들이마셔도 좀처럼 마음이 가라앉지 않는다. 벌써 며칠째 허공을 딛는 것 같은 기분이 계속 이어진다.

하릴없이 이 책 저 책을 후룩후룩 뒤적이다 창 넓은 모자를 쓰고 텃밭으로 나갔다. 보름 전 쯤 아이들과 뿌려 놓은 상추며 쑥갓이 얼마나 자랐는지, 풀은 또 얼마나 움 돋았는지 살펴본다는 핑계를 대며 산더미처럼 쌓인 일을 외면한다. 하얀 별이 한 무더기 쏟아진 것 같은 산딸나무 그늘 아래 옹기종기 모여 앉아 놀던 아이들이 쪼르르 따라 나선다.

점심 볕이 한여름 같다.

며칠 전에 소복하게 올라온 여린 싹들을 솎아 내며 '에고고, 미안하다. 미안해.' 하고 중얼거렸는데 그새 또 숨 쉴 틈 없이 빼곡하다. 밭에 앉아 어린 바랭이 싹들을 뽑아내는데 아이들 하는 말이 제법이다.

"야, 연두색은 뽑지 말고, 초록색 뽑아야 돼. 그게 풀이야."

늘 주눅 든 표정으로 자기 생각을 드러내지 않는 윤호 목소리가 텃밭에 나오면 무척 크고 자신만만하다. 아이들이 윤호 말을 고분고분 듣는다.

"더워. 들어 가. 니네 더위 먹는다."
"안 더워요."

얼굴은 이미 발갛게 익어 가는데 은이가 고개를 잘레잘레 젓는다. 그때 요원이가, 수도가 멀리 떨어져 있어서 물을 받아 놓고 쓰는 고무통에 물이 하나도 없다고 투덜거린다.

"수정 삼촌한테 가 봐."

주현이가 일러 준다. 요원이가 날쌘 다람쥐처럼 금세 교무실 쪽으로 달려간다. 물을 줘야 되는데, 어제도 오늘 아침에도 못 줬다며 동동거리는 윤호 목소리, 자기도 물 주고 싶다는 지원이 목소리가 쏟아지는 오후 볕 속에서 가물거린다. 아이들 이야기가 마치 먼 데서 들리는 듯하다. 한참을 그렇게 하염없이 풀을 뽑고 상추며 쑥갓을 솎았다. 마음이 편안하게 가라앉는다. 그저 눈앞에 보이는 것을 솎고 뽑아주며 어지러운 생각의 끈을 놓아 버릴 수 있었다.

"아, 삼촌이(학교에 근무하는 공익근무요원을 아이들은 삼촌이라 부르며 따른다) 물 틀었다고 했는데 물이 왜 이렇게 안 나오냐?"

기다림에 지쳤는지, 버스 떠날 시각이 얼마 남지 않아 초조한지 아이들이 투덜거린다.

"야, 나온다!"

"어디?"

"뻥이야."

"에이~"

그러면서 또 한참 실랑이를 한다. 그러더니 다 함께 소리친다.

"와-아! 물이다. 진짜 물 나온다."

기우제 지낸 뒤 쏟아지는 비를 맞는 사람의 기쁨이 이보다 더할까. 요원이가 마치 새 세상을 본 듯 목소리가 쨍쨍하다. 간절한 기다림은 으레 별것 아닌 것도 이렇게 기쁘게 만든다. 따지고 보면 행복은 그리 크고 거창한 데 있는 게 아니다. 순간순간 작고 소박한 것 모두가 행복이다. 물 쏟아지는 호스를 들고 목마른 밭에 물을 뿌린다.

달아오른 얼굴과 목덜미를 식힐 겸 느티나무 그늘에 앉아 아이들을 본다. 볕 좋은 오후, 구릿빛으로 그을린 아이들이 공처럼 뛰어 다닌다. 선뜻 바람 한 줄기 분다. 나도 모르게 "아, 좋-다." 중얼거린다. 그런데 난데없이 눈물이 핑 돈다.

작은 산처럼 솟아 오른 배에 줄자를 대고 근심스럽게 쳐다보는 코끼리 한 마리.

"야, 저 뚱뚱한 여자 코끼리 좀 봐."

지원이가 킬킬거린다.

"어? 어디 봐서 여자야?"

"머리에 리본 달았잖아요."

"역기 선수 가따."

발음이 영글지 못한 천안 혜원이도 키득거린다.

"밥을 너무 많이 먹어서 저렇게 뚱뚱한 거야."

보윤이도 한마디 거든다.

"근데 재, 자기가 너무 뚱뚱해서 고민인가 봐요."

은이가 미간에 주름을 잡으며 말한다.

"왜?"

"으~음, 재 얼굴이 슬퍼 보여요. 뚱뚱한 배를 보면서 슬픈 표정을 짓잖아요. 그러니까 고민하는 거지요."

"어? 근데 코끼리는 원래 뚱뚱해야 코끼린데."

주현이가 고개를 갸웃거린다.

"맞어. 코끼리가 날씬하면 그거 병 걸린 건데?"

도현이가 코끝을 찡긋거린다.

"너희들은 누구처럼 되고 싶니?"

"난 날씬하고 운동선수처럼 운동도 잘하고 싶어요."

"김연아?"

아산 혜원이가 묻자 은이가 고개를 끄덕이며 부끄러워한다.

"어~우, 저건 코끼리가 아니야. 너무 이상해요."

뚱뚱한 게 싫어서 잘록한 허리와 가는 다리, 걸음도 사뿐사뿐, 쿵쿵 발소리도 나지 않는 꿈을 밤마다 꾸는 페트라를 보며 주현이가 인상을 쓰며 고개까지 절레절레 흔든다.

"어, 근데 페트라는 왜 날씬해지고 싶어 했을까?"

"아마, 친구들이 뚱뚱보라고 놀렸을 걸요."

몸집이 큰 큰도연이가 냉큼 말을 받는다. 아마 도연이도 그런 상처를 적잖이 받았을 터이다.

"맞아. 나도 우리 집 아들 녀석들이 돼지 엄마라고 놀리는데. 그럴 땐 아들들이지만 얼마나 얄미운지 몰라."

부러 씩씩대자 큰도연이가 비시시 웃는다.

살을 빼 보기로 결심한 우리의 페트라. 저울에 올라서서 거울을 보는 페트라는 기가 죽은 모습이다. 결혼하고 아이 낳으며 코끼리 같은 몸매로 거듭난 나는 누구보다도 페트라의 기분을 충분히 이해하고도 남는다. 거울에 보이는 자기를 부정하고 싶은 참담함.

날마다 운동하는 악어를 만나 운동을 하지만 근육은 눈곱만큼도 나오지 않고 온몸만 욱신거린다. 뚱뚱한 페트라가 살을 빼기 위해 안간힘을 쓰는 장면을 보며 아이들은 데굴데굴 구른다. 그러나 몇은 사뭇 진지하다. 거기에 나도 포함되어 있다.

"세로줄무늬 옷을 입어."

얼룩말은 충고한다.

"세로가 뭐에요?"

재근이가 묻는다.

"어~, 그건 위에서 아래로 줄이 그어져 있는 거야. 어, 저기 가람이 옷처럼 그어진 줄."

그때 뒤쪽에 앉은 은이가 조심스럽게 자잘한 꽃무늬가 그려진 티셔츠를 손으로 자꾸 쓰다듬는다. 김연아처럼 날씬해지고 싶은 은이의 간절한 마음이 엿보인다.

"와~아, 더 뚱뚱해 보인다. 완전 뚱뚱보다."

동현이가 큰소리로 놀린다.

"야, 그럼 코끼리가 뚱뚱하지 나뭇가지처럼 빼빼면 되냐? 그게 이상한 거지."

큰도연이가 얼굴이 벌게진 채 벌컥 목소리를 높인다. 동현이가 무안한지 머리를 긁적거린다.

날씬한 뱀은 일주일에 딱 한 번만 먹으라고 충고한다.

"선생님, 재 코끼리 있잖아요. 누가 날씬해지는 법을 가르쳐 줄 땐 슬픈 표정이 아니라 웃어요. 지금도 웃잖아요."

유리가 쏟아진 머리카락을 귀에 꽂으며 야무지게 말한다.

"희망이 있으니까 그런 거지."

호준이 말이 제법이다.

"그래, 호준이 말처럼 희망이 있을 때는 누구나 웃게 되니까. 참 잘도 봤네?"

"근데 코끼리는 하루에 엄청 많이 먹는다는데 저러다 죽으면 어떻게 하지."

지원이가 걱정이 되는 모양이다.

"코끼리한테 말해 주는 애들이 다 자기들 생각만 말해요. 코끼리한테 맞는 말로 도와줘야 하는데."

"그래. 큰도연이 말처럼 정말 다들 자기 방식대로만 말해 주네? 어떻게 말해 주는 게 진짜 코끼리를 위해 주는 걸까?"

"코끼리야, 넌 원래 뚱뚱한 게 맞아. 그러니까 살 빼지마. 그렇게 말해 주는 게 진정한 친구예요."

의리의 사나이 작은도연이답다.

"야~, 페트라가 우리 새싹 아이들한테 물어보면 금방 답을 찾을 텐데 그치?"

몇 아이들이 '에구, 쯔쯧' 하며 혀를 찬다. 그 모습에 내가 와하하 웃음을 터뜨렸다. 아이들이 덩달아 따라 웃는다. 그렇게 한바탕 신나게 웃었다.

진정 자기를 도와 줄 친구를 찾아 길을 떠나는 페트라. 진정한 성장을 위해서는 갇힌 울타리에서 벗어나는 수밖에 없다. 엄마 코끼리는 슬퍼하면서도 페트라를 배웅한다. 낯선 길을 떠나는 페트라 표정이 밝다. 호준이 말처럼 희망이 있기 때문일까? 진정한 자기를 찾을 수 있을지도 모른다는 희망.

"야, 남자 친구다. 쟤랑 둘이 결혼하겠다."

눈치 빠른 보윤이가 벌써 알아 차렸다. 페트라는 새로 만난 장난꾸러기 포르투나토를 만나 신나게 물놀이를 한다. 얼마나 하고 싶었던 물놀이인가?

"아~우, 쟤네 둘이 막 끌어안고 난리다."

작은도연이 말에 은이와 지원이가 손을 잡고 웃는다.

"쟤, 페트라. 인제 뚱뚱한 거 그런 거 생각 안 하네."

"야~, 사랑하는 남자가 생겼는데 왜 생각하냐?"

"진짜, 사랑하는 남자를 만나니까 행복해 하네?"

"어~어, 선생님. 저 코끼리들 둘레에 빨간색이 칠해져 있어요. 챙피해서 얼굴 빨개진 거 같아요."

"어~, 병주 제법인데. 병주도 좋아하는 애 옆에 있으면 얼굴이 빨갛게 달아오르지?"

병주가 두 손을 내저으며 완강하게 부인한다.

뚱뚱한 몸매 때문에 고민을 하던 우리의 페트라는 자기만큼 뚱뚱한 포르투나토를 만나 집으로 돌아온다. 두 손을 꼬옥 잡고 서로의 눈을 바라보며 행복해하는 페트라와 포르투나토. 페트라는 더 이상 근육이 울퉁불퉁한 악어도, 우아한 멋쟁이 얼룩말도, 날씬한 몸매의 뱀도 부럽지 않다. 있는 그대로의 자기를 인정해 주는 이를 만났으니, 그게 바로 행복 아닌가?

"난 나중에 성형수술 안 할 거야."

주현이가 난데없이 성형수술 운운한다.

"어?"

"애들이 유치원 때 나보고 아프리카 깜뚱이 그러면서 매일매일 놀렸거든요. 그래도 나 성형수술 안할 거예요."

"그래, 주현아. 너는 까무잡잡한 피부가 얼마나 매력적인데. 건강해 보이고."

내가 엄지손가락을 추켜세우자 주현이가 멋쩍은지 입맛을 짭짭 다신다. 내 말 끝에 여자애들이 서로 자기도 성형수술 절대 안 한다며 쫑알댄다.

"그래 그래. 우리 새싹 아이들은 지금으로도 충분히 아름답고 눈이 부셔. 빤짝빤짝 눈이 부셔, 오~오~옷!"

나는 두 손으로 눈을 가리며 부러 조금 과장된 몸짓을 한다. 아이들이 또 한 번 와하하 웃는다. 내겐 아이들 이 웃음소리가 행복이다. 막힌 숨통을 트이게 하는 열쇠다.

7. '누구 나랑 얘기 좀 하자' 부르짖는 절규

『벽 속에 늑대가 있어』 © 닐 가이먼 글, 데이브 맥킨 그림, 이다희 옮김 | 비룡소

유난히 겁이 많았던 나는 열두 살 때는 급기야 몽유병에 시달렸다. 한밤중 정신이 들어 보면 솜이불을 둘둘 말고 맨발로 토방에 서 있곤 했다. 감각이 없어진 발로 멍하니 밤하늘을 올려다보고 있을 때면 옆에서 낮게 흐느끼는 소리. "괜찮다, 괜찮어. 응?" 양말조차 신지 못하고 맨발로 쫓아 나온 엄마는 그렇게 내 등만 하염없이 쓸어내렸다. 내 병은, 속병을 심하게 앓던 엄마가 서울 병원에 가서 한참을 지내다 온 뒤 생긴 버릇이었다. 전깃불도 들어오지 않던 산골 외딴 집에서 긴긴 밤 얼마나 엄마를 그리워했던지. 혹시나 엄마가 영영 돌아오지 않을지도 모른다는 생각에 두꺼운 이불을 뒤집어쓰고 밤마다 소리 죽여 울었다. 불안이, 외로움이 내게 남긴 병은 그해 겨울 내내 나와 엄마를 아프게 했다. 그때 나를 견디게 한 건 내 등에 닿았던 엄마의 따뜻한 손 기운이었다. 문득 그 때 일이 떠오르면 삼십 년도 더 되었지만 휑한 등 어디쯤에 아직도

따뜻한 기운이 도는 것 같은 느낌이 든다.

모자란 엄마를 닮아서인지 우리 집 큰 아이는 겁이 많아 아직도 제 방을 비워 둔 채 내 날개 밑에서 잠을 잔다. 남편은 다 큰 녀석을 너무 유약하게 기른다고 불만이지만, 어린 시절의 날 떠올리며 모른 체한다. 벌어먹고 살겠다며 늘 비워 두는 빈집, 스스로 열쇠를 꽂고 들어서는 아이를 잘 때만이라도 품어 주며 외로운 마음을 달래 주고 싶기 때문이다. 내 날개 밑이 버거워질 때면 말하지 않아도 제 공간을 만들어 날아갈 텐데, 무에 그리 서두를 필요가 있겠는가? 아직도 자다가 깜짝깜짝 놀라고 화들짝 놀라 일어나는 아이를 품어 주며 나 역시 우리 엄마가 했듯 꼭 껴안고 하염없이 등을 쓸어 준다. '괜찮아, 괜찮아. 엄마 옆에 있어.' 주문을 외며 아이의 표정이 풀릴 때까지 안아 준다.

『벽 속에 늑대가 있어』를 처음 본 순간, 나는 단박에 삼십 년 전의 나를 떠올렸다. 구멍이 난 벽 안쪽에서 쏘아보듯 나를 응시하는 정체불명의 눈동자. 핏기 하나 없이 창백한 아이의 얼굴. 소름이 돋았다. 한참을 책 표지만 바라보았다. 마음이 쿵쾅거려 도무지 책장을 열 용기가 나지 않았다. 그런데 우리 반 녀석들은 달랐다.

"벽 속에 풀밭이 있나 봐. 거기 늑대가 사나 봐."

수군거리며 책 앞으로 바짝 다가앉는다.

"니들 안 무섭냐?"

"아뇨. 뭐가 무서워요."

"선생님은 저게 무서워요?"

의기양양한 원재. 나를 보고 히죽 웃기까지 한다.

"나는 무서운데. 저 늑대가 나한테 확 달려들 거 같어."

혜인이가 옆에 앉은 수희에게 팔짱을 끼며 한 마디 한다.

책의 첫 장면엔 루시네 집 현관이 펼쳐져 있다. 붉은 꽃이 어지럽게 꽂혀 있는 꽃병은 금방이라도 쓰러질 듯 불안하다. 집 안을 뒤흔드는 무언가가 있기라도 하듯 벽에 비쳐진 그림자 역시 흔들리는 것처럼 보인다. 금세 쓰러져 와장창 소리가 날 것처럼 위태롭다. 무엇이 루시네 집에 기묘한 불안감을 주고 있는 걸까? 뒷짐을 진 채 집 안을 서성이는 루시의 뒷모습에 짙은 외로움이 묻어 있다. 정체를 알 수 없는 불안감은 루시가 바라보는 문 밖까지 길게 뻗쳐 있다. 루시의 얼굴 표정이 얼마나 막막해 보일지 짐작할 수 있다. 금방이라도 뒤틀려 버릴 것 같은 고요. 보는 사람 마음이 갑갑해진다. 엄마는 잼을 만들고, 아버지는 일하러 나갔고, 남동생은 비디오 게임에 빠져 있다. 누구 하나 루시와 눈을 마주쳐 주지 않는다. 소통이 없는 집. 모든 게 벽으로 둘러싸인 이 숨 막힐 듯한 집에서 루시는 소통을 꿈꾼다. 벽 속에서 나는 소리에 귀를 기울이는 쓸쓸한 루시를 보는데, 또다시 떠오르는 열두 살의 겨울. 책 한 장을 넘기기가 참 힘들다.

사진을 찍어 콜라주로 처리한 잼 병은 또 얼마나 불안하게 쌓여 있는지. 벽 속에 늑대가 있다는 루시의 말에 엄마는 말도 안 된다며 놀라는 시늉도 하지 않는다. 눈 한 번 마주쳐 주지 않고 무심히 하던 일에 몰두한다. '언제 그런 소릴 들었어? 왜 그런 생각을 했어?' 묻지 않는다. 눈을 내리깔고 뭔가에 열중하는 엄마를 뒤로 한 채 강아지 인형 포실이를 안은 루시는 입을 앙다물고 있다. 어둑어둑한 조명 때문에 루시의 모습은 한층 더 외로워 보인다. 밤에도 낮에도 벽에서는 늑대들의 음산한 소리가 들린다. 심지어는 벽에 걸린 그림의 눈동자를 빌려 루시를 보기까지 한다. 그러나 아빠 역시 루시의 말을 듣지 않는다. 아니 들으려조차 않는다. 아빠의 관심은 오로지 튜바 연주뿐이다. 커다란 튜바에 가려진 아빠의 모습을 보라. 외로움과 두려움에 떠는 루시는 아빠가 연주하는 튜바보다도 작게 그려져 있지 않은가? 동생 역시 루시의 말을 비웃는다. 아무도 루시의 말에 귀 기울여 주지 않는다.

그날 밤 벽 속에서 늑대들이 튀어 나온다. 날카로운 이빨을 세우고 달려드는 늑대 떼. 벽 속에 늑대가 있다는 말에 콧방귀도 뀌지 않던 식구들은 놀라 달아난다. 소통이 이루어지지 않는 식구들이 있는 집에서 루시의 영혼은 더 이상 쉴 곳이 없었다. 그래서 루시는 달아난다. 외롭고 궁핍하고 소외된 영혼은 판타지 세계로 떠날 수밖에 없지 않은가. 그런데 루시가 달아난 판타지 세계에는 식구들이 모두 모여 있다. 식구들은 정원에 둘러앉아 늑대를 피해 도망갈 궁리를 한다. 활활 타오르는 모닥불 곁에 있는 식구들 얼굴엔 표정이 있다. 함께 이야기를 나누고 무서운 늑대에게서 달아날 방법을 찾는다. 당황해 하는 식구들과 달리 루시는 무척 침착하다. 사람이 살지 않는(소통이 없는 식구들은 한 공간에 있어도 함께 사는 것이 아니기에) 집 안에 들어갈 용기를 내는 것 역시 루시다.

사람들이 달아난 집 안을 엉망으로 만드는 늑대들. 늑대는 루시의 침실을 점령하고 동생의 비디오 게임 기록을 갈아 치우고 엄마가 가장 아끼는 잼을 엉망진창으로 만들어 놓는다. 식구들은 더는 참지 못하고 늑대를 물리치기 위해 힘을 합친다. 속도감 있게 진행되는 이야기 앞에서 에너지 많은 우리 아이들이 숨을 죽이고 있다. 늑대들이 파티를 벌이는 그림을 보던 선홍이가 "으으…… 피가 튀는 거 같어." 하며 진저리를 친다. 난장판이 된 거실 한 쪽에 위태롭게 자리 잡고 있던 꽃병의 꽃은 대궁만 남아 있다. 어찌 보면 마음의 벽이 높인 쌓여진 우리네 집 역시 꽃잎 다 떨어진 대궁처럼 쓸쓸한 것은 아닌가? 훈기가 사라진 식구들이 모여 있는 집이라는 공간은 파괴와 상처만 남는 야생의 터전으로 존재하는 것은 아닌가? 늑대들이 판치는 루시의 집을 들여다보며 자꾸 묻게 된다.

『벽 속에 늑대가 있어』는 글보다 그림이 많은 이야기를 만들고 있다.

어둡고 음산한 갈색 톤이 주조를 이루는 그림은 마치 한 편의 악몽을 꾸는 것처럼 느껴진다. 또 어두운 조명 아래 촛불에 비친 듯 일렁이는 그림자, 밀랍처럼 창백하고 날카로운 인물의 형상은 외롭고 소외된 사람의 심리를 극적으로 보여 준다. 소통이 이루어지지 않는 식구들 대신 말 못하는 인형 포실이를 껴안고 꼬부라져 잠이 든 모습, 그리고 벽 속에서 아무 소리도 들리지 않자 공포에 떠는 루시의 눈가에 맺힌 눈물. 그렁거리는 눈물은 금방 툭 떨어져 흐를 것처럼 생동감난다. 사진과 그림을 결합한 입체적인 콜라주와 상황에 따라 다르게 표현된 글자의 크기, 시시각각 달라지는 불안함을 여러 컷 필름으로 찍듯 잘게 쪼개 놓은 그림이 현실인지 판타지인지 경계를 모호하게 하며 극도의 공포감을 준다. 흰색과 검은색만을 써서 인물의 불안한 내면 세계를 그리는 기법으로 극대화시킨다. 그래서 글이 들려주는 이야기보다 그림에서 느껴지는 묘한 불안과 공포가 책을 읽는 내내 따라다닌다. 마치 내가 실제 악몽을 꾸고 있는 듯하다.

"선생님, 이 그림을 계속 보니까 토할 것 같아요."

앞에 앉아 있던 민수가 인상을 쓰며 말한다. 그도 그럴 것이 루시의 불안한 마음을 표현하는 그림이 마치 흔들리는 카메라로 찍은 듯 곳곳에서 일렁인다. 그리고 밀랍처럼 창백하고 굳은 인물의 표정을 클로즈업해서 보여 주니 나 역시 속이 더부룩해진다. 그러면서도 책의 마지막장을 덮을 때까지 아이들이나 나나 그림에서 눈을 떼지 못한다. 벽 속에서 늑대가 나와서라도 식구들과 함께 얼굴을 맞대고 이야기 나누고 싶은 루시의 외로움이 고스란히 전해지기 때문이다. 표정 없는 식구들이 남의 이야기만은 아닌 듯 싶어서. 여러 권의 책이 위태롭게 쌓여 있고 그 위에 떨어질 듯 불안하게 걸터앉은 포실이와 이야기를 나누는 루시의 표정이 아직도 어두워서, 굽은 어깨가 눈에 밟혀서 책장을 쉬이 덮지 못했다.

나는 밥 예찬론자다. 그래서 종종 이런 말을 한다.

"나는 소통을 원하는 사람과는 차를 마시고 교감을 꿈꾸는 사람과는 밥을 먹는다."라고. 그러나 이 책을 읽고 함께 밥을 먹는 우리 식구들과 나는 얼마나 교감을 나누며 살아가고 있는가 자꾸 되묻는다. 텅 빈 집에 열쇠를 꽂고 들어오는 아들 녀석과 마음 속에 흐르는 강을 함께 품고 있는가, 어깨 처져 들어오는 남편에게 온기 나는 마음을 나누어 주고 있는가, 하루 종일 교실에서 함께 복닥거리는 우리 반 녀석들에게 학교 뜨락에 핀 꽃향기를 나눌 마음의 여유가 있는가 묻는다.

소통과 교감이 단절된 채 벽 속에 갇힌 우리네 삶 곁에는 늑대가 숨어 있다. 호시탐탐 혼란과 붕괴를 가져 올 야생의 복병이 살아 있다. 『벽 속에 늑대가 있어』는 우리에게 말하고 있다. 소통과 교감의 온기로 야생의 늑대를 쫓아 버려야 한다고. 오늘 이 한 권의 책을 들고 아이들 마음 밭을 들여다보자. 우리 아이들 마음에 어떤 그림이 그려져 있는지 묻자. 물어 보고, 또 들어 보자.

8. 아, 그러니까 재가 외로웠던 거구나!

『특별한 손님』 © 안나레나 맥아피 글, 앤서니 브라운 그림, 허은미 옮김 | 베틀북

헤어짐과 만남이 있는 곳. 기차역에 두 사람이 서 있다. 서로 말도 하지 않은 채 그저 기차가 오는 쪽만 하염없이 쳐다보고 있다. 그러나 이들에게는 기차역에 서 있는 이들에게서 볼 수 있는 설렘이나 아쉬움이 느껴지지 않는다. 마치 의무적인 일을 치르는 사람들처럼 지극히 사무적이고 담담한 모습이 보일 뿐이다. 도대체 이들은 왜 기차역에 나와 서 있는 걸까? 아버지로 보이는 이와 딸로 보이는 아이는 모두 긴 오버 코트를 입고 있다. 마치 자기들 속마음을 보여주지 않기 위해 일부러 그 옷을 입은 것 같다. 아무도 없는 역에 서 있는 둘은 그래서 무척 외롭고 쓸쓸해 보인다.

"이 사람들은 왜 기차역에 있는 걸까?"

책 표지를 보여주며 무심한 듯 물었다.

"누구 마중 나왔나 봐요."

"나는 어디를 가려는 거 같은데? 왜냐하면 손에 여행갈 때 드는 가방도 들었구, 또 기차가 언제 오나 하고 저쪽만 쳐다보고 있잖아요."

희진이가 지원이 쪽을 흘낏 쳐다보며 말한다. 혹시나 지원이 마음이 상하지 않을까 조심스런 표정이다.

"선생님, 근데 쟤 빨간 옷 입은 애 말이에요. 혹시 걔네 엄마 만나러 가는 거 아닐까요?"

보연이가 눈을 반짝거린다. 이럴 때 나는 감추려던 비밀을 들킨 것처럼 당황스럽다. 빨라도 너무 빨리 알아챘다. 그럼 재미가 없어질 수도 있는데……. 그렇지만 나는 아무 것도 모르는 척 묻는다.

"왜~에?"

"왜냐면 쟤가 아빠하고 둘이 있잖아요. 그러니까 아마 엄마가 다른 데 살고 있어서 거기를 가려는 거 같아요."

"아~, 알았다. 엄마하고 아빠하고 이혼을 했나 보다. 그래서 따로따로 사나보다. 맞다 맞어."

세운이가 손뼉을 짝 치더니 회심의 미소를 짓는다. 그러자 갑자기 아이들이 활기를 띤다.

"아, 그러니까 아빠하고 얘하고 있는 데는 색깔도 어둡고, 나무도 잎사귀가 다 떨어졌는데, 저쪽, 저기 터널 뒤에는 색깔도 밝고 나무도 잎사귀가 다 있어요. 그리고 아빠하고 쟤가 아까부터 계속 저쪽만 쳐다보고 있잖아요."

강민이가 뭔가 중요한 것을 알아낸 표정으로 의기양양하다.

"그게 왜?"

"그건 기차 타고 가는 데가 엄마가 있는 데니까, 엄마가 보고 싶고, 그래서 색깔도 밝고 나뭇잎도 많은 거지요."

"이쪽은 하늘이 비 올 것처럼 어두운데, 저쪽은 하늘도 맑고 구름도 하얗고 그런데요. 엄마가 있는 데 가고 싶은 여자애 마음 때문에 그렇게 그린 거예요."

자기들끼리 이야기를 주고받으며 신이 났다. 그래서 나는 아이들이 한 마디씩 할 때마다 '어쩜 어쩜' 하면서 맞장구만 쳐 주었다.

"어? 그럼 엄마가 '특별한 손님'인가?"

윤진이가 고개를 갸웃거린다. 신나서 떠들던 아이들이 순간 조용해진다.

"글쎄? 그럼 이제부터 도대체 '특별한 손님'이 누군지 책을 읽으면서 찾아보자."

멀찍이 떨어져 앉았던 아이들이 무릎 아래로 바짝 모여든다. 아이들이 책에 대해 보여주는 관심은 앉아 있는 자세만 보아도 알 수 있다. 이렇게 바짝 달려드는 것은 아이들 마음에 호기심이 일어났다는 것을 뜻한다.

"재, 쓸쓸해 보인다, 그치?"

근우가 말하자, 준혁이가

"응, 혼자 있으니까."

하고 대답을 한다. 외아들인 준혁이는 혼자 있는 게 얼마나 쓸쓸한지 누구보다 잘 아는 거다. 연한 푸른색 그림자를 드리우고 있는 계집애. 어딘가를 보고 있는 멍한 아이의 눈빛에 외로움과 쓸쓸함이 가득하다. 아주 넓은 집에 살고 있는 케이티와 아빠. 둘이 사니까 집이 더 넓어 보이는 거라고 소명이가 말하자 아이들 몇이 고개를 끄덕인다.

"둘이 살아서 쓸쓸하니까, 아빠하고 케이티가 같이 있는 그림은 색깔이 어두워요. 어~어, 텔레비전을 보는데도 하나도 재미가 없어 보여요."

"맞아, 꼭 울 것 같아요. 아마 엄마가 없어서 그런가 봐요."

세운이 말에 보연이가 덧붙인다.

늦은 가을 들판 같은 색깔로 그려진 장면은 이들의 삶이 얼마나 허허로운지 그대로 보여 준다. 아이들 말처럼 부녀 얼굴에는 웃음이 없다. 삶의 공간이 비어 있는 것처럼 이들 마음에도 결핍이 있는 것이리라. 아이들은 그걸 용케도 읽어 낸다. 아침 먹는 장면을 보면 아이의 외로움이 더 절절하다. 아침으로 계란 반숙을 먹는데도 아빠의 모습은 보이지 않는다. 글에는 아이가 아빠와의 규칙적이고 질서 있는 삶에 만족하고 있는 것처럼 씌어 있지만 그림은 전혀 다른 이야기를 하고 있다. 바닷가에 가서 둘이 하는 거라곤 조용히 앉아 있다 오는 것뿐이다.

"쟤, 무지 심심하겠다."

유빈이가 코끝에 주름을 잡으며 인상을 쓴다.

"맞어. 수영도 하고, 모래 장난도 해야 재밌는데……."

지원이가 말을 하고 혼자 키득거린다. 잠시도 몸을 가만 두지 못하는 아이들 입장에서 보면 케이티가 안쓰러워 보일 수밖에. 아무도 없는 백사장을 앞에 두고 그저 먼 바다를 바라보고 있는 부녀의 뒷모습에서 이들의 쓸쓸함이 얼마나 깊은지 느껴진다.

"저기 의자 있는데 아무도 없다."

현민이 무심하게 한마디를 던진다.

"아~잠깐! 선생님 앞으로 넘겨 봐요."

강민이 갑자기 책장을 넘겨 보라 한다.

"왜?"

"어~, 뭐 신기한 거 찾았거든요."

내가 맨 앞에서부터 책장을 다시 넘기자, 강민이 목소리를 높인다.

"뭐냐면~, 책 왼쪽마다 계속 그림이 하나씩 있잖아요. 맨 처음엔 사진, 그 다음엔 계란, 그리고 소라, 지금은 칫솔. 이렇게 그림마다 이야기하고 어울리는 걸 하나씩 그렸어요. 이 앤서니 브라운 아저씨가 숨은 그림을 많이 숨겨 놓잖아요. 그래서 뭔가 하나씩 숨겨 놓은 거 같아요."

"맞다, 바닷가에서는 외로우니까 속이 빈 소라, 그리고 지금은 여행 가니까 칫솔을 그렸어요. 여행갈 땐 칫솔을 꼭 챙겨야 하니까."

"야~아! 니네 정말 대단하데? 앤서니 브라운 아저씨가 니네 얘기를 들으면 아마 깜짝 놀라겠다."

나는 정말 눈이 휘둥그레졌다. 아이들이 찾아낸 그림의 의미가 정말 그럴듯하다. 내 칭찬에 녀석들이 어깨를 으쓱거린다.

"아, 아까 말한 거처럼 진짜 엄마를 만나러 가는 거구나!"

소명이 얼굴이 환해진다.

"그런데 케이티는 진짜 주말에만 엄마를 만나러 가는 게 행복할까?"

"아니요. 어쩔 수 없으니까 행복하다고 하는 거 같아요. 진짜는 엄마가 너무 보고 싶은데 자기가 엄마하고 살면 아빠가 외로워하니까 그렇게 말하면서 참는 거 같아요. 엄마가 무지 그리운데, 그렇게 말하면 너무 속상해지니까 일부러 그러는 거 같아요."

예인이가 얼굴이 빨개진 채 금방이라도 울 듯한 표정으로 말한다. 옆에 있던 보연이가

"맞아, 그래."

하고 중얼거리며 예인이 손을 꼭 잡는다.

가을걷이 끝낸 것처럼 허허롭던 케이티 집에 낯선 손님이 찾아온다. 아빠의 새 친구인 메리 아줌마와 장난을 좋아하는 션. 아이들 말처럼 케이티와 아빠가 있는 곳은 어두컴컴한데 이들이 있는 곳은 밝고 환하다.

"근데 선생님, 션이 개를 데리고 왔어요."

"그게 왜?"

"개는 고양이하고 만나기만 하면 싸우잖아요."

"앙숙."

용준이가 말하는데 세운이가 개와 고양이 사이를 '앙숙'이라고 명료하게 일러준다.

"어~, 그거. 앙숙. 그러니까 케이티네 고양이하고 션네 개가 매일 싸울 것 같아요."

"혹시…… 개하고 고양이처럼 케이티하고 션하고 싸울 거라는 얘기?"

이쯤 되면 나는 아이들한테 완전히 두 손 두 발 다 들 수밖에 없다.

아이들 예견처럼 메리 아줌마네와의 만남은 케이티를 혼란스럽게 한다. 아빠와의 고즈넉한 관계에서만 자신을 보여 주던 케이티에게 지나치게 자유롭고 거리낌 없는 이들의 삶의 방식이나 태도는 버겁고 거추장스럽다. 더구나 이들과 겪는 일은 아빠와는 한 번도 해 본 적이 없는 낯선 것들뿐이다. 그런데 엎친 데 덮친 격으로 어느 날 션과 메리 아줌마가 아예 보따리를 싸들고 살러 온다.

"밥 먹는데 다른 사람은 몸이 다 보이는데 케이티는 얼굴만 보여요. 왠지 혼자 외로운 것 같아요."

"아빠가 메리 아줌마하고 션만 좋아하니까 케이티는 왠지 외톨이가 된 것 같아요."

계집애들은 케이티에게 온통 마음이 쓰이나 보다. 아빠하고 둘의 관계에 낯선 이들이 들어와서 자기는 섬처럼 동떨어진 느낌으로 케이티는 힘들어한다. 심지어는 자기가 하는 말에 대꾸도 하지 않는 아빠. 예전의 아빠가 아닌 것 같은 모습에 케이티는 슬퍼한다. 그래서 여러 사람들과 어울려 노는 바닷가도, 텔레비전도 재미가 없다.

그 누구와도 아빠를 나누어 갖고 싶지 않았던 케이티 때문에 결국 메리 아줌마와 션은 집을 떠난다. 그러나 그들이 떠난 집은 바람만 휑하니 불 뿐이다. 예전의 익숙한 생활로 돌아갔지만 아빠는 말이 없어졌고, 케이티는 이상한 느낌이 들기 시작한다.

"아, 맞다. 걔도 메리 아줌마와 션하고 있었던 때가 재밌었던 거야. 그땐 잘 몰랐는데."

기훈이 말에, 그림책 읽는 내내 자리에 앉지 못하고 나를 에워싸고 있던 아이들이 "맞아, 맞아" 하며 맞장구를 친다.

"봐, 맞잖아."

아빠와 케이티가 메리 아줌마네 집으로 가는 장면을 보며 마치 제 일이라도 되는 양 마음을 놓는 아이들. 마치 잃었던 물건이라도 찾은 듯 얼굴에 화색이 돈다. 그러면서 메리 아줌마네 집에는 애들이 좋아하는 것들이 무지 많고 온통 재미있는 거 투성이라고 떠든다.

"이제는 케이티가 장난꾸러기가 됐네? 그러니까 케이티도 저렇게 장난치며 살고 싶었던 거구나!"

다시 만나는 션을 위해 케이티가 특별히 장만한 카메라를 보며 희진이가 웃는다.

"그러니까 케이티, 걔도 외로웠던 거구나! 그리고 특별한 손님이 바로 메리 아줌마와 션이었네?"

보연이가 던지는 마지막 말에 아이들이 고개를 끄덕인다.

책 읽기를 끝내고 쉬는 시간이 되자마자 아이들이 몰려와서 책을 서로 가져간다고 실랑이를 벌인다. 왜냐고 물으니 숨은 그림을 찾아보려고 한다는 것이다. 그리고 머리를 부딪히며 서로 그림에서 새로운 것을 찾아내 키득거리며 나한테 알려 준다고 수선이다. 아이들은 그렇게 수업이 끝나고 나서도 교실에 남아 못다 찾은 숨은 그림을 찾으며 즐겁게 놀았다. 새로운 그림을 하나 찾을 때마다 얼굴이 상기되어 내게 쫓아오는 녀석들이 꽃보다 눈부시다.

3

그림책 안에서 살며 깨달으며

1. 살아 있다는 것은 실수하는 거라나?

『살아 있어』 © 나카야마 치나츠 글, 사사메야 유키 그림, 엄혜숙 옮김 | 보물상자

요 며칠 동료나 친구네 문상을 세 군데나 다녀왔다. 과연 산다는 것은, 살아 있다는 것은 무얼까. 또 어찌해야 진정 살아 있는 것'답게' 사는 걸까. 떨어지는 나뭇잎을 보며 눈물짓던 시절을 지나, 가을 나무를 보면 또 하나의 삶이 시작되는 걸 느끼게 된 나이에도 살아 있다는 것을 한 마디로 정의하기는 어렵다. 그런데 상상력이 부족해 추상적이고 관념적으로 이야기하던 '살아 있다는 것'에 대한 정의가 한 권의 그림책으로 와장창 깨졌다. 고상하고 그럴듯하게 표현하지 못해 안달을 내던 속물 근성에 찬물을 끼얹어 준 책을, 무덥고 무더워 사람의 진을 다 빼놓는 더운 여름에 함께 나누고 싶다.

"이 곳은 분위기가 살아 있어."
"표정이 살아 있어."

"이 학교 아이들은 살아 있어."

우리 학교를 찾아오는 사람들은 종종 이런 말을 한다. 숲과 개울이 있고, 토마토와 오이가 풋냄새 풍기며 익어가는 텃밭이 있어서일까? 나발나발 떠드는 아이들을 볼 때 싱그러운 유월의 잎사귀 같다는 느낌을 갖는다. 무엇이 낯선 이들로 하여금 '살아 있음'을 느끼게 하는 걸까? 또 우리 학교 식구들에게 '선생님들이나 아이들이나 살아 있는 느낌'이 난다고 말하는 것은 무엇 때문일까? 선생이나 애들이나 철이 없고 틈만 나면 뭐하며 재미나게 놀아나 볼까 궁리하며 생쥐처럼 눈을 반짝반짝 빛내서 그런 건 아닌가, 우리끼리 낄낄거린 적도 있다. 그러면서 우리 학교 식구들은 '살아 있는 느낌'이 든다는 말을 최고의 찬사로 여기고 있다. 결국 어떤 대상에게 우리가 하는 최고의 칭찬은 '살아 있는~'을 붙이는 것이리라.

요즘 파안대소하고 웃어 본 적이 있는가? 웃다 못해 눈물을 찔끔거린 적이 있는가? 그렇다면 당신은 살아 있다. 사사메야 유키가 그린 『살아 있어』의 표지 그림을 보라. 검게 그을린 개구쟁이 녀석들이 친구와 어깨를 걸고 부딪쳐서 아픈 이마를 만지며 웃는 장면을 보면 '야, 이 녀석들 정말 건강하다.'는 느낌이 팍 꽂힌다. '뭐가 그렇게 재밌니?' 묻고 싶다. 솟구치는 물가와 거꾸로 돌아가는 듯한 세상사 속에서 도무지 얼굴 피고 웃을 일 없는 나도 비시시 웃음 짓는다. 아이들은 책 표지를 보자마자 느닷없이 하하하 웃는다. 뭐 때문에 웃느냐니까 그냥 웃기단다. 군더더기 없이 그려진 선과 하얀 셔츠, 그리고 놀이로 그을린 얼굴의 아이들이 터뜨리는 웃음은 우울하고 닫힌 마음을 단박에 무장 해제시킨다. 아이들 옆에 있는 강아지까지 웃고 있다. 뒤편에 서 있는 나무들까지도 웃음을 참지 못해 푸들푸들 웃고 있으니 그야말로 웃음바다다. 그렇다면 결국 살아 있다는 것은 '웃는다는 것'인가?

앞 면지를 펼치면 지느러미가 활시위처럼 팽팽한 날치가 떼 지어 바다 위를 날고 있다. 탄성이 절로 난다. 더위로 축 늘어진 팔다리에 힘이 들어간다.

"야, 물고기가 날개가 있네? 디게 신기하다."

멀찍이 섰던 세운이가 놀란 눈을 하고 혼잣말을 한다. 그림책을 볼 때마다 제 속내를 거침없이 드러내 주는 맑은 아이이다. 뒤이어 표범과 물고기 사이에 발가벗고 드러누운 사람이 있다. 생명을 가진 귀한 존재로 사람과 모든 동물을 동등하게 여기는 작가의 세계관이 엿보인다. 결국 산다는 것은 이 모두가 함께 살아갈 때 진정으로 살아 있는 것이라는 말을 하고 있는 듯하다. 발가벗고 누운 사람이 참 편안해 보인다.

"살아 있어, 살아 있어, 살아 있어. 살아 있다는 건 어떤 거지?"

반복되는 말은 아이들의 언어다. 글을 읽는 내내 마치 흥분하고 들뜬 아이들이 나풀나풀 떠드는 것 같다. 그러니 나도 모르게 목소리가 몇 계단씩 올라갈 수밖에 없다. 또한 책의 첫머리부터 무언가 가르치려고 하지도 않고 '얘기 들어 볼래?' 하면서 관심을 끌려고도 하지 않는다. 오히려 아이들에게 묻는다.

"살아 있다는 건 뭐지?"

아이들이 고개를 갸웃거리며 찾게 만든다. 그리곤 마치 방금 알아내기라도 한 듯 천연덕스럽게 말한다.

"숨 쉬는 거네."

그러자 강민이가 손바닥으로 이마를 탁 치며 웃는다.

"아, 맞네."

뒤이어 코를 골며 단잠 자는 어른과 더위에 헐떡이는 개, 그리고 온몸이 축 늘어진 사람, 가르릉거리며 잠에 빠진 고양이가 등장한다. '산다는 건 잠을 자는 건가?' 생각하는 순간 작가는 생뚱맞은 표정으로 허를 찌른다.

"아, 살아 있다는 건 소리를 내는 거네."

그러면서 살아 있음을 증명이라도 하듯 친구들과 재잘거리는 아이들 말소리와, 적수를 만난 개와 고양이가 상대를 겁주기 위해 내는 소리를 들려준다. 속은 기분이다. 그런데 마음은 유쾌하다. 아울러 단순한 형태와 굵은 선으로 그려진 형상들이 활기차게 느껴진다. 뒤이어 전혀 소리를 내지 못하는 물고기가 등장한다. 소리를 내는 게 살아 있는 거라더니 좀 생뚱맞다. 그렇지만 등장한 물고기의 특성을 잘 드러내는 것으로 살아 있음을 말한다. '물고기는 헤엄을 치잖아, 그러니 살아 있지.' 어리둥절한 표정을 짓는 독자에게 장난스럽게 눈을 찡긋하는 것처럼 보인다.

이처럼 『살아 있어』는 읽는 내내 유쾌한 긴장을 하게 만든다. 앞 장에서 살아 있음에 대해 밝힌 정의와는 전혀 다른 상황을 뒷장에서 제시하고 반전을 꾀하면서 생각의 물길을 끝없이 바꾸기 때문이다. 몇 번 그런 장면이 반복되니 아이들은 이젠 또 무슨 말이 나올까, 눈을 반짝거린다. 물고기를 보여 준 뒤에는 한 장면에 하늘을 나는 새, 먹이를 잡기 위해 전력 질주하는 표범과 도망가는 가젤을 한꺼번에 보여 준다. 여러 동물의 모습을 한 장면에 모두 보여주면서 호기심의 완급을 조절한다. 천천히, 조금씩 그러다가 왕창! 마치 먹고 싶어 안달 나는 과자를 하나씩 내어 주다가 '옜다! 먹어라.' 하고 바구니를 통째로 내주는 것처럼. 작가는 아이들의 심리를 꿰뚫고 있다. 아이들은 이야기가 조금 느리게 진행된다 싶으면 금세 지루해 한다. 호기심이 사라져 버린다. 그런 것을 알고 있는 작가는 완벽하게 아이들 호흡을 조절하고 있다. 그러니 아이들은 책에서 잠시도 눈을 떼지 못할 수밖에. 그러면서 아이들 사고가 고정되는 것을 막아 준다. 다르게 생각하고, 다른 것을 찾아보도록 능숙하게 운전을 한다. 그리고 철저히 아이들 눈높이로 말한다. 아이들은 어른들처럼 비비 꼬거나 그럴듯한 말로 포장하지 않는다. 오로지 제 몸으로 겪은 언어로 생각을 표현한다. 단순하고 명쾌하게. 그러면서도 본질을 비

껴가지 않는 놀라운 직관의 언어를 사용하지 않는가?

그뿐 아니다. 보통 그림책에서는 다음에 이어질 장면을 자연스레 복선으로 깔아 놓는 기법을 쓰는데 이 책은 좀 다르다. 살아 있다는 것이 움직이는 거라더니 다음 장면에서는 스스로 움직이지 못하는 풀을 보여 준다. 이렇게 여러 번 반복되자 아이들은 풀이 살아 있음을 스스로 알아내기 위해 나에게 다음 장면을 조금 기다렸다가 넘기라고 한다. 그리고는 서로 마주 보며 두런거린다.

"뭐지? 뭐지?"

그 때 소명이가 조심스레 말한다.

"혹시…… 꽃 피는 거?"

그러자 세운이가 말한다.

"아, 맞다! 열매 달리는 거죠? 맞죠?"

얼굴까지 벌겋게 달아올랐다.

"야, 나는 니들한테 완전히 졌다. 니들은 어쩜 이렇게 똑똑하냐, 응?"

칭찬을 하자 머뭇거리던 소명이도 세운이도 모두 달뜬 표정이 된다. 마치 비 맞은 풀처럼 살아난다. '살아 있다는 건 자라는 거고, 꽃이 피고 열매 맺는 거'라는 작가의 생각을 아이들이 앞질러 보고 있다니. 그리고 이어지는 아이들의 말. 시드는 것 역시 살아 있는 것이 맞단다. 왜냐하면 잎이 지고 나면 이듬해 봄에 잎이 진 자리에 새싹이 나니 나뭇잎이 떨어지는 건 절대 죽는 게 아니라면서 『엄마 까투리』의 까투리하고 똑같다는 말까지 덧붙인다. 나는 이걸 깨닫는 데 수십 번의 가을과 봄을 보냈는데 겨우 1학년짜리 꼬맹이들이 이런 걸 아무렇지도 않게 말하다니. 시드는 것이 살아 있는 것이라는 깊은 철학을 이렇듯 단순하고 명쾌하게 정리하다니. 그래서 시드는 백합꽃을 보면서도 하나도 슬프지 않단다. 나 혼자 이 구절을 읽을 땐 삶을 바라보는 작가의 혜안에 한참 동안 책장을 넘기지 못했는데, 요즘 내 곁에서 시들어 버린 사람들 얼굴을 떠올리며 애써 그들 역시 또 다른 곳에서 또 다른 모습으로 살아 있을 거라는 생각에 마음을 진정시켜 본다.

그리고 고백하자면 아이들이 이해하기 어려워할 만한 삶의 원형을 이렇게 쉽게(?) 말할 수 있는 작가의 노련함이 약 오를 정도로 부러웠다. 절반쯤 책을 읽고 나니 아이들은 노래하듯 '살아 있어, 살아 있어, 살아 있어.'를 한 목소리로 읽었다. 아이들이 읽는 소리가 마치 주술처럼 느껴진다. 힘이 느껴진다. 아울러 아이들은 눈물 흘리지 않는 벌레를 먹은 물고기가 새에게 먹히고 새는 짐승에게 먹히는 관계를 보며 먹고 먹히는 것이 살아가기 위해 자연스런 일임을 깨닫는다. 그러면서 죽은 짐승이 거름이 되고 그걸 먹고 자란 나무에 맺힌 과일을 먹는 일 또한 서로의 생명을 나누는 소중한 일임을 거리낌 없이 받아들인다. '아하!' 하는 깨달음이다. 책을 읽는 내내 아이들은 수십 번이나 반복한다. "맞다, 맞아." 아이들 마음속에 담긴 '살아 있음'에 대한 생각을 짧은 글로 나누어 보았다. 아이들이 쓴 글을 보며 나는 연신 '어쩜 어쩜 이럴 수가….' 했다. 그 감동을 함께 나누고 싶다. 부디 고슴도치가 제 새끼 예뻐 호들갑 떠는 것처럼 느껴져도 너그럽게 이해해 주시길.

[살아있다는 건]

노래 부르는 거네. / 그림을 그릴 수 있는 거네. / 숨을 쉬는 거네. / 똥을 싸는 거네. / 생각하는 거네(모하고 놀까?). / 우는 거네. / 자는 거네. / 글시(씨)를 쓰는 거네. / 책을 보는 거네. / 실수하는 거네.(아이쿠 탄식 소리) / 방귀 뀌는 거네. / 말하는 거네. / 키스♡하는 거네(쪽쪽). / 싸우는 거네. / 뺑뺑이를 타는 거네. / 딱지를 치는 거네.

2. 우리 아이들 비밀의 방에는 누가 있을까?

『비밀의 방』 © 아스트리드 린드그렌 글, 한스 아놀드 그림, 이유진 옮김 | 보물창고

우리 반 아이의 동생 가운데 틱 현상을 보이는 아이가 있다. 작년에 남동생이 생기면서 갑자기 생겨난 일이라고 한다. 공부 시간이나 친구들과 놀 때 자기도 모르게 '흠흠'하며 의미 없는 소리를 내곤 한다는 것이다. 언니가 방과 후 활동 때문에 늦게 끝나는 날에는 종종 우리 교실에 와서 놀곤 해서 나도 제법 익숙한 아이이다. 왈가닥인 언니와는 다르게 놀 때도 소리 없이 사부락거리며 놀고, 아는 체라도 하면 말없이 배시시 웃기만 하는 계집애인데, 수시로 의미 없는 소리를 내는 걸 보니 마음이 짠했다. 무엇이 아이 마음을 이토록 불안하고 힘들게 하는 걸까? 언니를 기다리며 혼자 그림책을 펼쳐 노는 아이를 보며, 이 아이에게도 혼자만 아는 비밀의 방이 있을까 생각해 본다.

"얘들아, 너희 혹시 아스트리드 린드그렌이라는 사람에 대해 들어 본

적 있니?"

책을 들고 앉아 묻는다.

"알아요."

용준이가 큰 소리로 말하곤 눈웃음을 친다. '2학년 꼬맹이가 린드그렌을 알다니?' 속으로 놀란 순간, "『비밀의 방』을 쓴 사람이잖아요." 그리곤 '속았지요?' 하는 표정으로 히히덕거린다. 칠판에 쓴 책 서지사항을 보고 눈치 빠르게 말한 거다. 부풀었던 풍선에서 바람이 빠지듯 나는 피시식 웃었다. 그리곤 '삐삐'를 아느냐고 물었다. 그러자 아이들이 여기저기서 '말괄량이 삐삐'에 대해 말한다. 삐삐가 힘이 되게 세다는 둥, 어른들을 골탕 먹이는 게 재밌다는 둥, 꼬마인데도 굉장히 부자라는 둥……. 아이들이 떠드는 소리를 들으며 어린 시절 흑백 텔레비전에서 보던 삐삐에 대한 동경과 추억이 떠올라 잠깐 회상에 잠겼다. 그 시절 삐삐는 매일 저녁 여섯 시쯤이면 나타나 신나는 모험의 세계로 우리를 데리고 갔다. 그래서 어딘가에 삐삐 같은 아이가 실제로 살고 있다고 믿었고, 자유분방한 삐삐가 얼마나 부러웠는지 모른다.

"그 삐삐 이야기를 쓴 사람이 바로 이 책을 쓴 린드그렌 할머니야."

"그 할머니 지금도 살아 있어요?"

"아니, 칠 년 전에 돌아가셨어."

"아우~!"

아이들이 안타까운 표정으로 탄식한다. 왜 그러냐고 물으니 삐삐에 대해서 물어 볼 게 많다는 거다. 내가 삐삐에 대해 가졌던 환상만큼 아이들도 궁금한 게 많은 모양이다. 이럴 때 아이들과 나는 하나의 끈을 잡고 있는 느낌이다.

"어? 쟤네 쌍둥인가 봐. 똑같어."

보연이가 말을 타고 있는 계집애들을 가리킨다. 빨간색 원피스를 입은 계집애는 노란색 옷을 입은 아이를 쳐다보고 있는데 정작 노란색 원피스의 계집애는 다른 곳에 눈길을 보내고 있다. 두 계집애 사이에 뭔가 엇갈리는 것을 말하고 있는 걸까?

"어? 저기 앨리스 있다."

희진이 말을 듣고 보니 왼쪽 아래에 토끼를 만지고 있는 앨리스가 있다.

"앨리스가 왜 여기 있지?"

"앨리스가 토끼 따라서 굴속으로 갔잖아요. 그러니까 여기가 땅속, 그럼 땅속 나라에서 펼쳐지는 이야기인가?"

희진이가 고개를 갸웃거리며 말한다.

"어? 그럴듯한데?"

아이들하고 책을 보다 보면 자주 놀라는데 바로 지금 같은 때다. 조그맣게 그려진 앨리스를 보고 땅속 나라 이야기를 추론해 내는 상상력이 놀라울 뿐이다.

"갓난아기가 뛰어다닌대? 말도 안 돼."

"야, 상상에서는 가능하잖아. 아마도 마음속 이야긴가 보지 뭐!"

말을 마치고 강민이가 쳐다본다. 내 반응을 기대하는 것이다. 나는 고개를 끄덕이며 빙그레 웃어 주었다. 강민이가 따라 웃는다.

나를 '사랑하는 언니'라고 부르는 윌바리. 아빠는 엄마를 좋아하고, 엄마는 지난봄에 태어난 남동생을 가장 좋아하지만, 윌바리는 오로지 나만 좋아한다고 말하는 베라.

"아. 그러니까, 재, 베라가 외롭겠다. 왜냐하면 아무도 자기를 좋아해 주지 않으니까."

윤진이가 눈을 반짝인다.

"윌바린가 개가 좋아해 주잖아."

지원이가 덧붙인다.

"어? 근데 그림에는 재, 베라 혼자잖아? 월바리는 어디 있지?"

소명이가 고개를 갸웃거리며 묻는다. 윤진이가 어색하게 어깨를 올렸다 내렸다 한다.

"혹시 상상 속의 동생?"

세운이가 작은 눈을 빛내며 묻는다. 나는 고개를 갸웃거리며 대답 없이 그저 웃는다. 대답을 하기엔 일러도 너무 이르다.

월바리와 베라는 자기들끼리만 아는 말을 쓴다. 사랑하는 사람들이 서로 통하는 언어를 만들어 쓴다는 건 둘만의 비밀의 세계, 아무도 알지 못하는 은밀한 공간을 공유하기 위해서리라.

"나도 내 동생하고, 우리 엄마 몰래 둘만 아는 말 쓰는데."

보연이가 얼굴을 붉히며 배시시 웃는다.

"어떤 말?"

"어~, 우리끼리 몰래 과자 사 먹으러 가자고 할 때, '자과, 자과' 그렇게 말해요. 그렇게 약속했어요."

아이들이 까르르 웃는다. 그러면서 자기들도 엄마가 미워서 욕할 때 자기만 아는 말을 지어서 한다는 고백을 한다.

"우리 언니도 어렸을 때 비누를 '멀루마'라고 했다는데."

"왜요?"

"몰라, 근데 언니는 자기가 그렇게 말한 걸 까맣게 잊었더라."

아이들은 무엇이 그리 우스운지 또 까르르 넘어간다.

월바리가 부르는 목소리를 따라 장미덤불(월바리와 약속한 이름은 '살리콘'이다) 밑에 있는 구멍으로 들어간다. 구멍으로 들어간다는 건 낯선 세계, 즉 판타지 세계로 들어감을 의미하는 것. 현실에서 내면이 억압당하거나 외로울 때, 또는 혼자 소외당하고 있다고 느낄 때 간절히 찾게 되는 세계. 윤진이 말처럼 베라는 동생만 바라보는 부모님을 보며 이 세상에 혼자만 있는 듯 외로운 모양이다. 그러니 혼자만 아는 세계로 떠나는 것이리라.

"어? 땅속 나라에 동생이 살고 있네."

채은이가 책 앞으로 바짝 다가앉는다.

"아까 희진이가 한 말이 맞네요. 근데 선생님, 땅속 나라가 상상 속 나라 같아요."

"글쎄……, 내 생각에도 상상의 나라 같기는 한데, 조금 더 읽어보자."

"근데 둘이 똑같이 생겼네."

"진짜? 근데 왜 쌍둥이처럼 똑같이 생겼을까?"

"그게, 그러니까 자기가 상상해서 만들어 낸 동생이니까 똑같이 생긴 거 아닌가?"

"우와, 어떻게 그런 생각을 했지? 내 생각도 기훈이 생각이랑 똑같은데. 나도 자기 마음속에 살고 있는 동생이니까 똑같다는 생각을 했는데."

"그러니까, 아까 말 타고 있던 애들이 바로 얘네들이구나!"

"걔들, 둘 다 강아지 좋아하나 봐. 근데 엄마 아빠가 강아지를 안 사 주니까 상상 속에서 강아지랑 노나 봐요."

"나도 강아지 기르고 싶은데 우리 엄마가 털 날린다고 안 사 주는데……. 근데 걔네 엄마도 그러네!"

수민이가 속상한 표정이다. 베라와 월바리는 강아지에게 '루프와 두프'라는 이름까지 지어 주고 재미있게 논다. 베라는 비밀의 방에서 월바리와 물놀이를 하고 말을 탄다. 동생에게 부모의 품을 내 주어야 했던 베라가 원하는 게 무엇인지 잘 드러나는 대목이다. 베라는 귀여운 강아지를 기르고 싶고, 자기랑 함께 물놀이를 해 줄 사람이 필요했던 거다. 부모의 관심은 온통 동생에게 가 있으니 베라는 자신만 아는 비밀을 만들 수밖에 없었다. 그러나 그 비밀은 부모가 눈치채고 들여다보길 원하는 방이었다.

베라와 월바리는 숲에서 요정들과 재미있게 논다. 그러나 이별의 순간이 다가온다. 월바리가 베라의 손을 잡으며 '사랑하는 언니야, 살리콘의 장미가 시들면 나는 죽을 거야'라고 말한다.

"월바리가 죽다니. 이게 무슨 말이지?"

"진짜로 죽는 거? 아니지. 월바리는 마음속에 있는 동생이니까 그럼 동생이 사라진다는 건가?"

보연이가 눈을 반짝거리며 열심히 추측한다. 그때다.

"혹시, 저기 선생님이 지난번에 꿈에서 엄마나 친구 같은 사람을 죽이는 거는 축하할 일이라고 했잖아요. 왜냐면 내가 조금 성장했으니까 이제는 어린 나를 잊어버리길 바라는 마음으로 그런 꿈을 꾸는 거라고. 그러니까 이 말은 이제 월바리를 잊어버린다는 건가요?"

강민이가 흥분해 목소리가 높고 말이 빨라진다.

"맞아. 와, 강민이는 어쩜 그걸 기억하고 이렇게 연결을 시키니. 내 생각에도 이제는 베라 마음이 컸다는 걸 암시하는 것 같아."

사다리를 타고 땅속 나라를 벗어난 베라. 집으로 돌아오니 엄마가 껴안고 운다. 종일 찾아 헤맨 것이다. 아무도 자기에게 눈길을 주지 않는다고 여겼던 베라의 마음이 어떨지 짐작이 간다.

"속상했던 마음이 다 풀렸을 것 같아요."

보연이가 두 팔로 무릎을 껴안으며 고개를 떨군다. 그 모습에 맏언니로 동생들에게 부모의 품을 빼앗긴 서러운 마음이 그대로 보인다.

"야, 강아지다. 엄마가 강아지 사 줬다."

경민이가 소리를 지른다.

"강아지 이름이 루프네? 아까 월바리하고 지은 이름하고 똑같네?"

지원이가 큰 눈을 휘둥그레 뜬다. 강아지 '루프'를 얻게 된 베라는 더 이상 어제의 외롭고 쓸쓸한 아이가 아니다. 그러니 살리콘의 장미가 시들 수밖에. 어제와 다르게 마음이 성장한 베라에게 비밀의 방으로 가는 구멍이 사라진다. 그렇게 베라의 한 시절이 지난 것이다.

"루프 목걸이에 월바리가 그려져 있네?"

채은이 말처럼 베라의 강아지, 루프가 건 목걸이에 월바리가 새겨져 있다. 한때 자신의 아픔을 함께 나누고, 슬픔을 이기는 버팀목을 했던 비밀의 동생, 자기의 또 다른 쌍둥이를 떠나보냈지만 잊고 싶지는 않았나 보다.

이야기 멍석에서 일어나 자리로 돌아가는 저 멀쩡한 표정의 아이들 마음에도 누군가에게 들키고 싶지 않은 비밀의 방이 있겠지? 저 아이들이 가진 비밀의 방에는 누가 살고 있을까 문득 궁금해진다.

3. 간절히 원하는 일을 하는 사람은 눈부시다

『피아노 치기는 지겨워』 © 다비드 칼리 글, 에릭 엘리오 그림, 심지원 옮김 | 비룡소

몇 해 전, 큰아이가 영어 학원에 보내 달라고 졸라서 면접을 보러 갔다. 몇 가지 테스트를 받고 원장실을 나오는 아이와 선생님 얼굴이 벌겋게 달아올라 있었다. 까닭을 묻는 내게 선생님이 간신히 웃음을 참으며 말했다.

"어머니, 제가 우진이한테 왜 영어를 배우려고 하냐고 물으니까 뭐라고 대답했는지 아세요?"

"아~아, 선생님 말하지 마세요."

몸을 비비꼬는 아이 곁에서 선생님이 또 키득거렸다.

"뭐라고 했는데요? 네?"

궁금해 하는 나와 아이를 번갈아 바라보던 선생님이 말했다.

"우진이가 자기는 여행을 좋아하고, 또 많이 다니고 싶대요. 그런데 엄마하고 외국 여행을 갔을 때 엄마가 대학원까지 나왔는데도 말을 제대로 못 하는 걸 보고, 도저히 엄마 믿고는 외국 여행을 다닐 수 없겠다는 생각이 들었다는 거예요. 그래서 자기가 영어를 열심히 배워야겠다고 생각했다지 뭐예요. 호호호."

"아, 예……."

공연히 창피해져서 창문 쪽으로 눈을 돌렸다.

집에 와서 창피하고 야속한 마음에 남편에게 투덜댔더니 하는 말.

"우진이한테는 당신만 한 스승이 없네. 공부하겠다는 의욕을 주는 것보다 훌륭한 스승이 또 어디 있어? 물론 당신의 무식이 들통 나 그게 좀 창피하긴 하겠지만."

그러고는 아들과 얼굴을 맞대고 한참을 키득거렸다. 그렇게 아이는 영어 학원을 다니기 시작했고, 지금까지 삼 년 동안 한 번도 학원을 가네 안 가네 하며 속 썩이는 일 없이 열심히 다니고 있다. 이따금 "엄마 데리고 외국 여행갈 수 있겠어?" 하고 물으면 "엄마보단 나을걸." 하며 의기양양해 한다. 그런 아이를 보며 '못난 부모도 때론 스승이 될 수 있구나!' 씁쓸한 위로를 하곤 한다.

언젠가 우리 반 학부모가 했던 말이 있다.

"선생님, 저는 제가 어릴 때 공부를 제법 한 줄 알았어요. 근데 친정에 가서 국민학교 때 성적표 보고 깜짝 놀랐잖아요."

"왜요?"

"아, 글쎄 반에서 중간도 못했더라구요. 그거 보고 나서 우리 애한테 공부하라고 닦달을 못 하겠는 거 있죠."

그런 말을 나누며 한참을 깔깔거리고 웃은 적이 있다. 그런데 그런 왜곡된 기억은 그 엄마만의 일이 아닐 것이다. 어른이라면 누구나 어린 시절의 모습을 자기가 기억하고 싶은 대로, 또는 왜곡하여 간직하고 있기 때문이다. 그러니 야노쉬 코르착이 그런 말을 한 것이리라. '어린이를 이해하려고 하지 마라, 다만 네 어린 시절을 기억하라'고.

그림책 『피아노 치기는 지겨워』에 등장하는 엄마 역시 우리와 마찬가지로 왜곡된 어린 시절을 간직하고 있는 어른이다. 그래서 아이들이 박장대소하는 부분에서 나는 슬그머니 얼굴을 숙여야 했다.

"어? 쟤는 왜 피아노 위를 뛰어다니냐?"

경민이가 킬킬거리며 이야기 멍석 위에 발랑 드러눕는다.

"쟤 머리 디게 웃기지? 머리가 앞으로 나란히 한 거 같애."

옆에 있던 준혁이도 덩달아 까르르 웃는다.

"맞다, 맞어."

하며 몇 녀석이 맞장구를 친다.

"왜 피아노 위를 뛰어다니는 걸까?"

"피아노 치기 싫어서 도망가나 봐요."

윤진이가 구부렸던 허리를 곧추세우며 한마디 한다.

"진짜. 책 제목이 '피아노 치기는 지겨워'니까 진짜 그런 거 같아요."

지원이가 윤진이 말을 거든다.

마르콜리노는 날마다 3시가 되면 피아노 연습을 한다. 그런데 피아노 앞에 앉은 아이 표정이 심드렁하다. 게다가 다리는 피아노 페달에 닿지도 않는다. 문득 서너 살만 되면 아이를 피아노 앞에 앉히는 우리네 엄마들이 떠오른다. 십여 분이 채 지나지 않아 텔레비전 앞에 앉고는 채널을 돌리는 마르콜리노 얼굴엔 웃음이 가득하다. 그러나 단 1분도 지나지 않아 고래고래 소리 지르며 마르콜리노를 피아노 앞으로 쫓아 버리는 엄마. 화가 나서 소리치는 엄마의 몸집은 마르콜리노의 서너 배는 된다. 둘의 심리적인 크기를 극대화시켜 보여 주는 것이다.

"아, 우리 엄마도 내가 숙제하다가 잠깐 물 먹으러 가면 공부 안 하고 딴짓 한다고 소리를 꽥 지르는데."

지원이가 멋쩍은지 얼굴을 붉힌다.

"맞어, 우리 엄마도 그래."

석규가 맞장구를 친다.

"나도 그래."

내가 비시시 웃으며 말하자,

"선생님두요, 진짜요?"

그러면서 고개를 내젓는 근우. '미안하다, 근우야. 나도 집에선 영락없이 참을성 없는 엄마란다.' 눈을 동그랗게 뜨고 한숨까지 짓는 근우에게 미안해 속으로 사과를 했다.

"쟤 봐. 드디어 폭발했어."

준혁이가 일어서며 흥분한다. 저도 저렇게 소리 지르고 싶은 적이 있었던 걸까? 그걸 억눌러 왔는데 핑계 삼아 풀어 내는 건 아닐까? 두 팔을 쭉 뻗으며 "야호~" 소리치는 준혁이가 공연히 안쓰러워 보인다.

이제 엄마는 아예 피아노 치는 아이 곁에 앉았다. 잘하나 어쩌나 지키고 있는 거다. 그리고 엄마는 말한다. 훌륭한 피아니스트가 되려면 연습을 많이 해야 한다고. 그러는 엄마에게 왜 피아니스트가 되지 못했느냐고 물으니 네가 태어나는 바람에 꿈을 접어야 했다고 말한다. 어디서 많이 들어 본 말이다. 나 역시 '엄마는 시인을 꿈꾸었는데 너희들을 낳아 기르면서 포기했다. 이 땅에서 직장 가진 여자가 아이를 기르면서 시인이 되기는 너무 힘들다.'고 고백한 적이 있다. 아니, 내가 가지 못한 길에 대한 아쉬움을 아이에게 짐으로 부려 놓은 적이 있다. 가슴이 뜨끔하다. 엄마의 그 엄청난 고백 앞에서 자유롭지 못한 우리의 마르콜리노. 엄마의 인생을 망쳐 놓았다는 죄책감마저 들었을지 모른다. 그래서 오로지 엄마를 위해서 피아노 건반을 두드린다. 그러나 그것은 음악이 아니다. 귀를 틀어막고 한사코 피아노 소리를 거부하는 고양이를 보면 마르콜리노가 치는 피아노 소리가 전혀 음악이 되지 못함을 알 수 있다.

"아, 재도 나처럼 되고 싶은 게 많네."

"윤진이는 뭐가 되고 싶은데?"

"나는요, 의상 디자이너도 되고 싶구요. 또 피아니스트, 그리고 화가, 어……, 또, 선생님……."

"우아, 진짜 많네? 그럼 피아노 선생님하면서 옷도 디자인하고, 그리고 그림까지 그리면 되겠네?"

"히~."

몸을 비비 꼬며 윤진이가 고개를 끄덕인다.

"선생님, 근데 재 태권도 선수도 되고 싶대요. 어느 나라 사람인데 태권도를 알까요?"

역시 눈썰미 빠른 보연이다.

"작가가 이탈리아 사람이니까 아마도 이탈리아 아이겠지."

"이탈리아 사람도 태권도를 배우나 봐요."

"글쎄 말이야. 그래서 나도 이 작가가 은근히 좋아지더라구. 그런데 이 아이가 되고 싶지 않은 게 뭐라고 했지?"

"피아니스트요."

"엄마가 억지로 시키니까 그런 거야. 나도 엄마가 피아노 학원 보낼 때 진짜 싫었는데."

무릎 아래 앉은 경민이 말이다. 경민이는 일 학년 때 학원과 학습지까지 무려 여섯 개를 하느라 무척 힘들어 했다. 턱을 괴고 앉아 얼굴을 찡그린 경민이를 보는데 공연히 내가 미안했다. 어른이라는 이름으로.

결국 엄마의 왜곡된 어린 시절은 할아버지로부터 밝혀진다. 엄마의 어린 시절 사진이 그걸 증명해 주었다. 사진 속의 어린 엄마는 순전히 노는 모습밖에 없다. 단 한 장의 사진만 빼면 말이다. 문제의 사진엔 피아노 앞에서 얼굴을 잔뜩 찡그리고 있는 엄마의 모습이 담겨 있다. 그 사진을 본 엄마는 얼굴이 빨갛다. 진실이 밝혀지니 몸 둘 바를 모를 수밖에.

"하하하! 엄마도 피아노 치는 거 싫어했으면서 거짓말했네?"

"우리 엄마도 어릴 때 만날 공부 잘했다고 그러는데……, 그럼 혹시?"

용준이가 장난기 가득 담은 눈으로 웃는다.

"맞어, 나도 우리 엄마가 공부 잘했는지 외할머니한테 물어봐야겠다."

보연이가 말을 하고 나서 까르르 웃는다. 나도 따라 웃었다. 아이들이 여기저기서 자기도 그래야겠다고 말한다. 바야흐로 우리 반 엄마들의 왜곡된 어린 시절이 진실을 드러낼 날이 머지않은 듯하다.

할아버지 손을 잡고 악기 가게에 간 마르콜리노는 제 몸보다 큰 튜바를 골라 날마다 3시가 되면 의자를 바르게 놓고 연습을 한다. 이번엔 오히려 엄마가 안절부절이다. 연습에 빠져 있는 아이를 보며 배고프지 않니, 힘들지 않니 하며 걱정하느라 바쁘다. 그런데 튜바 연주를 하는 아이나 걱정하는 엄마의 얼굴엔 전에 볼 수 없는 웃음이 가득하다. 조금도 피곤해 하지 않고 간식을 먹으려고 서두르지도 않는 마르콜리노. 이제는 스스로 찾은 꿈인 훌륭한 튜바 연주가가 있으니 연습을 게을리하지 않는다. 누가 시켜서 하는 일이 아니라 제 스스로 하고 싶어서 하는 일이니 신 날 수밖에 없다. 아이의 연주가 음악이 되고 있다. 옆에 있는 고양이가 튜바 연주를 듣고 신 나서 폴짝거리고 있지 않은가? 자기가 하고 싶은 일을 찾아 하는 아이의 모습은 아름답다. 연주에 한껏 몰입해 있는 아이의 모습이 눈부시다.

4. 오빠가 동생한테 속았네요, 바-보!

『프로버디티!』 © 크리스 반 알스버그 글 · 그림, 홍연미 옮김 | 달리

"나는 진정한 마술의 힘은 어린이의 영리함에 있다고 생각한다."고 크리스 반 알스버그는 말한다. '어린이의 영리함'이라? 얼마나 고마운 말인지.

어린 시절 사사건건 나를 괴롭혔던 언니는 나를 의뭉스런 계집애로 기억하고 있다. 사건은 이렇다. 유난히 학교 가기를 싫어했던 언니가 온갖 감언이설로(거의 협박 수준이었다) 나를 꾀어내 학교를 못 가게 한 날이었다. 수수밭에 숨어 있다가, 엄마가 어디 있는지 살펴보라는 언니 말을 듣고 나는 일부러 엄마한테 들키려고 과감히 마당까지 들어가 얼쩡거렸다. 학교에 있어야 할 시간에 마당을 얼쩡거리던 나는 반갑게도 엄마 눈에 금방 띄었고 언니는 수수밭에서 끌려 나왔다.

엄마에게 회초리를 맞으며 혼이 난 언니는 엄마가 없는 틈에 나를 마구 두들겼다. 아무리 악을 쓰고 울어도 나를 구해 줄 사람은 없었다. 내가 엄마한테 일부러 들킨 것을 알아챈 언니는 억울하고 분한 마음에 급기야는 머리끄덩이를 잡기에 이르렀다. 그러다가 나를 벽 쪽으로 휙 밀쳤다. 나는 쿵 머리를 찧고 바닥에 쓰러졌다. 그 순간 나는 의식을 잃었다. 아니 정확히 말하자면 의식을 잃기로 마음먹은 것이다. 그 뒤 상황은 말하고 싶지 않다. 고백하자면 그때 나 역시 숨을 참느라 진짜로 죽을 뻔했다. 그런 일이 있고부터 언니는 나를 늘 앙큼하고 의뭉스런 계집애라고 손가락질을 하고 두고두고 약올라했다.

그런 내게 크리스 반 알스버그가 한 말은 얼마나 위안을 주는지. 고맙고 또 고맙다. 『프로버디티!』 제목이 처음에는 쉽게 입에 달라붙지 않는다. 연필 밑선이 그대로 드러난 무채색의 그림은 마음을 진정시키면서도 묘한 궁금증을 불러일으킨다. 표지 그림은 카메라 렌즈를 밑에서 위로 치켜 올려 찍은 기법을 활용하였다. 앙각법이라 불리는 이 기법은 대상을 대단히 권위적으로 보이게 한다. 『프로버디티!』 역시 아이들 말처럼 '얼음!' 동작을 한 여자에게 시선을 집중하게 한다. 그리고 '도대체 무슨 일이 벌어진 걸까?' 궁금하게 한다.

눈치 빠른 세운이는 '조명이 여자만 비추고, 커튼이 있는 걸 보니 무대 같다.'고 한다.

"무대에서 뭘 하고 있는 거지?"

내가 되묻자 고개를 갸웃거리는 세운이 대신 유빈이가 눈을 반짝이며 말한다.

"혹~시……, '동상놀이' 하는 거?"

"선생님, 얼음 땡 놀이가 생각나요. 그거 얼음하면 꼼짝 못 하고 그냥 있잖아요!"

흥분한 윤진이 목소리가 높다.

"나는 장난꾸러기 같은데? 느낌표(!)가 있으니까. 으~음, 『안 돼, 데

이빗!』에도 느낌표 있잖아요. 그래서…….”

표지 그림을 보고서 아이들이 시끌시끌하다. 에구 벌써부터 이 정도니 오늘도 목 꽤나 아플 것 같다. 흑인 여자애 뒤로 소용돌이치듯 그려진 나선형의 그림을 보며 아이들은 커피 광고에 나오는 '아이스 커피, 아이스 커피'를 흉내 낸다.

“달팽이 놀이가 생각나요, 소용돌이 같아요.”

이런 저런 말들이 오간다.

그때 옆에 있는 석규랑 속닥거리던 근우가 뭔가 기발한 게 떠오른 듯 소리친다.

“당신은 지금 잠을 잔다, 잔다. 그러면서 하는 그런 거?”

“으음~, 최면?”

세운이가 묻자 근우가 손뼉을 친다.

“어~, 그거 최면!”

아이들의 직관력을 확인하는 때이다. 작품 전체를 관통하는 이야기를 단박에 알아채는 눈이라니. 아이들은 그림이 담고 있는 보이지 않는 이야기를 읽어내는 힘이 대단하다. 편견에 사로잡히지 않은 무한한 상상력을 확인하는 순간이다. 그림책을 읽으며 나는 아이들이 가진 창조적인 힘과 상상력을 만나며 하나하나의 존재가 품고 있는 세계가 얼마나 귀하고 아름다운지 깨닫는다. 그래서 아이들과 그림책을 읽으며 나는 사람에 대한 공부를 새롭게 한다. 아이들이 무심히 내뱉는 한마디 한마디는 살아 있는 철학 교재이며 생명의 기운이 넘쳐나는 교육학 교재이다.

뭔가 음모(?)를 꾸미듯 트루디 방을 엿보는 오빠 캘빈. 오른쪽 발꿈치가 살짝 들린 것을 보면 캘빈이 지금 얼마나 긴장하고 있는지 알 수 있다.

"아! 오빠가 이불 속 그런 데다가 벌레 같은 거 넣어 놨나 봐. 우리 엄마도 그럼 꺄~아악 하고 소리 질러요."

소명이가 몸을 부르르 떤다.

엄마 치맛자락에 매달려 과도하게 겁먹은 표정을 짓고 있는 여동생. 엄마에게 꾸지람을 들으면서도 키득거리는 장난꾸러기 캘빈은 생일 선물을 미끼로 하는 엄마의 강요(?)에 못 이기는 척 '미안해.'라고 마음에 없는 사과를 한다. 앙큼한 트루디와 짓궂은 캘빈의 순탄하지 않은 관계가 지속될 거라는 암시다. 엄마는 생일 선물로 마술사 공연 티켓을 캘빈에게 주며 동생과 함께 가길 은근히 강요한다. 그러나 오빠는 그런 엄마의 속마음을 냉정하게 무시하고 친구 로드니를 부른다.

"나두 누나가 생일 때 자기 친구들이 집에 오면 나는 안 데리고 놀고 왕따 시켜요. 누나 디게 싫어요."

"나두! 나두!"

용준이 말에 몇 녀석이 맞장구를 친다. 오빠에게 버림받은 트루디 마음이 이해되는 모양이다. 그런데 캘빈 입장에서 보면 동생 트루디는 성가신 존재다. 나 역시 어린 시절 친구들과 놀 때 동생이 쫓아오면 기를 쓰고 도망을 갔었다. 친구들과의 소중한 시간에 동생을 돌봐야 하는 부담을 갖고 싶지 않아서 그랬다. 아마 캘빈도 그랬을 거다.

캘빈과 로드니는 마법사 로맥스의 공연에 넋을 잃는다. 특히 소용돌이 무늬 원판을 바라보던 부인이 닭이 되어 꼬꼬댁거리다 로맥스의 주문 '프로버디티!'를 듣고 마법에서 풀려나는 장면은 특히 인상적이었다.

"알리바바와 40인의 도적에 나오는 주문은 '열려라 참깨'였는데…….”

내가 중얼거리자 무릎 앞에 바짝 달라붙어 눈을 반짝이던 보연이가 혼잣말을 한다.

“근데 진짜 닭이 될까?”

집으로 돌아온 캘빈과 로드니는 기발한 장치를 만든다. 그리고 드디어 트루디는 최면에 걸린다. 툭 튀어나온 눈과 헤벌어진 입을 한 채 그대로 멈춰 버린 트루디.

“어? 진짜 최면에 걸렸나 봐.”

기훈이가 손가락으로 트루디를 가리킨다.

그런 투르디 등 뒤에서 캘빈은 그저 신이 났다. 강아지가 된 트루디는 혀를 빼문 채 두 손을 바닥에 대고 자리에 앉아 왈왈 짖는다. 최면 걸기에 성공한 캘빈과 로드니는 강아지가 된 동생을 안아 나르고 뒤뜰에서 논다. 완전히 강아지가 된 트루디를 다시 동생으로 되돌리기 위해 마법사처럼 주문을 외치는 캘빈과 로드니. 그러나 정확한 주문이 떠오르지 않아 ‘보도디티, 모모지티, 루타비티’를 외친다. 두 아이의 잘못된 주문에 아이들이 깔깔거리고 웃는다.

“에~이! 프로버디티! 그러면 되는데.”

유빈이와 용준이가 안타까워한다. 주문이 생각나지 않아 당황한 두 아이 앞에서 바닥에 놓인 우유를 혀로 핥아 먹는 트루디 모습은 익살스럽다. 동생의 최면을 풀어 주기 위해 수레에 실고 마법사를 찾아가느라 진땀을 흘리는 캘빈과 로드니와는 다르게 빙그레 웃고 있는 트루디.

“동생이 웃고 있어요. 혹시? 오빠를 속이는 거?”

눈치 빠른 보연이가 나를 쳐다본다.

"글쎄?"

나는 고개를 갸웃거렸다.

"맞다. 최면에 걸렸는데 입은 움직이잖아. 아이스크림을 먹잖어!"

확신에 찬 세운이 말이다.

입가에 잔뜩 아이스크림을 묻힌 채 당황한 오빠를 말간 눈으로 올려다보는 트루디를 보면 이들의 놀이 주도권을 누가 갖고 있는지 눈치 챌 수 있다. 동생을 골려 주려던 오빠가 되레 깜찍한 연기에 속아 쩔쩔매는 장면은 짜릿한 반전이다. 유난히 형제 중 둘째가 많은 우리 반 녀석들은 키득거리며 신이 났다. 마치 평소에 형이나 누나, 오빠로부터 받았던 설움을 트루디를 통해 한꺼번에 되갚아 주기라도 하듯.

그런데 책을 읽는 내내 아이들은 차분하다. 흥분해서 벌떡 일어나거나 소리를 높이는 경우가 없다. 까닭이 무엇일까? 글을 네모난 박스에 넣어 그림과 일정한 경계를 유지하기 때문인가? 박스 처리된 글은 마치 무성영화의 내레이션 같은 효과를 준다. 그러니 소란스럽고 역동적인 아이들의 놀이가 마치 한 편의 영화나 무대에서 펼쳐지는 연극을 보는 것처럼 잔잔하다. 아울러 시종일관 부드러운 갈색으로 커다랗게 그려진 그림은 주인공 인물에게 몰입할 수 있는 효과를 준다. 그림책을 읽는 내내 아이들은 주인공에게서 시선을 떼지 않는다. 그러면서 등장인물의 마음이 어떨지 읽어내는 데 골몰한다.

결국 이야기는 엄마가 도착할 즈음에 물을 흠뻑 뒤집어쓴 트루디가 최면에서 깨어나면서 오빠의 생일 특별 음식 스파게티를 샌드위치와 오이 피클, 우유로 바꾸어 놓는 앙큼한 복수를 하며 끝난다. 그런 앙큼한 동생에 견주어 캘빈은 오히려 어수룩하다. 동생이 강아지로 변신했던 걸 떠올리며 신이 나서 깔깔거린다. 동생 때문에 생일 특별 음식 메뉴가 바뀐 것엔 미처 마음을 쓰지 못한다. 이쯤 되면 장난꾸러기 캘빈이 안쓰럽다. 생활에서 만나 보면 맏이들은 이렇듯 조금은 어리석고 순진하다. 그런데 더 안쓰러운 것은 맏이들은 이런 자신들의 모습을 전혀 알아차리지 못한다는 것이다. 마치 초콜릿 칩 아이스크림을 기억해 내는 동생의 말을 들으면서도 사태의 진상을 파악해 내지 못하는 가련한 캘빈처럼.

"에~이, 오빠가 동생한테 속은 거잖아! 바~보."

치마를 탈탈 털며 캘빈에게 한 마디 던지는 윤진이는 늘 개구쟁이 동생 때문에 속이 상하다고 하소연하는 맏이다. 그런 윤진이에게 미안한 마음이 든다. 나 역시 언니를 깜찍하게 속였던 동생이기에.

5. 야만의 시대에 신이 보낸 선물

『사슴아 내 형제야』 © 간자와 도시코 글 G.D.파블리신 그림, 이선아 옮김 | 보림

강이 엎어진다. 깊고 날카로운 삽날에 강바닥이 허옇게 말라붙는다. 어머니가 부르는 노래처럼 부드럽고 유연하던 강이 허리를 곧추 세운 채 일직선으로 늘어선다. 재해를 예방하고 하천을 정비한다는 미명 아래 강과 더불어 목숨을 붙이고 살던 생명들이 흔적조차 없이 사라져 버린다. 그 가운데 어떤 것은 이제 지구상에서 영영 다시 볼 수 없는 귀한 목숨이다. 수천 년 동안 사람과 더불어 살아왔던 것들이 하루아침에 무참히 살해당하고 있다. 어디 강뿐이겠는가? 가슴팍을 가로 질러 터널이 뚫린 산. 이 골 저 골 자유롭게 뛰어다니던 고라니며, 산짐승들이 빠른 속도로 달리는 차를 피하지 못해 허둥대다 나뒹군다.

강도 산도 더 이상 말 못하는 생명들이 주인이 아니다. 사람들은 산과 강을 비롯하여 보이는 모든 것을 정복하기 시작했다. 오로지 인간의 삶을 좀 더 편리하게 하기 위해. 우리는 지금 시퍼렇게 날 선 삽날을 자연을 향해 겁 없이 날리고 있다. 그 삽날이 부메랑이 되어 결국은 우리 생명까지 위태롭게 한다는 것을 생각조차 하려들지 않는다. 자연을 정복의 대상으로 삼는 무모한 도전은 점차 우리의 눈과 귀를 멀게 하고 있다. 세상으로부터 눈과 귀를 닫는 순간, 우리에겐 죽음이 기다리고 있다. 우리의 내면엔 더 이상 연초록 새순의 찬란한 반짝임도 나뭇잎을 스치는 바람의 노래도 들리지 않는다. 저녁놀로 물든 강, 힘차게 뛰어 오르는 물고기의 은빛 비늘도 더는 볼 수가 없다. 꺼져가는 생명까지 껴안는 어머니의 품은 메말라 가면서 우리들 가슴은 숨조차 쉬기 어렵게 팍팍해져 가고 있다.

그런데 여기 한 사내가 있다.
"나는 시베리아의 숲에서 태어난 사냥꾼이다.
내 옷은 사슴 가죽, 내 신발도 사슴 가죽.
옷도 신발도 사슴의 다리 힘줄을 실 삼아 꿰매었다.
나는 사슴 고기를 먹는다.
그것은 내 피와 살이 된다.
그러므로 나는 사슴이 된다."

사슴을 잡아먹으며 오로지 사슴에 기대어 사는 사냥꾼이 감히 자신을 사슴이라 말한다. 스스로 사슴이라 당당하게 선언한다. 크고 묵직한 뭔가가 쿵하고 가슴을 때리는 느낌이다. 『사슴아 내 형제야』를 보는 순간 마치 강과 산이 파헤쳐져 신음소리가 끊이지 않는 우리를 위해 신이 보낸 선물 같다는 생각이 들었다. '너희들은 이렇듯 신성한 사냥꾼의 후예이니라. 들여다보아라, 그리고 너희들 핏속에 흐르는 소리를 들어 보아라' 준엄한 목소리가 들리는 듯 했다.

몇 년 전 몽골을 갔을 때 양을 잡는 장면을 본 적이 있다. 주인은 겁먹은 양의 머리를 북쪽으로 향하게 하고 기도를 한 뒤 눈 깜짝할 새에 생명을 거두었다. 형제처럼 지내던 양에게 고통을 최소한으로 주기 위한 것이란다. 기도를 드리는 까닭은 양의 영혼을 하늘의 별, 북극성으로 되돌려 보내는 의식이라고 했다. 먹기 위해서, 인간의 목숨을 부지하기 위해 잡아먹는 가축의 영혼을 위해 기도를 올리는 마음밭이라니. 부릅뜬 양의 눈을 감겨 주는 사내의 굵은 손마디가 얼마나 아름다워 보이던지. 『사슴아 내 형제야』를 읽으며 문득 몽골의 사내가 생각났다.

나뭇가지를 닮은 커다란 뿔을 단 사슴이 먼 곳을 향해 눈을 들고 있다. 입을 벌려 소리 치고 있다. 누군가를 부르는 것 같다. 배고픈 인간 형제를 부르는 건가? 배고픈 형제에게 먹히고자 모든 것을 다해 자신의 존재를 알리는 노래를 부르고 있는가? 신비로운 나무와 식물들이 우거진 숲에 서 있는 살찐 사슴이, 마치 배고픈 어린 아이에게 자신을 내어주려는 어머니처럼 듬직하다. 앞면지를 펼치면 이끼가 낀 듯한 화면에 커다란 나무가 마치 춤을 추는 것처럼 그려져 있다. '아바타에 나오는 그 나무 같아요.' 그림을 보자마자 계집애가 꿈꾸는 듯한 눈빛을 한 채 말한다. 그러고 보니 온갖 생명을 담고 있는 신령스런 나무 그 자체다. 호수를 거슬러 가는 사내의 얼굴은 편안하다. 일반적으로 사냥을 하는 자를 생각하면 떠오르는 비장한 각오나 표정은 찾을 수 없다. 홍조를 띈 얼굴을 보면 마치 오랫동안 만나지 못한 동무나 가족을 보러 가는 것처럼 느껴지기까지 한다.

총을 든 사내와 커다란 사슴이 마주 보고 서 있다. 마주 선 얼굴에 긴장감을 보이지 않는다. 사슴고기를 먹으며, "나는 사슴이 된다."는 사냥꾼의 말처럼 사슴과 사냥꾼은 서로의 거울에 비친 또 다른 자신의 모습이다. 나카자와 신이치는 『곰에서 왕으로』에서 "'문화'는 본래 '자연'과의 대칭적인 관계를 유지할 때 비로소 의미를 갖는 것이었는데 지금은 대칭성의 균형을 상실한 '문명'으로 변하고 말았다. 그리고 바로 동시에

'문명'과 '야만'의 차이도 의식하게 된 셈이다." 라고 말한다. 인간이 자연과 맺는 관계에서 대칭성을 상실하고 자연을 통제하려는 태도를 취할 때 인간의 문명이란 어쩌면 '야만'의 다른 이름일 수밖에 없다. 그런데 이 장면에는 자연과 인간이 아름다운 대칭성을 유지하고 있다. 누구를 위해서 존재하는 목숨이 아닌 서로가 서로의 핏속을 흐르는 에너지로 돌고 도는 순환의 관계가 자연스레 그려져 있다. 사냥꾼의 삶에서 사슴은 없어서는 안 될 존재이지만 사슴이 사냥꾼을 위해서 존재하지 않는다. 그러니 감히 내 친구이며 형제라 말하는 것이다. 따라서 이곳에서는 자연을 정복하려 하거나 통제하는 인간은 존재하지 않는다. 그래서일까? 사냥꾼의 손에 든 총이 위협적으로 보이지 않는다.

'사슴아, 내 형제야. 뿔이 아름다운 형제야.
나는 너를 만나기 위해 강을 거슬러 오른다.'

마치 노래를 부르듯 한 편의 시처럼 글 서사가 진행된다. 그림은 글에서 말하고 있지 않은 시베리아의 신비한 가을 숲과 햇볕에 반짝이는 호수를 보여 준다. 물방울 하나하나에 제 각각 다른 신이 존재한다고 믿는 이들의 신화적 상상력이 그대로 전해질 정도다. 숙연한 느낌이 드는 그림이다. 조각배를 타고 가는 사냥꾼의 등 뒤에서 오리는 그저 한가로이 노닌다. 그러나 사냥꾼은 함부로 총을 겨누지 않는다. 그는 오로지 형제를 만나러 갈 뿐이다. 먹히러 온 존재. 내 몸이 되고 영혼이 될 형제를 찾아가는 중이다.

작은 들짐승처럼 누워 숲에서 잠이 든 어린 꼬마가 있다. 그 곁에 암사슴 한 마리 할짝할짝 제 새끼 귀를 핥듯 꼬마를 핥아 준다. 숲은 위협적이지 않다. 들짐승처럼 누운 꼬마를 신령스러운 기운으로 감싸 준다. 두 손을 포개고 누운 꼬마의 얼굴이 평온하다. 숲에는 어미와 새끼만 존재한다. 사람인 꼬마는 그저 한낱 암사슴의 돌봄을 받는 여린 목숨일 뿐이다. 사슴의 돌봄을 받고 자란 꼬마는 건장한 사냥꾼 청년이 되었다. 삿대로 노를 저어 사슴을 잡으러 가는 사내는 이제 어린 시절 자신을 품었던 숲의 어미를 만나러 간다. 노 저어 가는 조각배 옆에 죽은 채 뿌리만 앙상한 나무는 삶과 죽음의 자연스런 순환을 보여 주고 있다. 거대했던 나무가 삭아 자연으로 돌아가듯 사슴 역시 이제 죽음의 세계로 가야 하는 것이 순리처럼 보인다.

사슴을 만나러 가는 길은 멀고도 멀다. 탄생을 통해 지상에 오는 기나긴 거리만큼이나 죽음의 세계로 가는 것 역시 만만치 않은 노정이다. 태양은 지고 멀리 흰 달이 떠오른다. 성성했던 태양의 기운이 스러지고 그 자리에 회복과 재탄생을 상징하는 달의 기운이 차오르는 것은 당연하다. 달은 새로운 생명을 잉태하는 땅의 기운에 가깝다. 지친 영혼을 쉬게 하여 회복을 돕는 어머니의 품 같은 달이 사내의 머리 위에 떠있다. 사내가 가는 길은 처음이 아니다. 아버지가 할아버지가 걸어간 길이며 사슴 무리 또한 그 자리에서 새끼를 낳고 길렀다. 사슴과 사람이 한 몸처럼 자연에서 그렇게 살았다. 대칭성의 잣대는 어느 편으로도 기울어지지 않았다. 모두에게 귀한 목숨이고 오로지 살아가기 위해 먹을 뿐이었다. 아기가 어미 젖을 빨고 자라듯 사슴은 자연의 젖인 이끼를 빨아먹으며 자랐다. 그러니 사슴과 사람을 기른 것은 어머니 대지, 자연일 뿐이다. 사슴의 자람과 사람의 성장을 대비하여 진술하는 글에는 이미 그들의 생명을 관장하는 힘이 어디로부터 오는지 말하고 있다.

"사슴아, 오랜 세월 할아버지와 그 할아버지,
그 할아버지의 할아버지 앞에 나타나
아름다운 몸을 주었던 사슴아.
조상들의 굶주린 배를 채워 주었듯이,
바로 그랬듯이 오늘도 나타나

자손들에게 은혜를 베풀어 다오.
숲의 신령과 강의 신령이 너를 보내 주길 기원하며
사슴아, 너를 부른다."

감히 자손이라 말한다. 사슴이 내 조상이라 말한다. 이 얼마나 숭고한 노래인가? 자연을 통제와 정복의 대상으로만 파악하고 함부로 파헤치고 죽이는 우리의 내면이 얼마나 무참하게 파괴되었는지를 깨닫는 순간이다. 마치 영혼을 부르는 듯한 주문처럼 읽혀 마음이 울컥해진다.

그의 간절한 바람대로 조상이 왔다. 오래 전부터 거기서 배고픈 자손을 기다리며 먹히기 위한 준비를 끝낸 듯한 모습으로 자신을 드러낸다. '나 여기 왔으니 나를 먹고 너 또한 내가 되어라.' 말하는 듯하다. 사내는 총을 꺾어 암사슴의 흉내를 내며 노래를 부른다. 그리고 다가온 숫사슴을 향해 방아쇠를 당긴다. '탕' 한 번에 사슴을 쓰러뜨린다. 형제의 아픔을 가장 짧게 하기 위해 경건하게 그리고 정확하게 총을 겨눠야 한다. 그리고 다시 숲의 신령으로 돌아갈 영혼을 위해, 단 한 개의 뼈도 부러뜨리지 않고 살을 바른다. 뼈는 사슴이 다시 새로운 생명을 얻기 위해 꼭 필요한 것이다. 그래서 사냥꾼들은 잡은 짐승의 뼈를 다치지 않게 다루었다. 배고픈 자손을 위해 먹히기 위해 온 존재이니 어찌 함부로 다룰 수 있단 말인가? 제 의식을 치루듯 경건한 사냥 의식이다. 쓰러진 사슴 앞에 무릎을 꿇은 사냥꾼이 위대해 보인다. 그의 모습을 보며, 가난하고 빈곤한 현대인, 야만의 시대를 살아가고 있는 우리의 영혼이 문득 쓸쓸하다.

숲 속 작은 오두막. 사내를 기다리는 아낙은 탐스럽고 둥근 젖무덤을 아기에게 물리고 있다. 마주하는 면지에 남겨진 암사슴과 새끼 사슴이 이끼를 쪼옥쪼옥 빨고 있다. 그 둘은 서로 다른 존재가 아니라 하나다. 겉모습은 다르지만 모두 다 자연의 품에서 자라는 똑같은 생명들이다.

사냥꾼 청년과 사슴의 나란한 삶이 그러하듯, 자연은 수많은 생명이 서로 기대어 사는 우주 그 자체이다. 신령스런 샤먼이 주문을 외듯 구성된 글과 원시적인 색감의 그림을 통해 이 책은 우리에게 자연과 인간이 서로의 영혼을 나누면서 공존했던 신화시대의 위대함을 보여 주고 있다. 그러면서 다시 그 시대로 돌아갈 수는 없지만, 그럼에도 이 야만의 시대에 우리들이 회복해야 할 것이 무엇인지를 나직하고 준엄하게 따져 묻고 있다.

6. 서로에게 버팀목이 되는 존재, 형제

『내 토끼 어딨어?』 © 모 윌렘스 글 · 그림, 정회성 옮김 | 살림어린이

그림책 주인공에게는 여러 공통점이 있는데, 그 중 하나가 대개 형제자매가 없는 외동이라는 것이다. 외동이란 원초적으로 외로운 존재이다. 부모와는 다른 세계를 가진 아이가 자기들만의 언어를 쓰며 소통할 수 있는 존재가 없다는 것은 거의 절대적인 외로움을 갖고 있다는 말이다. 형제나 자매는, 저런 원수 사이가 없을 거라는 생각이 들 만큼 치열하게 경쟁하고 다투다가도 언제 그랬냐 싶게 죽고 못 사는 사이가 되기도 한다. 물론 강력한 연대를 결성할 때는 대부분 부모와 맞설 때이지만. 인간이란 본질적으로 혼자지만 그럼에도 삶에서 소소한 갈등과 기쁨을 나누는 형제가 있다는 것은 외로움을 덜 느끼게 하는 요인임에 분명하다.

우리 집 경우만 해도, 치고 박고 싸우는 녀석들 때문에 고상하게 지내고 싶은 내가 어쩔 수 없이 점점 여전사가 되어 가고 있다. 그렇지만 어느 순간 둘이 머리를 맞대고 키득대며 노는 걸 보면 '저래서 형제가 좋은 거구나!' 하는 생각을 하게 된다. 녀석들이 점점 머리가 굵어지면서는 부모가 모르는 비밀을 공유하며 은밀한 거래를 하기도 한다. 비밀을 나누면서 녀석들은 저희들만의 세계를 갖고 묘한 연대감을 형성하게 되는 것이리라.

그런데 이런 것을 함께 나눌 존재가 없는 외동은 혼자 외로움을 견디거나 주변에서 끊임없이 친구를 찾아 헤맨다. 혼자이다 보니 아이 삶에 부모가 개입하는 상황이 발생하고 그러다 보니 삶의 소소한 갈등도 주로 부모와의 관계에서 생긴다. 『괴물들이 사는 나라』의 맥스나 『오스카만 야단 맞아!』의 오스카를 보면 알 수 있지 않은가? 모두 혼자 놀기의 진수를 보여 주며, 그것을 억압하고 통제하는 부모와 끝없이 갈등하고 외로움에 몸부림을 친다.

형제 없이 혼자 자란 아이들은 또래 사이에서 소통의 어려움을 겪는 경우가 많다. 그럴 수밖에 없지 않은가? 소통도 관계 속에서 학습되기 마련인데 삶에서 그런 것에 익숙하지 않으니 당연한 결과다. 또 아이들은 대체로 어른과의 소통을 통해 갈등과 좌절을 반복하며 성장한다. 그러다 보니 또래와 함께 지내야 하는 학교나 유치원에서 적응을 하지 못해 한동안 힘들어한다. 같이 놀고 싶지만 어떻게 말을 건네야 할지, 놀이에 어떻게 끼어들어야 할지 몰라 외로워하고 안절부절못한다. 『내 토끼 어딨어?』의 주인공 트릭시가 그렇듯. 그래서 나는 가끔 우스개로 어린이문학에 관심 있는 사람들은 결혼해서 아이를 낳게 되면, 적어도 아이를 둘 이상은 낳아야 한다고 말한다. 그래야 내 아이가 문학작품 속의 주인공처럼 외로운 목숨으로 존재하지 않을 것 아니냐고 다소 과장되고 억지스런 말을 하기도 한다. 어른이 아무리 충분하고 넘치는 사랑을 주어도 아이들은 같은 세계 속에 살고 있는 친구가 필요하다. 부모와는 다른 세계에서 함께 부비고 살며 서로에게 버팀목이 되는 가장 가까운 존재가 바로 형제나 자매다.

아이들 직관이 대단하다. 『내 토끼 어딨어?』 표지 그림을 보여 주자마자,

"선생님, 아이는 신나서 웃고 있는데, 저 아빠는 하나도 즐겁지 않은 거 같아요."

난데없는 말에 눈을 동그랗게 떴다.

"왜?"

"아빠가 호주머니에 한쪽 손을 이렇게 넣고 있잖아요. 그거 보니까 왠지 아빠는 아이 때문에 억지로 산책을 나온 거 같아요. 우리 아빠도 우리가 놀이터에 가자고 가자고 졸라대면 주머니에 손 넣고 천천히 걸어오면서, 얼른 먼저 가서 놀고 있어, 그러거든요. 히히 ."

앞니 빠진 보연이가 얼굴을 붉힌 채 수줍게 고백한다. 표지 그림의 아버지는 허리 윗부분부터 잘라내기 기법으로 처리되어 얼굴이 전혀 드러나 있지 않다. 그런데도 보연이는 심드렁한 표정을 하고 있을 아버지 얼굴을 상상하다니 놀랍지 않은가?

"재가 인형 사 달라고 졸라서 그런가?"

준혁이가 혼잣소리를 한다.

앞장 서 걷는 아이 손을 잡고 있는 아버지는 마지못해 끌려가고 있는 듯한 모습이 확연하다. 앞 면지에는 서로 다른 토끼 두 마리가 등을 맞대고 있다. 마치 샴쌍둥이 같은 느낌이다. 다르면서도 같은, '따로 또 같이'다. 무엇을 상징하고 있는 걸까? 내가 고개를 갸웃거리자 짓궂은 사내 녀석들 고개를 갸웃거리며 따라 한다. 그리고는 뭐가 재밌는지 키득거린다.

"어, 재네들 여자하고 남자 커플인가 봐."

"맞어. 귀가 핑크색인 거는 여자, 파란색인 거는 남자."

색에 대한 편견이 여지없이 드러난다. 우리 반 여자아이들 옷을 떠올

리면 온통 분홍 일색인데 그건 여자임을 강력하게 드러내고 싶은 마음이 반영된 것인가? 문득 어린 시절 분홍색 옷을 한 번도 입어 보지 못한 내 유년이 쓸쓸하다.

"근데 토끼들이 다 울 것 같어. 쓸쓸한 표정이야."

핑크 공주 희진이가 역시 핑크색 머리띠를 고쳐 쓰며 말한다.

"저 토끼는 귀가 파란색이네?"

지원이 목소리가 높다.

"어- 지원이 눈이 무지 예리한데?"

칭찬에 지원이 얼굴이 빨개진다.

"사진 위에다 그림을 그렸나 봐."

강민이가 책 앞으로 바짝 다가와 확인을 한다.

"진짜네? 야-아."

준혁이가 호들갑스럽게 한마디 한다. 강민이 말처럼 이 책은 사진과 손으로 그림, 잉크, 스케치를 조합한 것이라고 한다. 현실감이 느껴지는 것은 아마 그런 기법 탓이리라.

어릴 적부터 자신의 분신인 양 소중하게 여긴 꼬마 토끼를 들고 유치원으로 가는 트릭시는 들떠 있다. 유치원에는 순한 친구들이 있기 때문이다. 친구들 이름을 줄줄이 열거하는 트릭시는 흥분 상태다. 그래서 제가 들고 가야 할 가방은 아예 아버지 손에 맡겼다. 지금 트릭시에게 중요한 건 오로지 '토끼 인형' 뿐이다.

"재, 친구가 별로 없나 봐. 그러니까 토끼 가지구 가서 친구들 빌려 주면서 친해질라구 하는 거 아녀?"

친구 이름을 쉴 새 없이 조잘대는 트릭시를 보며 윤진이는 딱한 표정을 짓는다. 또래와 자연스럽게 소통하는 법을 모르는 아이들은 흔히 친구들에게 관심을 끌 만한 것을 가지고 오는 경우가 흔하다. 그걸 가지고 친구들의 호기심을 끌어내어 놀이의 장을 만들고 싶어 한다. 그런데 현실에서는 오히려 그 놀잇감 때문에 외톨이가 되는 경우가 종종 있다. 왜냐하면 제 놀잇감을 가지고 놀이의 중심에 서려는 욕심이 아이들을 속상하게 하는 일이 종종 생기기 때문이다. 자, 그럼 우리의 트릭시는 어떨까?

"뭐야, 혹시 다른 애도 토끼 인형을? 그럼 아까 그 분홍색?"

"선생님, 얼른 넘겨봐요."

갑자기 아이들이 재촉한다. 그도 그럴 것이 토끼 인형을 자랑하려는 마음에 들떠 있던 트릭시가 얼음 땡 자세로 그 자리에 얼어붙어 있으니, 뒷 장면이 궁금할 수밖에 없다.

"아-아, 어떡해."

윤진이가 울상을 짓는다. 트릭시의 토끼 인형과 똑같은(아니 귀 부분의 색은 다르지만) 인형을 들고 온 소냐. 트릭시와 소냐는 서로의 인형이 좋다고 싸우다가 결국 선생님에게 토끼 인형을 빼앗기고 만다. 친구들과 효과적으로 소통하려면 어떻게 해야 하는지 둘 다 모르니 다툼이 일어나는 건 당연하다. 짐작컨대 소냐와 트릭시는 서로의 거울이다.

"어? 근데 쟤 토끼 바뀌었어요. 귀가 분홍색이에요."

강민이 말에 아이들이 수근댄다.

"진짜다. 그런데 쟤는 그것도 모른다."

여자아이들은 트릭시가 딱하다는 표정이다. 그러나 토끼 인형이 바뀐 줄 꿈에도 모른 채 유치원에서 돌아온 트릭시는 놀이터에서도 토끼 인형을 끌어안고 혼자 논다. 혼자 모래 놀이를 하고 친구 대신 토끼 인형을 그네에 태워 밀어 준다.

"쟤, 디게 심심하겠다."

친구라면 사족을 못 쓰는 준혁이 또한 외동아들이다.

"신나게 먹는다고 하는데 표정이 하나도 안 신나요. 재미없는 그런 표정이에요."

"세운이 말처럼 진짜 하나도 안 신나 보이네. 그런데 어떻게 그런 걸 찾아냈어?"

책장을 넘기며 내가 한마디 보탠다.

트릭시 부모는 저녁을 먹고 나서 함께 놀아 준다. 중요한 것은 어른은 어디까지나 아이들과 '놀아 준다.'는 것이다. 같이 논다고 해서 온전히 아이로 '노는 것'이 아니란 것은 누구보다 아이들이 잘 안다. 그러니 아무리 부모가 같이 놀아도 아이들은 '놀아 주는' 어른의 갸륵함을 기가 막히게 알아챈다. 결코 해소될 수 없는 외로움이다.

잘 때도 토끼 인형을 끌어안고 자는 트릭시. 그런데 우리 반 아이들이 일찌감치 눈치 챈 엄청난 사실을 트릭시는 잠결에 깨어나 알게 된다. 시각은 새벽 두 시다. 못 볼 걸 본 것처럼, 바뀐 토끼를 손가락으로 겨우 들고 "꼬마 토끼가 바뀌었어요!"라고 소리치는 트릭시.

"와하하- 저 아빠 봐. 손가락으로 등을 벅벅 긁고 있어."

귀찮은 기색이 역력한 아빠를 가리키며 경민이를 비롯한 사내 녀석들이 낄낄거린다. 트릭시의 성화에 못 이긴 아빠가 소냐네 집에 전화를 걸려는 순간, 전화벨이 울린다. 소냐네 집에서도 토끼 인형이 바뀐 걸 안 것이다. "재는 내일 아침에 유치원에서 바꾸면 되는데, 기다리지도 못 하네." 성격이 급하기로 우리 반에서 둘째가라면 서러워할 세운이 말이다. 나도 모르게 피식 웃음이 나온다.

도시의 광장 이쪽과 저쪽에서 자신의 분신인 토끼 인형을 찾아 달음박질치는 트릭시와 소냐를 보며 내 마음이 아리다. 그들을 그토록 외롭게 하는 어른으로서 연대책임을 느낀다. 마침내 자신의 진짜 꼬마 토끼를 찾은 아이들. 꼬마 토끼를 찾은 아이들은 동시에 서로를 바라보며

"네 꼬마 토끼를 다시 찾게 되어서 기뻐!"라고 비로소 상대를 배려하는 말을 내뱉는다. 소중한 것을 잃어 본 경험이 있는 사람의 동병상련이다. 그러면서 또래 친구와 소통하는 법을 알지 못했던, 어쩔 수 없이 자기밖에 모르던 외로운 두 목숨은 타인의 아픔을 들여다보고 위로하는 법을 배우게 된다.

"토끼가 바뀐 게 잘 된 일이네, 그치?"

보연이가 예인이를 보며 묻는다. 예인이는 얼굴이 발개진 채 배시시 웃으며 고개를 끄덕인다.

"토끼 때문에 쟤들은 진정한 친구가 되었네요."

이제는 단짝이 된 트릭시와 소냐를 보며 근우가 무심한 듯 한마디 한다.

"진정한?"

내가 되묻자 근우가 입술을 앞으로 내밀며 고개를 끄덕인다.

"야, 어떻게 그렇게 어려운 말을, 그리고 또 이 장면에 딱 어울리는 말을 하냐? 대단해요."

장난기 어린 내 표정에 근우는 그저 어깨를 몇 번 으쓱거릴 뿐이다.

아이들은 이렇게 작은 아픔과 갈등을 넘어서며 서로 친구가 되는 법을 배운다. 다르지만 같은 마음을 찾아서 그 공간을 서로 메워 준다. 혼자는 외로운 법. 그래서 아이들은 오늘도 끊임없이 어른의 치마폭을 벗어나 둘이 되는 길을 찾아 나서고 있잖은가?

7. 우리들 기억의 끈에는 무엇이 꿰어져 있나?

『기억의 끈』 © 이브 번팅 글, 테드 랜드 그림, 신혜은 옮김 | 사계절

열 살의 겨울, 요강에 오줌을 누고 일어서던 엄마가 그 자리에서 쓰러졌다. 막내를 낳고 온몸이 삶은 호박처럼 부어있던 엄마는 사지를 벌벌 떨며 허연 눈자위를 드러냈다. 바람처럼 떠돌며 도무지 한곳에 마음을 부려 놓지 못하던 아버지는 몇 달째 소식조차 없었다. 우리 집은 동네에서 외떨어진 곳에 있던 터라 그 다급한 상황에 뛰어 올 이도 없었다. 나는 비명 같은 울음을 울어댔다. 그 순간 내가 할 수 있는 일은 온몸을 바들바들 떨며 우는 것뿐이었다. 얼마나 울었을까? 손발이 저릿저릿해질 즈음 엄마가 부스스 눈을 떴다. 그리곤 허둥대며 내 손을 끌어 잡았다. 그날부터 나는 아버지를 증오했다. 엄마가 엊그제 동생을 낳고 남의 집 보리밭을 매러 가게 만드는 아버지가 죽도록 싫었다. 매일 밤 혼자 끙끙 앓는 소리를 내는 엄마를 혼자 버려두는 아버지는 차라리 죽었으면 좋겠다 생각했다. 시커먼 꽁당보리밥을 저녁으로 먹으면서도 내일 아침밥

은 먹을 수 있을까 걱정하게 만드는 그런 아버지라면 다시는 우리 눈앞에 나타나지 말라고 빌었다. 그렇게 시작된 미움과 증오는 깨지지 않는 돌처럼 내 가슴 깊은 곳에 박혀 있었다.

스무 살, 대학에 들어와서 해방 전후의 역사를 공부하면서, 좌우익의 대립에 관계된 책을 만나며 나는 시대에 희생된 한 남자를 만났다. 스물 중반에 청운의 꿈을 짓밟혀야 했던 아버지의 역사를 알게 되면서 머릿속으로 고개를 끄덕였다. 그러나 얼음이 박힌 마음은 좀처럼 풀리지 않았다. 또 세월이 흐르면서 이제는 아버지의 삶에 대해 연민을 느끼면서도 아버지와 화해하지 못했다. 어떻게 내 마음을 풀어 놓아야 하는지, 지극히 형식적인 부녀 관계를 어떻게 극복해야 하는지 알지 못했다. 아니 서툴렀다. 그래서 마음과는 다르게 늘 퉁퉁 부은 낯으로 아버지를 대했다. 딸로서 살뜰한 말 한마디 제대로 건네지 못했다. 그러다 아버지의 앙상한 몸을 차디찬 땅속에 내려놓을 때야 비로소 작별 인사를 했다.

"아버지, 그동안 고생 많았어요. 제 가슴에 얼음처럼 박혔던 미움이 다 녹아 물이 되어 흐르니 이젠 됐어요. 저기 저 나비처럼 훨훨 날아가세요."

어찌할 수 없을 때가 되서야 나는 아버지와 화해를 할 수 있었다. 이브 번팅의 『기억의 끈』을 보며 나는 마음에 그려진 서러운 그림과 이별을 하지 못하고 끙끙 앓는 또 다른 나를 보게 되었다. 그래서 책을 다 보고도 쉬이 마지막 책장을 덮지 못하고 뜨거워지는 눈을 들고 먼 산의 나무만 한참을 바라보았다.

처진 입꼬리로 불만에 가득 찬 눈빛을 한 아이가 어딘가를 쏘아 보고 있다. 책을 펼치자마자 만나게 되는 로라의 눈빛은 읽는이를 당혹스럽게 한다. '내가 뭐 잘못했나?' 순간 불편해진다. 떡갈나무 그림자 사이로 쏟아지며 로라를 둘러싸고 있는 햇살의 일렁거림은 멀미가 날 것처럼 거북하다. 부자연스런 로라의 눈빛과 함께 무엇인지 모르게 불안해 보인다. 당혹스런 가슴을 쓸어내리고 찬찬히 살펴보면 로라는 낡은 난간에 페인트칠을 하는 새엄마와 아버지의 행복한 모습을 쏘아 보고 있다. 활짝 웃는 새엄마 제인이 레모네이드를 마시자고 하지만 로라는 고개를 젓고 빨간 벨벳 상자에 담긴 기억의 끈을 꺼낸다. 거기엔 새엄마를 거부하고 싶은 무언가가 담겨져 있으리라. 그러니 로라가 보란 듯이 기억의 끈을 꺼내자 새엄마 어깨는 딱딱하게 굳을 수밖에.

기억의 끈에는 새엄마와는 관계가 없는 오로지 로라 혼자 간직하고 있는 추억이 알알이 꿰어져 있다. 증조할머니 단추, 할머니, 그리고 엄마. 마지막에는 자신의 단추가 달려 있다. 단추에는 로라만의 소중한 기억이 담겨 있다. 로라는 옆에 누워 나른하게 하품을 하는 고양이 위스커스에게 기억의 끈에 담긴 이야기를 들려준다. 그런데 소중한 추억을 하나씩 꺼내서 맛보는 로라의 표정이 밝지 않다. 마치 온통 새엄마와 아버지를 향해 신경을 곤두세우고 있는 듯하다. 그러니 듣는 고양이도 흥미를 보이지 않을 수밖에. 심리학에서는 어린이가 자신의 속마음을 이야기하는 대상-분신처럼 여기는 애완동물이나 인형 같은-은 내면의 자신, 즉 무의식이라고 한다. 그 관점에 기대어 본다면 고양이 위스커스는 로라 안에 존재하는 무의식의 얼굴이리라. 겉으론 기억의 끈을 보며 행복한 시간을 떠올리는 듯하지만 로라의 내면은 또다른 표정을 짓고 있는 것이다. 마치 내가 아버지와 화해를 꿈꾸면서도 아무런 행동도 하지 못하고 숱한 갈등만 겪었던 것처럼.

결국 로라의 또 다른 얼굴인 위스커스는 지나치게 집착하는, 쉬이 기억의 끈을 버리지 못하는 로라의 의식에 도전을 한다. 아니 로라가 자신의 무의식이 걸어오는 말 앞에 똑바로 선다. 고양이 위스커스가 날카로운 발톱으로 끈을 끊어 버린 것이다. 하나하나마다 기억을 오롯이 담고 있는 단추가 산산히 흩어질 때, 로라는 두 손으로 눈을 가린다. '잊자, 잊어버리자' 되뇌이다가도 막상 그것이 내 곁을 떠나려 할 때 누군든 그 사실을 쉬이 인정하기 어려운 것처럼. 그러나 나는 보고 말았다. 두 손으로 가렸지만 정작 끈이 끊어져 구슬이 흩어지는 모습을 정확하게 보고 있는 로라의 두 눈을. 어찌 보면 로라는 이미 언젠가는 이런 상황이 오리라는 것을 짐작하고 있었을 것이다. 그러나 기억의 끈을 끊고, 또는 매듭을 풀고 거기에 새엄마와 추억이 담긴 새 단추를 끼워 넣기에는 엄마에 대한 미안함과 죄책감이 남아 있었을 것이다. 그래서 차마 새엄마를 받아들일 용기가 나지 않았던 거다. 그러나 이제 기억의 끈은 끊어졌다. 로라가 두 눈을 완전히 가리지 않은 것은 새로운 일을 받아들일 준비가 되었음을 암시하는 것으로 읽힌다.

잃어버린 단추를 찾기 위해 가장 먼저 달려 온 것은 새엄마 제인이다. '괜찮다, 아가야.'라고 혼란스러워 하는 로라 마음을 다독이며 풀숲에서 단추를 찾는 제인, 그리고 아버지. 각기 다른 자리에서 시선이 엇갈리던 세 사람이 모두 무릎을 꿇고 같은 눈높이를 하고 단추를 찾아 헤매고 있다. 이들의 심리와 관계가 어떻게 바뀌고 있는지를 잘 드러내는 장면이다. 그래서 담장 위에 올라 앉아 이 상황을 지켜보는 위스커스 뒷모습은 편안하고 담담해 보인다.

세 사람이 샅샅이 뒤졌음에도 결국 로라가 가장 아끼는 -실은 엄마가 가장 좋아했던 거다- 아빠 군복에 달려있던 단추를 찾지 못한다. 로라는 아버지 품에 안겨 눈물을 흘린다. 그때 로라의 귓전에 들리는 부드러운 목소리. "오! 로라, 불쌍한 우리 아기." 엄마 목소리처럼 부드러운 새엄마 제인의 목소리를 들으면서도 로라는 쉽게 받아들이지 못한다. 그러나 로라와 아버지 뒤에 서 있는 제인의 모습에서 소중하게 여기는 것을 잃어버린 아이를 진정으로 안타까워하는 마음이 보인다. 아마도 이런 제인의 진정 어린 마음이 로라의 무의식에 어떤 파장을 일으켰으리라. 그렇기 때문에 로라의 의식은 찾지 못한 단추 때문에 격렬한 반응을 보이지만 무의식의 얼굴인 고양이 위스커스는 느긋하게 누워있는 모습으로 드러난다. 의식이 거부하지만 무의식은 이미 제인을 받아들이고 있는 것이다.

잠자리에 든 로라는 도무지 잠을 이루지 못한다. 그리곤 발견한다. 옛날 단추를 슬쩍 떼어다가 마치 잃어버린 단추인 양 잔디밭에 던져두라는 아버지 말에 새엄마는 진실한 순간을 속일 수 없다고 대답한다. 다른 것으로 대신할 수 없는 추억이라면 차라리 그것을 잃어버린 채로 두는 것이 진심으로 로라의 마음을 쓰다듬는 것이라는 제인의 목메인 말. 그리고 어두운 잔디밭으로 부부는 손전등을 켜들고 단추를 찾으러 간다. '까짓, 단추 하나 잃어버린 게 뭔 큰일이라고.' 하면서 아이의 아픔을 대수롭지 않게 여기는 대부분의 어른과는 다르게 이들은 아이의 아픔을 함께 하기 위해 최선의 노력을 다한다. 손전등을 들고 무릎을 꿇은 채 잔디밭을 헤매는 아버지와 제인을 바라보는 로라의 창이 환하게 빛난다. 아이는 어쩜 이런 모습을 보며 스스로 위안을 삼을지 모른다. '그래, 새엄마와 아버지가 저렇게 나를 살뜰하게 챙기는데 내가 그들을 거부하는 건 옳지 않아.' 그러면서 제 마음 한 켠에 새엄마를 받아들이는 것을 정당화할 수 있다. 이 정도라면 돌아가신 엄마한테도 충분한 변명이 될 수 있다. 물론 로라 혼자 마음 속에 담아둔 엄마에 대한 미안함과 죄책감이지만.

결국 그 밤에 제인은 로라가 잃어버린 단추를 찾아낸다. 그리고 부모가 자기 때문에 밤잠을 설치고 단추를 찾았다는 걸 알면 미안하고 불편해할까 봐 베란다에 슬쩍 놓아두는 세심함까지 보여준다. 지극한 마음, 거짓 없는 마음은 얼어붙은 마음을 녹게 한다. 선불리 다가서려 하지 않고 엄마를 보낸 자리에 선뜻 자신을 들여놓지 못하는 아이의 마음을 읽어 주는 제인의 행동은 로라를 감동시키기에 충분하다. 자신의 진실한 순간을 누군가가 이해하고 소중하게 여겨준다는 것은 얼마나 행복한 일인가? 이튿날 아침, 위스커스를 안고 제인과 마주 선 로라는 처음으로 웃는 얼굴을 하고 있다. 그리고 로라의 단추가 짙은 초록색이라는 것을 알아챈다. 그러면서 언젠가는 기억의 끈에 로라의 단추를 끼울 것이라는 생각을 한다. 그리고 비로소 로라는 제인에게 기억의 끈에 단추 끼우는 것을 도와 달라고 말한다. 새엄마 앞에서 맨발을 한 채. 맨발을 드러낸다는 것은 상대에 대해 자신의 모든 것을 보여 줄 수 있다는 뜻이라 한다. 이제 로라는 새엄마에게 자신의 어떤 것을 주저하지 않고 보여 주게 될 것이다. 로라와 새엄마의 시선이 따뜻하게 마주치고 있는 것이 그런 암시를 하고 있다. 이렇게 진정 어린 마음은 끊어진 이들의 관계를 새로운 기억의 끈으로 이어주는 구실을 하고 있다.

대부분의 어른들은 아이들의 상처나 아픔에 대해 기다릴 줄 모른다. 아니 지나치게 무관심하거나 또는 경계를 넘어 어른이 문제를 해결하려 달려든다. 친구 관계나 가족 사이에 생기는 문제를 스스로 고민하고 도움을 요청할 때까지 곁에서 세심하게 보고 인내하지 못하는 경우가 많다. 그러나 외부의 누군가가 섣불리 문제를 해결하는 것은 아이의 자발성과 고통을 딛고 일어설 수 있는 기회를 빼앗게 된다. 다만 어른은 아이의 문제에서 눈을 돌리지 말고 진정을 다해 아이의 내면을 읽으려 하고, 아이 스스로 자기 내면과 치열하게 싸우는 모습을 지켜보는 힘이 필요하다. 그런 어른의 모습이 아이를 고통과 어려움에서 오래 헤매게 할지라도 결국 아이는 스스로 힘으로 그 고통의 늪을 빠져 나오게 될 것이다. 정말 견디기 어려워 도움을 요청한다면 그때 발 벗고 나서면 된다. 로라에게 어떤 섣부른 판단도 하지 않으면서 곤경에 처한 아이를 위해 최선을 다해 주는 제인과 아버지의 모습처럼 말이다. 누구에게나 진정은 통하기 마련이기 때문이다. 조급하고 성급한 판단과 행동은 결국 아이의 내적 성장에 걸림돌이 될 수도 있다는 진실을 이 한 권의 책이 말해주고 있지 않는가?

8. 한바탕 실컷 웃을 수 있는 즐거움

『파리의 휴가』 © 구스티 글,그림, 최윤정 옮김 | 바람의아이들

가을볕이 쏟아지는 운동장 한 귀퉁이에 있는 유치원 놀이터에서 계집애 둘이 연신 까르르 까르르 웃는다. 콩닥콩닥 오르락내리락하며 시소를 탄다. 교실 창틀에 앉은 먼지를 닦다 한참을 쳐다보았다. 웃음소리가 귤빛 가을 햇볕 속에서 잘 영근 도토리처럼 구른다. 참 예쁘다. 치맛자락을 팔락거리며 그네를 타는 계집애들을 보며 생각했다. 무엇이 아이들을 웃게 만드나? 무엇이 아이들을 즐겁게 하는가? 어린이 책이 빼곡히 꽂힌 책꽂이를 둘러보며 문득 우울해졌다. 자꾸 계집애들의 웃음소리만 귓전에 맴돌았다. 무심코 꺼낸 동화책을 다시 꽂으며 왜 책에서는 놀이와 같은 즐거움을 만나기 어려운가 묻는다.

이런 질문은 오래 전부터 했었다. 언제부턴가 어린이 책을 읽으면 마음이 답답하고, 가슴이 무거워진다. 어린이에게 무언가를 가르쳐야 한다는 생각이 바탕에 깔려 있어 하늘로 솟구치지 못하고 땅에 내려앉은 시소처럼 무거운 어린이문학 작품들. 아이들이 문학작품을 읽으며 누릴 수 있는 즐거움이 한쪽으로 지나치게 쏠려 있다. 문학에서 맛볼 수 있는 즐거움엔 어떤 것이 있을까. 상상의 즐거움, 동일시의 즐거움, 영혼이 위로를 받는 즐거움, 깨달음의 즐거움, 대리 충족의 즐거움, 새로운 세계를 만나는 즐거움, 삶의 가치를 찾아가는 즐거움……. 여기에 한 가지 덧붙이고 싶다. 그냥 아무 생각 없이 깔깔 웃을 수 있는 즐거움, 눈물 날 정도로 재미있는 즐거움을 실컷 누리게 하고 싶다. 이 모든 즐거움의 요소들이 균형 잘 맞는 시소처럼 고루 섞인다면 아이들이 문학에서 맛보는 즐거움이 얼마나 풍요로워질까?

우리 학교에는 파리가 많다. 학교에서 닭과 개, 토끼를 기르니 늘 파리가 끓는다. 그래서 교실 벽에는 파리채가 세 개씩 걸려 있다. 여름에 우리 반 벌칙 가운데 하나는 파리 잡기이다. 벌의 경중은 잡아야 하는 파리의 수와 비례한다. 그렇게 잡아도 파리는 컴퓨터 모니터며 거울에 까맣게 똥을 싸 놓는다. 그런 까닭일까? 『파리의 휴가』라는 책 제목만 보고도 호기심과 친근감(?)이 생긴 것은. 책을 읽다가 나도 모르게 웃음보가 터졌다. 아침 자습을 하던 아이들이 몰려나왔다.

"뭐예요?"

내가 보는 책을 기웃거렸다.

"나중에 읽어 줄게, 기다려."

눈치 빠른 선홍이가 어느 새 책 제목을 보고 소리친다.

"야,『파리의 휴가』다."

그러자 아이들이 "읽어 줘, 읽어 줘!" 하고 구호를 외친다. 결국 하던 일을 두고 그림책을 읽기 시작한다.

나사못, 지점토, 끈 철사, 플라스틱 눈알을 써서 콜라주로 꾸민 커다란 파리 한 마리. 로봇 파리 같다는 아이들 말은 아마 재료가 주는 느낌

때문일 게다. '파리는 어디로 휴가를 갈까?'라고 묻는다. '쓰레기장이다, 부엌이다, 밥상으로 갔을 거다, 아니 파리는 더러운 걸 좋아하니까 하수구로 갔을 거다, 똥을 좋아하니까 똥이 아닐까.' 저마다 신이 나서 쏟아 놓는다. 똥을 찾아 갔을 거라는 원재 말에 희윤이가 웃음을 띠고 말한다.

"혹시? 화, 장, 실?"

에구 눈치 빠른 녀석. 역시 애들 상상력은 대단하다. 나는 어물쩍 대답을 피했다. 미리 말하면 김새니까. 무심한 척 앞 면지를 펼치니 새까맣게 파리가 달라붙어 있다. 멀리서 보면 파리똥인데 가까이서 보면 파리채에 맞아 벽에 눌러 붙어 있는 것 같다. 애들이 '으으' 하고 진저리를 친다. 몸이 근질거리는 것 같아 한번 부르르 떨고 파리의 휴가를 따라가 보았다.

'오늘은 꼭 수영하러 가야지!'

문장을 채 읽기도 전에 아이들이 한마디씩 곁들인다.

"근데 파리가 수영을 하나?"

"상재야. 어, 파리가 물 좋아하냐?"

자칭 타칭 곤충박사인 상재가 난처한 듯 머뭇거리자 민수가 말을 가로챈다.

"아녀! 파리는 물에 빠지면 죽어. 헤엄 못 치잖어."

"근데 얘들아! 파리가 있는 곳이 어디니?"

"수영장이요. 벽에 타일이 붙어 있잖아요."

진솔이가 자신 있게 말한다.

"타일이 수영장에만 붙어 있나?"

내가 되묻자 진솔이는 고개를 갸웃거리더니 그래도 수영장이 맞다고 한다.

"파리는 대부분 집에 살잖아요. 근데 타일이 붙은 데는 부엌이나 화장실밖에 없으니까 둘 중 한 곳 아닐까요?"

지윤이 조심스레 말한다. 나는 속으로 뜨끔했지만 태연한 척 '글쎄' 하며 얼버무렸다.

빨간색 여행 가방을 챙긴 파리의 모습에서 휴가에 대한 설렘이 묻어난다. 구름 한 점 없고, 수영하기 딱 좋은 날씨다. 둥글게 이어진 길을 따라 휴가 떠나는 파리의 발걸음은 소풍 가는 우리 반 애들처럼 가볍다. 주인공 파리는 날개 대신 튼튼한 다리로 걷고 또 걷는다. 수영에 필요한 짐을 꼼꼼하게 챙긴 파리의 치밀함. 가방, 선크림, 커다란 수건에다 물놀이 공까지. 파리가 이번 휴가를 얼마나 별렀는지 짐작할 수 있다. 물 옆에 돗자리를 펴고 팔베개를 하고 편안하게 누운 파리를 보라. 얼굴 가득 띤 웃음. 꿈꾸던 휴가의 달콤함을 만끽하는 표정이다. 파리는 수영하기에 알맞은지 물 온도를 살핀다. 잘라내기 기법으로 표현한 파리 표정은 보는 이로 하여금 '인상을 찡그렸을까? 만족한 표정일까?' 궁금하게 만든다. 뒤이어 물속으로 몸을 날리는 파리. 두 손(발?)을 앞으로 모으고 다이빙을 한다. 똥침 놓는 거 같다며 아이들이 와하고 웃음을 터뜨린다. 파리는 노래하고 춤추고 배영도 하며 행복한 순간을 보낸다. 파리의 모습에 장난꾸러기 원재 얼굴이 겹쳐진다. 그런데 갑자기 어두워지는 하늘. 파리가 노는 물가의 오른쪽부터 점점 그늘이 진다. 대부분의 공간을 비워 둔 채 파리를 한 귀퉁이에 자그맣게 그려 놓은 것은 파리의 마음이 얼마나 위축되었는지 잘 말해 준다.

"와하하 엉덩이다, 엉덩이."

민수가 소리치자 아이들이 소리들을 지른다. 세상에 어쩜 이렇게 눈치가 빠르지? 나는 이 대목에서 짐작도 못 했었다. 한적한 해변가를 상상했을 뿐인데. 이러니 아이들을 스승으로 받들 수밖에. 허나 나는 억지를 부린다.

"야, 이게 어떻게 엉덩이냐?"

"아유 선생님두. 저기 요렇게 쏙 들어간 게 바로 똥꼬 있는 데잖아요. 그지?"

기차 화통 삶아 먹은 것처럼 목소리가 큰 민수가 꽥 소리를 지르고, 나와 옥신각신하자 태경이가 책장을 넘긴다. 깜깜한 화면에 놀란 파리의 두 눈만 보인다. 평온한 휴가를 즐기던 파리가 얼마나 놀랐는지 짐작할 수 있다. 설상가상으로 천둥도 친다.

"방구 꼈다. 연속타로 꼈나 봐."

아이들이 배를 잡고 데굴데굴 구른다. 민성이는 계속 방구, 방구 하며 깔깔거린다.

우산을 챙겨오지 못해 속상한 파리. 눈에 눈물이 글썽글썽하다. 겁에 질린 채 온몸을 와들와들 떨고 있다. 나는 아이들이 이 대목에서 파리를 걱정할 줄 알았다. 아이들은 약자 편이니까. 힘없는 어린 목숨과 자신을 동일시하니까. 이런 내 예상은 보기 좋게 빗나갔다. 아이들은 와하하 웃음을 터뜨리며 떠든다. '분명 똥일 거야. 굵은 똥!' 한껏 기대하던 아이들 마음에 찬물을 끼얹듯 다음 장면에선 축구장만큼 커다란 것이 길쭉하게 그림자를 드리운다. "똥이 아닌가?"

무심한 척 내가 한 마디 던졌다.

"똥 맞아요. 파리가 밑에서 쳐다보니까 저렇게 보인 거예요."

다음 장면에서 황갈색 부직포가 파리를 향해 구불구불 내려온다.

"봐요. 똥 맞잖아요."

"와하하 똥 디따 굵다. 완전 왕똥이다."

파리는 무시무시한 파도에 휩쓸려 끝장이 날 판이다. 여행 가방도 비치볼도, 선크림도 모두 팽개친 채 파도에 몸이 잠긴 파리. 푸른색 종이를 찢어 둥글게 말아 붙였는데 한 부분만 드러나 있어 파도가 얼마나 센지 상상하게 한다. '물 내렸어, 물.' 파리의 생명이 어찌될지는 아이들

관심 밖이다. 의외다. 똥이라는 호기심 강한 소재에 마음을 빼앗긴 걸까? 아님 그깟 파리 목숨쯤, 하는 생각에서일까? 아무도 불쌍하고 가녀린 파리에게 마음을 건네지 않지만 파리는 여태껏 단 한 번도 사용하지 않았던 날개를 펴고 가까스로 날아오른다. 그리고 아이 운동화가 보인다. 나무 장난감 기차를 끌고 앉아 똥을 눈 아이. 자기들 짐작이 맞자 아이들은 환호성을 지른다. 웃고 또 웃는다. 배를 잡고 뒹굴던 선홍이는 눈가까지 벌겋다. 다음 장면은 위에서 내려다본 기법이다. 얼핏 사내아이 그림자가 얼비친다. 파리가 미처 챙기지 못한 휴가 용품들은 변기 속으로 빨려 내려간다. 작가의 기발한 반전. 물론 상상력이 뛰어난 사람들은 이미 눈치를 챘겠지만 나처럼 무딘 사람은 여기서야 와하하 웃음을 터뜨린다. 아이들은 '엄마, 엄마! 나, 다했어!'라고 소리치는 대목을 즐겁게 따라 읽는다. 어쨌든 최악의 휴가를 보낸 파리는 몸에 묻은 물을 닦으며 다시는 수영을 하지 않겠다고 다짐한다.

책장을 덮고 일어서는데 아이들은 계속 낄낄거린다. 책 한 권을 읽으며 아이들이 참 많이 웃는다. 몇 명은 책을 빌려 달라고 야단이다. 다른 때는 책을 느긋하게 돌려 가며 읽던 아이들이 이번엔 서로 밀치며 달려든다. 발달장애가 있어 글자도 잘 읽지 못하는 친구도 틈만 나면 책을 가져가서는 혼자 키득거린다. 이 책을 읽으며 나 역시 모처럼만에 마음이 맑고 가벼웠다. 그저 실컷 웃고 즐기는 것도 문학이 주는 즐거움 가운데 하나라는 생각에 행복했다. 마음에 쌓인 그림자가 확 풀어지도록 신나게 웃게 해 주는 어린이 문학 작품이 더 많으면 좋겠다는 바람을 품는다. 그래서 아이들이나 나나 이것저것 따지거나 고민하지 않고 한바탕 신나게 웃을 수 있는 재미를 맛보게 해 준 이 한 권의 책이 더욱 고맙다.

4

우리 그림책은 어때요?

1. 차라리 들켜 버렸을 때 그 후련함이라니!

『아무도 몰랐으면 좋겠어!』 © 박경진 글 · 그림 | 미세기

선생님, 잠깐만요,
이건 우리 둘만 아는 비밀이에요.
아무한테도 말하지 마세요.
저는 어쩔 때
자다가 오줌을 싸요.
선생님은 고치는 방법을 아세요?
알면 좀 가르쳐 주세요.

임길택, 「혜란이 편지」 전문

이 시를 교실 뒤 벽에 붙여 놓자마자 정인이는 그 앞에 서서 큰 소리로 시를 읽었다. 누가 보건 신경 쓰지 않고 몇 번이고 되풀이하여 또랑또랑 읽었다. 옆에 있던 애들까지 덩달아 따라 읽는다. 그 모습을 보자

니 자꾸 웃음이 나왔다. 아이들은 눈치를 못 챘겠지만 나는 안다. 정인이가 오줌싸개라는 것을. 물론 오늘 이 시 앞에서 정인이가 저토록 눈을 빛내며 열심히 시를 읽지 않았다면 나 역시 정인이의 '비밀'을 눈치 챘을 까닭이 없겠지만. 정인이는 다른 때와 달리 가장 먼저 그 시를 외웠다. 왜 그랬을까? 말할 필요 없이 바로 자기 얘기였기 때문이다. 그래서 그 시는 저절로 머리에 새겨진 것일 터이다.

정인이가 느꼈던 이런 동일시를 나는 『아무도 몰랐으면 좋겠어!』에서 느꼈다. 첫 쪽을 읽는 순간, 삼십여 년 전의 겁 많은 한 계집애가 떠올랐다. 흥건히 젖은 목화솜의 축축한 느낌이 엉덩이에 그대로 느껴졌다. 고백하자면 그 계집애는 초등학교 4학년 때까지 목화솜 요를 담벼락에 널어놓게 만들었다. 꿈에서 아랫배가 터질 듯 하여 종종걸음을 치며 변소를 찾다가 간신히 아랫도리를 내리고 오줌을 누면, 아무리 눠도 시원하지 않았다. 그러다 어느 순간 조금 시원하단 느낌과 함께 눈이 번쩍 떠지고, 엉덩이 밑에 손을 넣어 보면 이미 흥건하게 젖어 버린 요. 잠은 확 달아나 버리고 '이걸 어쩐다?' 비비적거리며 요 밑으로 엉덩이를 옮겨 놓고 이 궁리 저 궁리를 한다. 그러나 아둔했던 열 살짜리 계집애가 생각해 낸 방법은 고작 언니 옆에서 새우잠을 자는 것이었다. 불안한 마음에 뒤척이다 까무룩 잠이 들 무렵 '이 눔의 지지배, 또 쌌어?' 하는 소리와 함께 궁둥이로 날아드는 엄마의 두터운 손바닥. 그렇게 들키고 나면 차라리 속이 후련했다. 명치끝에 뭔가 걸린 듯 께름칙했던 게 쑥 내려가는 느낌이었다. 그때쯤이면 축축했던 속옷도 끄들끄들 말라 있어서 견딜 만했다. 물론 학교나 동네에서 비밀을 지켜 준다는 대가로 언니가 시키는 일을 도맡아 하고, 명절 때부터 꼭꼭 숨겨 두었던 쌈짓돈을 언니 입에 톡 털어 넣는 뼈저린 아픔이 있었지만.

자다가 일어나 부스스한 머리를 한 채 사색이 되어 안절부절못하는 방실이는 삼십 년 전의 나와 마치 한 번도 오줌 싸 본 적이 없는 것처럼 시침을 뚝 떼고 있는 우리 반 꼬맹이들을 단숨에 이야기 속으로 끌어들였다. 그림책을 보면 어떤 것은 글이, 또 어떤 것은 그림이 흥미를 갖게 한다. 이 책은 그림보다 글이 우선 호기심을 갖게 한다. 아이들은 이야기 속에서 자신을 발견할 때 몰입한다. 부끄러움을 아는 예닐곱 살쯤 되는 아이들에게 '오줌 싸기'는 흥미로운 이야기임에 분명하다. 왜냐하면 아닌 척 시치미를 떼고 있지만 저마다 숨기고 있는 '오줌 싸기'의 비밀이 있기 마련이니까. 그래서 이야기가 시작되기 전 속표지에 적어 놓은 작가의 말을 읽으며 '아하하 재 오줌 쌌다!'며 큰 소리로 말하고 책상을 두드리며 지나치게 깔깔대고 흥분했던 것이다. 마치 저는 한 번도 그런 적이 없다는 듯이. 그러면 둘레 사람이 아무도 눈치 채지 못할 것이라 생각하기에. 그러나 지나친 부정은 긍정이라 하지 않는가?

청보라빛 새벽은 시골의 아침이 어떤 빛깔로 밝아 오는지 경험하지 못한 아이들에게 낯설면서도 신비로운 느낌을 안겨 준다. 간혹 지난 봄 야영 갔을 때 본 예당 저수지의 새벽빛을 말하는 아이들이 있긴 했다. 그렇지만 가로등 환한 밤에 익숙한 요즘 아이들에게 청보라빛 새벽은 분명 낯선 경험이다. 수박을 먹고 잔 날 밤, 오줌 싼 걸 알고 울상을 짓는 방실이. 베개에 떨어진 방울 달린 머리끈과 부스스 풀린 머리, 어쩔 줄 몰라 오줌이 흥건한 요를 보는 방실이 얼굴은 보는 이에게는 재미있다. 그러면서 짧은 순간 아이들이나 나나 저마다 간직한 제 비밀을 떠올린다. 째깍째깍거리는 시계의 초침 소리는 점점 커지는 방실이의 걱정과 불안감을 극대화시키는 데 무척 효과적이다. 걱정과 불안이 극도로 커진 바로 그 장면에서 치마 밑으로 살짝 보이는 방실이의 축축하게 젖었을 분홍 팬티는 가쁜 호흡의 끈을 슬쩍 놓게 만든다. 작품 속 주인공은 심각한데 읽는 이는 자꾸 웃음이 난다. 실없이 비실비실.

고민하던 방실이가 영아네로 도망치기로 결심하는 장면을 보면 시골의 이른 아침 정경이 너무도 정겹다. 빨래집게만 오송송 매달려 있는 빈

빨랫줄, 단잠에 빠진 개, 불 켜진 부엌에서 아침을 짓고 있는 어머니의 그림자, 먹잇감에게 접근하듯 몸을 최대한 낮추고 지붕을 타고 가는 고양이의 긴장된 걸음, 행여 발자국 소리라도 날까 고양이처럼 한껏 뒤꿈치를 들고 마당을 나서는 방실이. 또 아무렇게나 나뒹굴고 있는 빗자루와 슬리퍼, 소쿠리가 정겹게 다가온다. 그걸 보노라면 마치 내가 지금 막 그 집 마당으로 들어선 것 마냥 마음이 설렌다. 숨을 크게 들이쉬면 폐에 청보라빛 공기가 가득 찰 것 같다. 시골 새벽의 공기를 이렇듯 실감나게 그린 그림은 드물다. 찬 이슬을 머금은 공기가 이렇게 느껴지는 건 아마도 색깔 때문이리라. 머리끝에서 발끝까지 서늘한 느낌이 들도록 하는 청보라빛 때문이리라.

방실이네 담벼락에 있는 낙서를 본 아이들은 손가락질을 하며 웃어댄다. '방귀 대장'이라고 쓴 낙서를 지운 사람은 방실이란다. 코앞에 앉아 있던 정인이가 가르쳐 주었다.

"선생님, 저거 저기 쓴 방귀 대장 그거 방실이 친구가 쓴 건데 방실이가 기분이 나빠서 막 지운 거예요. 나두 그 때 언니가 정인이 오줌싸개 그렇게 써서 막 울고 크레파스로 새까맣게 지웠거든요."

정인이는 얘기 끝에 입술을 삐쭉거린다. 이야기를 하다 또 제 설움에 빠진 것이다. 오줌을 싸고 엄마한테 혼날까 봐 도망을 치는 방실이는 고양이 눈빛도, 돌이 엄마가 부르는 소리도 돼지 울음도 모두 '싸개 싸개.' 하며 놀리는 소리로 들린다. 들키고 싶지 않은 비밀을 간직한 사람은 방실이의 기분을 알 것이다. 당산나무 밑을 지나는 방실이에게 달려드는 바람을 보며 공연히 옆에 앉은 친구를 껴안고 무섭다며 호들갑 떠는 아이들을 보는데 비시식 웃음이 난다. 혹시 들켜 버릴까 싶은 비밀을 그렇게라도 감추고 싶은 아이들 마음이 나한테는 보인다. 내가 그랬듯 아이들 또한 다른 몸짓으로 제 비밀을 감추고 싶은 것이리라.

그러나 작게 오므라든 방실이 가슴은 어디서도 편안하지 않다. 무심한 영아네서도 빨라지는 시계 소리처럼 뛰는 방실이의 불안한 마음. 등 뒤에 길게 드리운 그림자는 두려움과 불안함이 얼마나 큰지 보여 준다. 그 그림자 끝에 있는 천진난만한 표정의 영아가 공연히 얄밉다. 콩닥콩닥 뛰던 방실의 마음은 당산나무 밑에서 엄마가 들려준 말에 밝아진다. 부끄럽고 창피하지만 들켜 버려 차라리 후련한 그 마음. 환하게 밝은 아침 풍경 속에선 불안한 청보라빛 어둠이 서서히 사라지고 있다. 비밀을 들켜 버린 방실이는 더 이상 두려울 게 없다. '오줌싸개 공주'라는 아빠의 놀림도, 담벼락에 널린 이불을 보고 오줌 싼 것을 알아차린 영아에게도 아랑곳하지 않는다. 비밀은 혼자만 알고 감춰 두면 마음이 물먹은 솜처럼 무겁지만 들켜 버리면 그건 더 이상 마음을 붙잡고 늘어지지 못한다. 송사리를 잡으러 징검다리를 건너는 방실이의 모습을 보면 알 수 있다. 개울을 헤엄치는 송사리마저 신이 나 있지 않은가?

책을 보고 자리로 돌아가는 아이들은 싱글싱글 웃는다.

"재밌냐?"

"네~에~!"

드높은 목소리로 대답하는 아이들 뒷모습에 방실이의 환한 웃음이 겹쳐진다. 나 역시 오랜만에 잊고 있던 열 살 계집애를 만나게 되어 기분이 좋아졌다. 좋은 책은 이렇듯 어른이나 아이에게 즐거움을 안겨 준다. 다만 이야기 흐름이 조금 억지스런 부분 때문에 아쉬움이 남는다. 오줌 싼 일이 두렵고 창피한 일로 아이에겐 엄청나게 큰 사건이지만 그렇다고 과연 새벽에 집을 뛰쳐나갈까? 예닐곱 살짜리 계집애가 주위가 어스름한 신새벽에 혼자 집을 뛰쳐나가는 일은 아이들에겐 또 다른 불안과 공포이기 때문이다. 만약 방실이가 집을 나가는 대신 차라리 팬티를 갈아입고 시치미를 뗀다거나, 요를 슬쩍 바꿔 놓는다거나 하며 오줌 싼 일을 감추려고 하는 모습으로 그려졌다면 글의 흐름이 훨씬 자연스럽지 않을까. 글의 처음에 느껴지던 긴장감의 재미가 뒤로 갈수록 점점 느슨해지고, 도식화되는 부분이 드러나서 아쉽다.

아울러 오줌 싼 방실이에게 엄마가 하는 말은 너무나 교과서적이다. 그러다 보니 작가가 오줌 싼 방실이를 통해 어린이의 심리를 탐색하고 쫓아가려는 것에다 시골의 여러 아침 풍경까지 보여 주려고 욕심을 내지 않았나 아쉬움이 든다. 방실이가 집을 나와 영아네 집까지 가는 동안 앞에서 독자를 끌어 들였던 팽팽한 긴장감이 느슨해져 버리기 때문이다. 실은 아이들이나 나나 책을 읽으며 가장 마음이 쫄밋거리는 부분은 오줌을 싸고 어찌해야 할지 모르는 바로 그 부분인데, 방실이의 가출로 그 아슬한 재미가 싱겁게 끝나 버렸기 때문이다. 많은 이야기를 전하려는 작가의 의욕이 때론 읽는 이에게서 흥미를 앗아 가기도 한다. 그럼에도 이 책이 우리에게 주는 즐거움은 작품 속에 내 이야기가, 내 모습이 그려져 있다는 점이다. 방실이 얼굴 뒤에 숨어 마음 한 켠에 감춰 두었던 내 비밀을 들춰 보고, 그 비밀을 방실이와 함께 남몰래 털어 버릴 수 있다는 점 때문이다. 그래서 재현이는 비밀을 적어 날리기로 한 종이비행기에 이렇게 적은 게 아닐까?

"나는 어느 날 이불에 오줌을 쌌다. 궁뎅이가 축축했다. 어떻게 하지? 하고 생각했다. 눈이 떠졌는데 옆에 형이 보였다. 그래서 형아를 내 이불 있는데 끌어다 놓고 내가 몰래 형아 이불에서 잤다. 형아는 아무 것도 몰랐다. 이거는 지금까지 나만 알고 있는 비밀이다."

2. 생산과 연대의 자리에 함께 있는 이름, 어머니

『세 엄마 이야기』ⓒ 신혜원 지음 | 사계절

며칠째 오락가락하는 몸살 기운으로 저녁마다 앓는 소리다. 그런 내 옆에서 꿋꿋하던 남편이 엊저녁에는 식은땀을 흘리며 몸져누웠다. 입맛이라도 돌게 할 요량으로 취나물을 데쳐 된장으로 조물조물 무쳐 놓고 깨우러 들어갔다. 그런데 불 꺼진 방에서 들리는 소리에 목울대로 뜨거운 것이 울컥 넘어왔다. 마흔이 넘은 사내가 "엄마, 으……으, 엄……마아." 하며 앓고 있는 게 아닌가? 뜨거워진 물수건을 다시 개켜 이마에 얹어 놓으며 부쩍 야윈 얼굴을 쓰다듬었다. 부스스 일어나는데 열 탓인지, 아님 속울음 삼켜 그런지 눈이 발갛다.

혼자 길게 한숨을 내쉰다. 이그그 징글징글한 이름, 엄마! 평소에는 제 일에 빠져 여든을 훌쩍 넘긴 어미에게 전화 한 통 없이 지내다가 아프니 엄마를 부르는 자식. 결핍이 있을 때, 어려운 일이 생길 때 엄마를 부른다는 것은 엄마가 곧 자식의 결핍을 메워 주고, 어려움을 이겨 내도록 손을 내밀어 주는 가장 밑바닥에 자리 잡고 있는 존재란 셈이다. 그래서 『세 엄마 이야기』를 읽으며 나는 마흔을 넘어도 여전히 철없는 딸로서, 자식들에겐 부족한 에미로서 마음 한 구석이 짠했다.

한 이불을 덮고 단잠에 빠진 네 여자는 보기만 해도 웃음이 나온다. 증조할머니, 할머니, 엄마, 그리고 딸. 엄마도 할머니와, 딸도 할머니와 짝을 이루어 같은 요에서 잠을 잔다. 하루가 얼마나 고단했던지 이불을 저리 차 버린 채 만세를 부르며 자는 아이 모습에 키득키득 또 웃음이 나온다. 이들의 잠자리를 따뜻하게 보듬고 있는 콩 울타리는 고단함이 어디서 오는지 알려 주는 구실을 한다. 줄기에 매달린 꽃이나 콩꼬투리가 대부분 네 개씩 그려진 것이 어우렁더우렁 섞여 자는 네 여자의 모습과 닮았다. 표지에 그려진 자유분방한 그림만 보고도 아이들은 키득거린다. 매일 밤 펼쳐지는 일상의 삶이 책에 그대로 놓여 있으니 친근감이 느껴지는 모양이다.

"어? 저 아줌마, 할머니 찌찌 만지면서 잔다."

장난꾸러기 준혁이다.

"너도 엄마 젖 만지면서 자지?"

되묻자,

"아니에요."

하면서 소리를 빽 지른다.

강한 부정은 긍정이라고, 안 봐도 안다. 속내를 들킨 준혁이는 연신 내게 눈을 흘기고 구시렁거린다.

"어……어, 나는 시골 가면 꼭 우리 할머니 젖 만지면서 자는데?"

강민이가 말하자마자 변태 어쩌구 하면서 사내 녀석들이 놀린다. 그런데도 순진한 강민이는 말간 얼굴로 아이들만 쳐다본다.

앞 면지를 펼치니 하늘에서 내려다본 것 같은 화면이 펼쳐진다. 빽빽한 아파트 숲을 벗어나 오른쪽으로 길게 뻗은 길. 길 끄트머리에 트럭 한 대가 보인다.

"어? 이사 간다."

"왜?"

"저 차에 이사이사라고 써 있잖아요."

기훈이가 자리에서 일어나 트럭에 쓰인 2424 숫자를 가리킨다. 이럴 때 나는 짐짓 눈을 동그랗게 뜬다. 그러면 대부분 아이들은 거만한 표정으로 나를 한 번 쓱 돌아본다. 그리고 내내 그림책에서 눈 한번 떼지 않는다.

"이야~, 무지 멀리 가네?"

"완전 시골로 간다."

"저기 산 밑에 있는 쪼그만 집으로 갔네?"

"아, 나두 아파트 대신 땅 집에서 살았으면 좋겠다."

지원이가 부러운 표정으로 말한다.

나도 그렇다. 등에 따뜻한 봄볕 쬐며 텃밭 일구고, 산에 가서 나물 뜯으며 살고 싶은 게 오래된 꿈이다. 그래서 나도 주인공의 과감한 선택이 부럽고 살구꽃이 환하게 핀 동네에 짐을 부려 놓은 이들에게 은근히 시샘까지 난다. 앞 면지에서 속표지까지 길게 이어진 길을 따라 아이들도 나도 쉼 없이 달려간다. 자연스럽게 이야기의 문턱까지 독자를 끌고 오는 그림의 서사가 신선하다. 마치 엄마의 손을 잡고 시장에 가듯 그렇게 자연스럽다.

남자들은 이삿짐을 부리느라 경황이 없는데 우리의 엄마는 넓은 밭 앞에 홀로 서 있다.

"저 아줌마 무슨 고민이 있나 봐요."

"왜?"

"저 아줌마가 손을 허리에 이렇게 탁 올려놓고 있잖아요. 우리 엄마도 무슨 고민 있을 때 베란다에서 저러고 있거든요. 그래서 알아요."

"그래, 지원이가 엄마를 잘 살펴보았구나! 나도 고민 있을 때 저렇게 잘하는데."

"아, 알았다. 밭에다 무얼 심을지 몰라서 그런 거구나!"

석규가 돌아다보며 빙긋 웃자 지원이가 말없이 고개를 끄덕인다.

"나도 인절미 좋아하는데……."

녀석들이 입맛을 다신다. 인절미가 먹고 싶어 콩을 심기로 한 엄마. 하지만 젊은 엄마는 숟가락으로 콩을 한 알 한 알 심는다. 놀란 동네 어른들 표정이 재밌다. 그런 엄마를 보고 아이들은 바보 같다고 키득거린다. "호미로 심어야지!" 하며 훈수까지 둔다. 콩 열다섯 알을 심다가 두 다리를 뻗고 퍼질러 앉아 우는 엄마. 세상에! 밭에서 일하는 젊은 엄마의 옷차림을 보니 하품이 나온다. 굽 높은 구두에 치마까지 입었다. 애들이 바보라고 할 만하다. 그 때 저 멀리서 자전거를 타고 오는 한 여인이 있으니, 이름하여 엄마의 엄마다. 딸의 "엄마! 도와줘!" 소리를 듣고 마치 대기라도 하고 있던 것처럼 쌩쌩 날아온다. 마중 나간 사위와는 눈도 마주치지 않고 곧장 울고 있는 딸에게 달려가는 엄마의 엄마. 이제 숟가락으로 콩 심을 자리를 파던 엄마는 호미질을 하고, 엄마의 엄마는 삽으로 두둑을 만든다.

"저기 엄마 앞에 있는 개미 봐. 개미도 자기네 엄마하고 같이 일하나 봐."

희진이가 제가 말하고는 깔깔 웃는다.

"어디, 어디?"

하며 몇 녀석이 우르르 나와 책을 보고 낄낄거린다. 눈여겨보지 않으면 그냥 지나칠 만한 그림인데 아이들 눈이 참 세심하고 예리하다. 두 엄마가 두둑을 만드는 동안 사내들은 돌을 옮기거나, 논 풀을 나르고, 빨래를 널고 있다. 그리고 두 엄마는 다섯 이랑을 만들고는 이내 "엄마! 도와줘!" 소리치고 만다. 그러자 하늘에서 소를 타고 내려오는 또 한 명의 엄마. 등에는 밭일에 필요한 온갖 도구를 챙겨 매고 소고삐를 틀어쥔 채 등장한다.

"어? 소를 타고 오네?"

내가 무심한 듯 말하자,

"어? 콩쥐팥쥐에도 소가 나타나서 밭 매 주던데?"

보연이가 고개를 갸웃거리며 중얼거린다.

"맞다. 그리고 『오러와 오도』에서도 소가 도와주잖아."

이런 반응을 볼 때마다 나는 놀라다 못해 쾌재를 부른다. 농사짓는 민족에게 소는 어려움에 빠진 이를 돕는 구원의 대상이다. 그러니 밭일을 하다 어려움에 처한 이들에게 증조할머니가 소를 타고 나타나는 것은 어려움을 해결해 줄 것이라는 암시를 품고 있는 것이리라.

"근데, 왜 하늘에서 내려올까?"

내가 묻자 보연이가 냉큼 대답한다.

"할머니는 나이가 많잖아요. 그러니까 아는 것도 많고요. 그리고 하늘은 무슨 일이든 다 알고 있으니까, 그런 거?"

말을 채 끝맺지 못하고 내 표정을 살핀다.

나는 화들짝 놀란 표정으로 "어쩜 그렇게 깊은 뜻을 다 알고 있니? 너희들 정말 대단하다."며 호들갑을 떤다. 그렇지만 이것은 단지 아이들 기를 살려 주기 위한 너스레만은 아니다. 고백하자면 나는 매번 아이들의 타고난 직관력에 대해 이렇게 감탄하고 또 부러워한다. 소를 타고 온 엄마의 엄마의 엄마 덕분에 넓은 밭에 무사히 콩을 심는다.

"콩을 세 알씩이나 심네? 왜 그럴까?"

"어, 그건 내가 알아요."

강민이 소리가 높아진다.

"우리 할머니가 그랬어요. 한 알은 땅속에 사는 벌레 먹으라고 그러고, 또 한 알은 새 먹으라고 심는대요. 에, 그리고 또 한 알은 사람이 먹으려고 심는다고 그랬어요."

"진짜?"

용준이가 눈을 동그랗게 뜨고 묻는다.

"어! 우리 할머니가 그랬거든."

강민이가 의기양양한 표정으로 대답한다.

"이야~, 강민이는 할머니한테 무지 귀한 걸 배우네? 나는 책 보고 알았는데……. 맞아, 강민이 할머니 말씀처럼 우리 어른들은 콩 한 알을 심으면서도 말 못하는 동물들까지 챙기는 따뜻한 마음을 가지고 계신단다. 사람만 먹겠다고 욕심을 내지 않지."

"그럼, 우리가 심은 고구마를, 그 때 고라니가 먹은 걸 미워하면 안 되겠네요?"

지난 가을 학교 텃밭에 심은 고구마 잎사귀를 모조리 뜯어먹은 고라니 때문에 고구마가 덜 달다고 투덜거렸던 내 말을 귀담아 들었던 모양이다.

"그러게 말이야. 그 때 내가 고라니 탓한 게 창피하고 부끄럽네."

멋쩍게 머리를 긁적이자 강민이가 "앞으로 안 그러면 된다."며 날 다독인다.

사람이 모자란 것 투성이니 늘 이렇게 애들한테 배운다.

엄마의 엄마에게 줄 모자를 만들며 콩이 주렁주렁 열릴 생각에 행복해하는 엄마. 그러나 콩밭은 풀밭이 되고 잡초를 매다가 혼자 힘에 부쳐

다시 엄마를 부른다. 낫을 들고 등장한 엄마의 엄마 뒤에 보따리를 들고 쫓아오는 할아버지. 씩씩한 엄마에 견주면 조금은 무력해 보인다. 뒤이어 역시나 하늘에서 빨간 망토를 둘러쓰고 나타난 우리의 구원자. "야아, 완전 슈퍼맨 같다." 아이들이 환호성을 지른다. 엄마와 엄마의 엄마 또한 그런 마음이리라. 그 때 기훈이가 "이거 순무 뽑는 얘기에 나오는 것 같다."며 고개를 갸우뚱거린다. 『커다란 순무』에 나오는 이야기가 생각난 모양이다. 여럿이 그림책을 읽다 보면 아이들은 다른 책에서 읽은 내용을 떠올리며 이야기를 풍성하게 읽어 내곤 한다.

"맞아, 그 책에 나오는 것처럼 여럿이 힘을 합치면 안 될 게 없잖아."

풀을 모두 뽑아낸 콩밭을 보는 네 여자는(이야기를 끌고 나가는 딸은 늘 둘레에서 신나게 놀고 있다.) 흐뭇한 표정이다. 그런데 여자들이 일을 할 때 남자들은 늘 주변에서 잔심부름을 하거나 허드렛일을 거든다. 콩밭을 일구는 노동은 오로지 여자들의 몫이다. 어쩌면 작가는 눈앞에 펼쳐진 콩 농사짓는 것에 빗대어 정말 하고 싶은 다른 말을 넌지시 건네고 있는지도 모른다. 생산과 연대의 자리에 있는 여성의 무한한 힘, 그 생명을 살리고 거두는 놀라운 힘을 가진 존재가 엄마임을 드러내고 싶었던 것은 아닐까? 엄마라는 이름은 어려움에 처한 이를 보고 절대로 고개를 돌리지 않으니까. 살려 달라, 도와 달라 외치는 이 앞에서 자신이 가진 것을 죄다 내놓는 이가 엄마 아닌가? 더더욱 그게 자식의 일이라면 물불 안 가리는 이가 엄마라 불리는 이들이니까.

콩꼬투리가 익자, 도와 달라고 외치지도 않는데 이번에는 두 엄마가 한꺼번에 달려온다. 여기부터는 이야기 전개가 조금씩 빨라진다. 반복되는 구조는 지루하니, 변주를 하고 있다. 속도가 빨라진 이야기는 콩다발을 묶어 놓은 뒤, 이제는 두 엄마가 걱정이 되어 잠을 못 이루는 상황으로 바뀐다. 젊은 엄마가 부르기 전에 삶의 연륜으로 미루어 앞일을 내다보고, 스스로 도움을 주러 달려간다. 그도 그럴 것이 콩은 제때 털지 않으면 콩깍지가 터져 다 흩어져 버린다. 그런 사실을 젊은 엄마가 알 턱이 없으니 초조할 수밖에. 달리기 경기를 하듯 온 힘을 다해 달려가는 두 엄마를 보며 아이들이 소리 내어 웃는다.

온 식구가 달려들어 콩을 털고, 엄마는 인절미를 해 먹자 하고, 엄마의 엄마는 두부를 만들자 하고, 엄마의 엄마의 엄마는 된장을 만들자 한다. 엄마의 나이에 따라 콩으로 해 먹고 싶은 음식은 시간의 정도가 다 다른 것이다. 콩가루는 시간이 지나면 눅눅해지는 음식이라 금방 먹어야 하고, 두부는 끓이고 식히면서 조금 더 시간을 필요로 하고, 된장은 몇 번의 계절을 지나고 푹 삭혀야 제 맛이 나는 음식이다. 서로 다른 음식처럼 엄마들이 가지고 있는 능력이나 경험, 그리고 지혜는 다 다른 것이다. 진주알 같은 콩을 삶아 온 식구가(이번에는 남자들도 노동에 적극 참여한다.) 메주를 만들어 매단다. 그리고 네 여자는 맛있는 된장 꿈을 꾸며 젊은 엄마가 튼튼이 만든 이불보를 덮고 코를 곤다.

"와, 메주에 식구들이 대롱대롱 달려 있네?"
"그네 타는 거 같다."
아이들 말처럼 뒷표지에는 일곱 개의 메주덩이에 온 식구가 매달려 있다. 메주덩이마다 식구들의 땀과 정성이 깃들어 있다는 뜻이겠지. 제각기 다른 잠옷 차림으로 매달려 있는 식구들은 그렇게 서로 다른 모습으로 메주 꿈을 꾸고 있나 보다. 저마다 환하게 웃고 있는 마지막 그림을 보며 아이들도 나도 따라 웃는다. 세 엄마를 따라 흠씬 땀을 흘리며 콩을 가꾸고 거두어 메주를 만든 것처럼 뿌듯한 기분까지 든다.

3. 뻐꾸기 엄마

『뻐꾸기 엄마』 © 이형진 글 · 그림 | 느림보

지천으로 밟히는 책 때문인가? 자기 말처럼 사냥족 기질이 강해 차분히 앉아 책읽기가 불가능한 것인가? 도무지 책 읽는 꼴을 보기 힘든 막내아들이 나를 기다리느라 교실에 들렀다가 멍석에 앉아 책을 읽고 있다. 눈이 휘둥그레질 일이다.

"에이, 뭐 이렇게 바보 같은 엄마가 있어. 완전 멍청해."

아이들과 읽고 책상 위에 올려놓았던 『뻐꾸기 엄마』를 휙 집어던지며 하는 말이다. 흐뭇한 마음을 감추지 못한 채 물었다.

"뭐가 바보 같은데?"

"어떻게 지 새끼를 죽인 새를 키워 줄 수 있어? 나 같으면 확 밀어서 떨어뜨려 죽일 거야. 새끼들이 지네 엄마가 그러는 걸 알면 얼마나 배신감 느끼겠어."

그러고는 운동장에서 자전거 타고 있을 테니, 잊지 말고 꼭 데려가라고 당부한다. 퇴근하면서 아들이 남아 있다는 걸 깜빡하고 휭하니 차를 몰고 혼자 가 버린 전력이 있는 터라 안심이 안 되는 모양이다. 몇 번인가, 한참 운전을 하고 가다 뭔가 허전해서 뒤돌아보고는 '아차차' 하고 급히 되돌아가면 아들은 망연자실한 표정으로 그네를 타고 있곤 했다. 한심한 에미며, 그야말로 바닥을 치는 모성이다.

5학년인 아들은 빼꾸기 엄마를 바보 같고, 자식들을 배신한 엄마라고 몰아붙였다. 그런데 세상엔 이렇게 바보 같은 엄마들이 종종 있다. 간혹 신문이나 방송에서 자기 자식을 죽인, 같은 또래의 가해자를 죽은 자식을 대신해 돌보게 되었다는 부모의 이야기가 소개되곤 한다. 처음엔 너무도 증오하는 마음으로 가슴을 치다가, 가해자 아이의 상처를 들여다보고, 죽어간 자식을 생각하며 품을 벌려 껴안게 되기까지의 과정은 감동을 넘어서 인간이란 무엇인가 다시 생각하는 기회를 주곤 한다.

세상엔 이렇듯 '바보 같은 엄마, 멍청한 엄마'가 아주 희귀하지만 존재하고, 내 새끼만 품기 위해 발톱을 세우는 숱한 엄마들의 저 아래에 놓인 마음에 작은 파문을 일으키기도 한다. 아이의 말을 떠올리며 나는 이야기 속의 주인공들이 그렇게 하기까지 얼마나 많은 시간 지옥과 천당을 오르락내리락거렸을지 설핏 짐작을 해 본다.

"어? 글씨를 나뭇가지 뭐 이런 걸로 썼다?"

"새도 나무로 그렸네? 어? 이거 감꽃 꼭지다."

"주현이는 이게 감꽃 꼭지란 걸 어떻게 알았어?"

"어, 어, 우리 집에 감나무 있거든요. 근데 감꽃 꼭지에 저거하고 똑같은 게 붙어 있어요. 저거 디게 이뻐요."

"와? 주현은 시골에 사니까 굉장히 귀한 걸 직접 배우는구나! 그거 엄청 중요한 공분데!"

내 칭찬에 '저건 벼이삭이다, 소나무 잎사귀다, 나뭇잎도 있다' 여기

저기서 아는 체를 한다. 아이들 말처럼 『뻐꾸기 엄마』는 나뭇가지, 여러 가지 나뭇잎, 얇은 철망, 한지, 벼이삭, 감꽃, 감꽃 꼭지, 여러 사진, 새 깃털 따위를 붙이고 오린 콜라주로 구성되어 있다.

"저런 걸로 그림을 그려 놓으니까 진짜 같아요. 실감나요."

은이가 쏟아지는 앞머리를 쓸어 넘기며 또박또박 말한다.

"어? 이건 무슨 잎사귀지?"

"그거 찔레예요. 우리 지난번에 찔레 꺾어 먹었잖아요. 그거 하고 똑 같아요."

"그래, 주현이 눈이 예리하네? 맞아. 내가 보기에도 찔레처럼 보이네?"

앞면지에 그려진 찔레를 보며 단박에 알아챈 주현이 눈이 참 밝다. 이렇듯 자연 속에서 배운 아이들은 가르치지 않아도 스스로 알아 나간다. 그런데 자연 속에서 배워야 할 것을 책으로 배우고 머리에 새겨 넣는 요즘의 아이들이 안타깝다.

"알을 세 개나 낳았네요? 근데 선생님 저 새가 뻐꾸기에요?"

"글쎄?"

"야, 뻐꾸기니까 책 제목이 뻐꾸기 엄마지!"

큰도연이 말에 재근이가 시무룩해진다.

"이 새가 뻐꾸기인지는 나도 몰라. 재근아, 끝까지 읽어 보면 아마 알 수 있을 거야."

내 말에도 시무룩한 재근이 표정이 좀체 밝아지지 않는다.

"새 둥지 있는 나무가 너무 작아요."

"맞아. 여우나 뱀이 금방 올라갈 수 있을 거 같아요. 어떡하지?"

성훈이가 안타까운 표정으로 말한다.

“저 엄마는 왜 저렇게 낮은 나무에 알을 낳았지?”

아이들은 금방이라도 여우나 뱀에게 알이 먹힐 것처럼 조바심을 낸다. 위태로운 목숨 앞에서 아이들은 여지없이 측은지심을 보인다. 그런 아이들에게서 나는 희망을 본다.

“야? 저거 없던 알이다. 어, 누가 금방 낳았지?”

자그마한 알이 세 개만 있던 둥지에 큼직한 갈색 알 하나가 덩그러니 놓여 있다.

“엄마 새도 놀란 거 같어. 저 봐. 눈이 동그래진 거 같잖아.”

“엄마 새가 재는 누구지, 그러는 거 같다, 그치?”

도현이 동현을 보며 맞장구를 친다.

“어미 새는 이 알을 어떻게 하려나?”

“자기 꺼 아니니까 버릴 것 같아요.”

“나는요, 저 새가 에구구 불쌍하다 그러면서 같이 키울 것 같아요. 언젠가 우리 엄마도 우리 집에 다리 다친 고양이가 왔거든요. 그거 보면서 에구구 불쌍한 것. 그러면서 우리 집에서 키웠어요.”

요한이 눈을 빛내며 말하자, 성훈이 자기도 요한네 고양이 봤다면서 굉장히 예쁘다고 덧붙인다.

“요한 엄마 마음이 무지 넓고 따뜻하구나! 나 같으면 그렇게 못할 것 같은데…….”

내 말을 들은 요한이가 며칠 전에 다쳐 퍼렇게 멍든 눈으로 배시시 웃는다.

“버리고 갔구나! 불쌍하게도…….”

엄마는 그 커다란 알도 끌어안았어.

목소리를 낮춰 천천히 읽는데 아이들이 물 끼얹은 것처럼 고요하다. 시끌시끌하던 아이들 마음에 보이지 않지만 파문이 일고 있는 것이다. 나 역시 이 대목을 읽을 때 눈시울이 뜨거워졌었는데…….

"아, 진짜 감동이다."

은이가 울 듯한 표정으로 말하자 아이들이 고개를 끄덕인다.

"근데 쟤, 저 갈색 알, 쟤네 엄마는 도대체 누구에요? 어떻게 자기 알을 버리고 가요?"

지원이가 못된 엄마라며 씨근덕거린다. 천둥이 치고 번개가 불을 뿜는 밤에도 엄마는 알 네 개를 꼭 끌어안고 다독인다. 내 새끼가 아니어도 버려진 것을 끌어안는 고귀한 모성이다. 그걸 보는데 제가 낳은 새끼를 버리는 일이 일어나는 비정한 인간사가 떠올라 에미로서, 어른으로서, 부끄럽다.

무서운 밤이 지나고 먹이를 구하러 가는 어미 새는 걱정이 가득한 표정으로 뒤를 돌아보고 있다. 위태롭게 놓인 둥지. 기우뚱 기울어진 모습으로 그려진 새둥지는 금방이라도 나뭇가지에서 떨어질 것 같다. 뭔가 위험한 일이 벌어질 것을 암시하고 있는 듯하다.

"엄마 새 날개가 이렇게 축 처져 있네?"

"밤에 너무 힘들어서 그런가?"

아이들은 어미 새의 모습 하나까지도 세심하게 읽어 낸다. 둥지로 돌아온 어미 새는 깜짝 놀란다. 작고 예쁜 새 한 마리가 깨어났는데 자기가 낳은 알 두 개가 보이지 않기 때문이다.

"뱀이 먹었나 보다?"

"그럼 왜 저 새랑, 다른 알은 안 먹었지?"

"선생님, 혹시……."
주현이 머뭇거린다.
"혹시, 뭐?"
"어~, 그럴 리는 없지만 말이에요. 혹시 쟤, 먼저 나온 저 새가 둥지가 좁아 발버둥 치다가 떨어뜨린 거 아닐까요? 아, 그러면 안 되는데……."
주현은 도리질을 치며 무릎 사이에 얼굴을 파묻는다. 아, 이럴 땐 나도 책장을 넘기기 어렵다. 슬프고 황당한 장면을 아이들에게 펼쳐 보이기가 쉽지 않다.

"어, 주현이 말이 맞나 봐. 새 알이 깨져 있잖아."
"맞아, 뱀이나 여우가 먹었으면 껍질까지 다 먹어서 흔적도 없을 텐데. 진짠가 봐."
유리가 주현을 쳐다보며 얼굴을 찡그린다. 어미 새는 먹이를 구하기 위해 둥지를 날아오르던 그때, 보고야 말았다. 눈도 채 못 뜬 어린 새가 단 하나 남은 작고 어여쁜 알을 둥지 밖으로 밀어내면서 버둥거리는 것을.

"아악, 안 돼!"
여자아이 몇이 손바닥으로 눈을 가리며 소리를 지른다.
"엄마 새가 화가 났어요. 저 봐요. 입을 크게 벌리고 있잖아요."
도현이 '나쁜 새' 하며 자리에서 벌떡 일어난다.
"맞아, 저를 구해줬는데 은혜도 모르고."
병주도 일어서서 얼굴이 벌개진 채 종주먹질을 한다. 슬픔에 겨운 어미 새의 눈앞에 어린 새 세 마리가 하늘로 날아가고 있다. 세상에 태어나지도 못한 어린 목숨들이 어미 품을 벗어나 그렇게 멀리멀리 떠나가고 있다. 한참 동안 깨진 알들 곁을 떠나지 못하던 어미 새는 둥지 안으로 돌아온다. 그러나 차마 아기 새 가까이 다가가지 못한다. 날선 잎사귀 사이에서 둥지를 쳐다보는 어미 새의 심정이 곧 무언가를 예리하게 베어낼 것처럼 보인다.

"어, 저기 뱀이 애기 새 잡아 먹으려고 한다."

"엄마 새는 눈 한 쪽 감고 있어요. 무서워서 그러나?"

둥지에 있는 아기 새가 잡아먹히는 걸 외면하고 싶은 마음일까? 내내 한쪽 눈만 보이던 어미 새 두 눈이 보이는 장면이다. 말라 버린 감꼭지로 표현된 어미 새. 자식을 잃고 울다 울다 지친 어미 새는 눈물조차 말라버린 걸까?

"엄마 새가 재 죽이려고 하네?"

"그런데 저 새도 불쌍하다."

눈도 못 뜬 어린 새가 금방이라도 땅으로 떨어져 내릴 듯한 모습을 보며 아산혜원이가 조그맣게 말한다. 아무것도 모른 채 날카로운 어미 새 부리에 가슴을 비비며 우는 어린 새. 어미 새 눈에 눈물이 고인다.

"모르고 한 짓이지? 모르고? 그렇지?"

가슴이 먹먹해진다. 소리 내어 읽는데 목이 메어 온다. 죽은 자식에 대한 분노와 증오로 자신을 죽이려 하는 어미 새의 품을 파고드는 어린 목숨을 차마 외면하지 못한 채 어미는 묻고 또 묻는다. 버려진 목숨을 껴안고 돌보던 모성은 새끼를 죽인 목숨까지 품어 주기에 이른다. 핏줄을 뛰어넘는 승화된 어미의 마음이다. 흰 깃털을 퍼덕이는 어미 새는 마치 여신의 모습 같다.

"어유~, 저 엄마 새 진짜 대단한 것 같다."

보윤이 참았던 숨을 몰아쉰다. 그러다 나와 눈이 마주치자 비시시 웃는다.

"아, 진짜 감동적이다."

"나두. 나는 눈물이 날라 그래."

은이와 주현이가 속삭인다.

"뭐가 감동적이야?"

"엄마 새가 자기 죽인 새를 살려 주는 게 대단해요. 거 뭐냐? 맞다. 원수를 미워하지 않고 살려 주니까요."

"어허, 그렇게 귀한 걸 배웠어. 역시 내 제자들이야."

은이와 주현 궁둥이를 툭툭 두드려 주자 까르르 웃으며 몸을 비튼다.

"선생님, 그럼 저 새, 그러니까 알을 떨어뜨린 저 새가 뻐꾸기에요?"

재근이가 잊지 않고 용케 뻐꾸기에 대해 묻는다.

"그런 거 같지? 그러니까 어미 새를 뻐꾸기 엄마라고 한 거 같은데?"

"내가 책에서 읽으니까 뻐꾸기는 다른 둥지에 알을 몰래 낳는데요. 그러니까 저 애기 새가 뻐꾸기일 거예요."

보윤이의 야무진 말이다. 두런두런 이야기를 주고받는 아이들을 바라보며 나도 이 아이들에게 뻐꾸기 엄마가 되어야 할 텐데 혼자 속으로 되뇌어 본다.

4. 장대비 속 신나는 대동놀이 한 판

『즐거운 비』 © 김향수 글, 서세옥 그림 | 한솔수북

온몸이 거미줄에 엉겨 붙은 듯 끈끈하다. 다른 사람과 슬쩍 부딪히기만 해도 버럭 짜증이 나고, 아침부터 팽팽팽 돌아가는 선풍기에서도 더운 바람만 뿜어져 나온다. 습기가 무겁게 가득 들어차 있는 공간에서 조그마한 몸뚱이들의 체온조차 멀리 하고 싶은 때가 바로 오늘이다. 바람 한 점 없는 운동장을 보고 넋두리 하듯 한마디 내뱉었다.

"어~ 우, 비라도 한바탕 쏟아지지……."

수학책에 고개를 박고 있던 성수가 새우젓 같은 눈에 웃음을 가득 담고 말한다.

"선생님, 비 오면 우리 바깥에서 놀아요. 네?"

고 작은 눈이 아예 없어져 버린다. 그 깜찍한 애교가 아니더라도 비가 쏟아지면 나도 빗물이 온몸에 스며들도록 흠씬 비를 맞고 싶다. 나는 성수의 간절한 눈길을 외면하지 않고 고개를 끄덕였다.

"얘들아~ 선생님이 비 오면 운동장에서 논대."

아이들이 갑자기 '와~아!' 함성을 지른다. 삽시간에 교실은 아수라장이 된다. 에구, 내가 이 끈적한 날씨 때문에 잠깐 이성을 잃은 게 잘못이다. 성수의 술수에 보기 좋게 또 걸려 들었다.

그래 딱 오늘 같은 날이다. 아홉 살짜리 꼬맹이들이 내뿜는 온기조차 외면하고 싶은 이런 날. 마음 속에 장쾌하게 쏟아지는 빗줄기를 흠씬 맞으며 뼛속까지 시원한 해방감을 느끼게 하는 『즐거운 비』를 읽기엔, 오늘이 딱 제격이다. 책이 영혼과 함께 떠나는 여행이라면, 이 한 권의 책은 무덥고 습한 그래서 축 처진 어깨로 늘어져 있는 영혼을 시원하고 말갛게 씻어 주는 구실을 톡톡히 한다.

『즐거운 비』를 보는 순간, 문득 고암 이응노가 떠올랐다. 언젠가 고암의 그림 「군무」 연작을 보며 군더더기를 모두 버린 영혼을 만나는 기분이 들었다. 얼핏 보면 막 연필을 쥐기 시작한 다섯 살짜리 아들이 즐겨 그리는 '졸라맨'과 흡사한 형태의 사람 무리였다. 구체적인 세부 묘사를 생략했지만 몇 개의 선과 공간으로 채워진 인간 형상이 전해 주는 놀라운 힘과 매력에 감탄했다.

어찌 보면 아이들은 본능적으로 예술 감각을 터득하고 있는지도 모른다. 사람을 머리, 팔, 다리 몇 개의 선으로 그려 놓는 것만 보아도 그렇다. 아이들은 꼭 그려야 할 것만 그린다. 불필요한 군더더기는 말끔하게 생략한 채 인간의 본질을 구성하는 것만 그리지 않는가? 물론 아이들의 이런 놀라운 예술 능력이 교육을 받으면서 말끔히 사라지는 것이 안타깝다. 그렇지만 본질을 꿰뚫는 아이들의 눈이 바로 예술가의 눈임을 고암의 그림과 다섯 살짜리 아들 녀석의 그림을 보며 깨달았다. 그 두 그림의 같은 점은 구체적이지 않음에도 생명력이 살아있고, 영혼이 찬란하게 빛난다는 거였다.

고암을 알고 난 뒤 나는 사는 게 헛헛하고 사람을 만나는 게 힘들 때마다 버릇처럼 예산 수덕사 일주문 밑에 있는 '수덕여관'을 찾아간다. 허름한 초가, 두 아름도 넘는 소나무 옆 너럭바위에 새겨진 고암의 '문자 추상화'를 한참 동안 넋 놓고 들여다보다 돌아오곤 한다. 거기엔 불필요한 형식이나 규범을 벗어 던진 '알맹이'만의 세상이 있고, 명쾌하고 단순한 삶의 방식이 새겨져 있다. 그리고 무엇보다 번잡스럽지 않은 여백과 명료함이 내 마음을 가라앉혀 준다. 『즐거운 비』를 들고 그렇게 나는 잠시 잊고 있던 고암과의 인연(?)을 떠올리며 여행을 떠나기 시작하였다.

우리 나라 작가가 창작한 그림책을 보면 지나치게 글에 의존하는 서사 방식이 아쉬움으로 남는다. 모리스 센닥이나 앤서니 브라운 작품에서 만나는 '그림 읽기'의 재미가 우리 그림책에서는 좀처럼 만나기 어렵다. 아이들은 어른의 글(문장) 중심 책 읽기와는 다르게 그림을 읽으며 훨씬 더 많은 즐거움을 얻는다. 그래서 귀로는 이야기를 들으며 한시도 그림에서 눈을 떼지 못한다. 그림만이 만들어 내는 이야기를 읽기 위해서는 온 신경을 그림에 집중해야 하기 때문이다. 그런데 그림이 이야기를 풍성하게 만들어내지 못하면 아이들 시선은 흩어진다. 글과 별반 다르지 않은 그림 이야기에 집중할 필요를 느끼지 못한다.

그런데 『즐거운 비』는 달랐다. 겉표지에 그려진 물빛의 사람, 무엇이 신나는지 팔다리를 쫘악 뻗고 하늘로 껑충 뛰어 오르는 듯한 그림, 먹물을 듬뿍 머금은 붓으로 단순하고 명료하게 그린 형상, 몇 개의 선으로 더위에 지친 사람(아이들)의 어깨와 헉헉거리는 숨소리까지 그려 넣은 놀라운 그림 앞에서 나는 고암의 그림에서 느꼈던 전율을 다시 느낀다. 서세옥은 먹물의 농담에 따라 제각각 다른 아이들의 마음을 그려 놓았다. 책장을 몇 장 넘겼을 때 왜 사람의 색깔이 어떤 건 진하고 어떤 건 흐리냐고 한결이가 물었다.

"왜 그럴까?" 되묻는 내게, "색깔이 진한 거는 애들은 비를 좋아하니까 실컷 맞아서 신이 났기 때문에 그렇구요, 쪼금 흐린 건 어른들이에요. 어른들은 비를 맞으면 싫어하잖아요. 그래서 기분이 쪼금 덜 좋아서 흐리게 그린 거 아닐까요?"라고 대답한다. 이쯤 되면 나는 완전히 아이들에게 항복한다. 그림이 추상적이라 아이들이 재미 없어 하지 않을까, 그림이 말하는 이야기를 듣지 않고 고개를 돌리면 어쩌나? 머뭇거리던 내가 뭘 몰라도 한참 모르는 사람이란 걸 인정하는 수밖에 없다.

진하고 연한 흑백의 선이 만들어 내는 형태는 보이지 않는 입과 눈과 마음을 보게 하는 데 부족함이 없다. 또 무엇보다 시원한 여백이 보는 사람 마음을 탁 트이게 한다. 빗방울이 떨어질 때 주인공 아이가 쭈그리고 앉아 먹구름이 무너져 빗방울로 떨어지는 모습을 보는 장면에선 끈적거리던 몸에 서늘한 기운이 돌기까지 한다. 노란색으로 그려진 이 주인공에게 아이들은 처음부터 호기심을 드러냈다. 몇몇은 노란색 비옷을 입은 아이라고 하기도 하고, 몇은 날씨가 무지 더워서 몸이 익은 것 같다는 추측을 하기도 했다. 닥종이에 그린 그림이라 때론 거칠고 다듬어지지 않은 붓선이 '투다닥 투-둑' 떨어지는 빗소리를 연상케 하는 데 제격이다.

장대비가 쏟아지면서 야위었던 아이들의 몸에 점점 살이 오른다. 더위에 지쳐 있던 아이들이 비를 맞으며 즐겁고 신나하는 마음으로 바뀌며 몸조차 커지는 것이 자연스럽게 전달되는 장면이다. 몇 번의 붓놀림이 어쩌면 이렇게 아이들 마음과 표정을 잘 살려 놓는지 감탄스러울 뿐이다. 빗줄기가 거세지고 맨발로 땅을 뛰어 다니며 노는 아이들을 그리면서 작가 역시 신이 난다. 주인공과 친구만 있는 놀이터에 무리 지어 오는 그림자들. 언뜻 보면 송사리 떼처럼 보이는데 눈치 빠른 우리 애들은 '야, 친구들이 온다.' 소리를 질렀다. 그런데 그건 비 맞는 아이들을 혼내러 오는 어른이다. 작가는 안타까웠던 모양이다. 불과 몇 십 년 전의 모습을 잃어 버리고 삭막하게 변해 버린 어른들을 이 신나는 놀이판에 끼워 주고 싶었던 모양이다.

결국 어른과 아이들은 비를 맞으며 한바탕 대동놀이를 펼친다. 비를 맞으며 어른과 아이가 하나가 되는 것이다. 연잎 위에 앉았던 개구리도, 하얀 깃털의 종달새도 이 신 나는 놀이판에 끼어든다. 장하게 오시는 비가 흩어졌던 마음과 목숨들을 하나로 묶어 주는 셈이다. 얼마나 신나면 한바탕 비 놀이를 즐긴 모든 생명들이 만세 만세를 부를까? 위로 거침없이 솟아오른 선들이 마치 하늘에라도 닿을 듯한 기세다. 절제된 선이 어찌 이토록 많은 이야기를 조잘대는지, 글이 들려주지 않은 이야기를 얼마나 신 나게 보여 주는지. 먹과 붓과 화선지로 만들어진 이 한 권의 책을 보며 나는 빛바랜 명제처럼 들리는 '가장 민족적인 것이 가장 세계적인 것이다'라는 글귀가 떠올랐다. 『즐거운 비』는 가뭄 끝에 쏟아지는 장대비처럼 참 신나는 만남이었다. 우리 것의 아름다움이 한껏 빛을 발하는 작품이었다.

이야기가 끝나는 맨 마지막 장면. 온통 투명한 물빛을 한 사람들이 어깨에 어깨를 건 그림을 보며 우리 반 우성이가 외친 말은 그야말로 감동이었다.

"와~아~아! 비 사람이다. 다 비 사람이 됐다."

자연과 또 다른 생명이 온전히 하나 되는 체험. 비가 사람이 되고 사람이 비가 되는 그림은 세계의 온전한 합일이며, 모든 영혼이 서로에게 스스럼 없이 스며들어 새로운 목숨으로 거듭나는 것을 예술가인 아이들은 알고 있는 것이다. 이 얼마나 즐겁고 놀라운 일인가?

책을 덮은 뒤 우리는 입맛을 쩝쩝 다시며 자꾸 하늘만 본다. 빗방울 떨어지지 않는 하늘이 야속하다.

5. 이제 자기 삶의 주인이 되었나 봐

『나, 화가가 되고 싶어!』 © 윤여림 글, 정현지 그림 | 웅진주니어

똑같은 꿈을 연거푸 꾼 지 족히 십여 년은 되었다. 굳이 제목을 붙이자면 '빈 방으로 이사 가는 꿈.' 황량하고 허름한 대학 때 자취방 같은 곳으로 매번 똑같이 이사를 간다. 빈 방에서 나는 황망한 마음을 어쩌지 못해 안절부절못한다. 꿈을 깨면 마음이 풀잎에 베인 듯 쓰리다. 내 무의식이 나에게 무슨 말을 걸고 있는 걸까? 꿈 공부를 하는 이와 함께 분석하다가 가난하던 대학 시절 간절히 원했던 그 무엇을 하고 싶다는 이야기가 아닐까 짐작해 본다. 가난하지만 찬란했던 그 시절 나는 무엇을 간절히 꿈꾸었던가? 시인이 되고 싶었다. 물결처럼 출렁이는 마음을, 그리고 그 위에 찬란하게 부서지는 햇살을 시라는 이름으로 빚어내고 싶었다. 그래서 밤마다 자취방 벽에다 못다 쓴 시 구절을 잠결에 휘갈겨 써 놓곤 했다.

아이를 업은 서른의 여자가 비 오는 저녁, 아파트 승강기 안에서 울고 있다. 퇴근길에 앞집에 맡겨 두었던 아이를 들춰 업고, 한 손에는 저녁 찬거리를 들고 어깨에는 무거운 가방을 메고, 또 한 손에는 우산을 받쳐 들었다. 칭얼거리던 아이가 발짓을 하자 포대기 밑으로 다리가 빠져나가 대롱대롱 매달리듯 달려 있고, 비바람은 우산을 획 뒤집고……. 살 부러진 우산을 쓰레기통에 던져 넣으며 여자는 이를 앙다물었다. 터져 나오는 눈물을 참으며 승강기를 기다리고 13층을 오르락내리락하며 엉엉 소리 내어 울었다. 그러면서 시를 포기했다. 이 땅에서 월급쟁이로 사는 여자에게, 그것도 육아와 가사를 혼자이다시피 책임져야 하는 여자에게 시는 사치였다. 파김치처럼 늘어진 몸으로 이불을 펴지도 못한 채 코를 박고 자야 하는 여자에게 시는 꿈같은 일이었다. 그렇게 꿈을 내려놓으며 여자는 하루하루를 살아냈다. 딱 오 년만 선생을 하고 그 뒤론 원 없이 시만 쓰리라던 비현실적인 꿈은 살 부러진 우산처럼 삶의 구석 어딘가로 버려둔 채. 그런데 버렸던 그 꿈이 다시 고개를 든다. 자기를 봐 달라고 잊을 만하면 어김없이 찾아온다. 되돌아가기엔 너무 멀리 와 버린 것은 아닐까? 『나, 화가가 되고 싶어!』에서 윤석남은 말한다. '너무 늦은 꿈은 없어요.' 그저 마음 속 간절한 외침을 외면하지 않으면 된다고 속삭인다.

"히히, 근데 팔이 왜 이렇게 길어요?"

준혁이가 키득거리며 묻는다. 붓을 든 단발머리 여자애 팔이 유난히 긴 표지 그림이 인상적이다. 빨간색 배경 덕분에 그림 속 아이는 당당해 보인다.

"저 애가 웃고 있는 거 보니까, 아마 그림 그리는 게 행복한가 봐요."

보연이는 주인공 마음을 무척 예리하게 짐작한다.

"그래, 사람은 누구나 자기가 좋아하는 일을 할 땐 행복하지. 행복하면 웃는 얼굴이 되고."

내 말에 몸을 꼬며 배시시 웃는다.

"와~아, 강물 같아요."

"나는 하늘 같은데."

석규 말에 희진이가 조심스럽게 말한다.

"석규는 왜 강물같이 보여?"

"어……어, 그……냥요."

아이들은 자기 생각을 적당한 언어로 표현하기 어려울 때 '그냥'이라는 대답을 한다. 아이들의 '그냥'이라는 말에 얼마나 많은 의미가 담겨 있는지 짐작된다. 마음속에 이는 숱한 출렁거림을 단 몇 마디 낱말로 표현한다는 것은 얼마나 어려운가? 그래서 아이들이 멋쩍게 '그냥요.' 할 때 그 안에 있는 이야기를 굳이 묻거나 다그치지 않는다. 석규 대답에 고개를 끄덕이며 씩 웃었다.

"왜 하늘 같으냐면요. 우리 잠자리 잡으러 갔을 때, 텃밭에 갔을 때 말이에요. 잠자리 찾느라고 하늘을 딱 쳐다봤는데 그 때 하늘이 저런 색깔이었어요."

"아, 그랬구나! 그 때 본 하늘 색깔을 잊지 않고 있었구나!"

"하늘 보니까 새가 돼서 막 날아가고 싶어요."

희진이와 단짝이면서도 지기 싫어하는 윤진이가 눈웃음을 치며 말하자 희진이가 돌아보며 환하게 웃는다.

"저 여자애 입은 옷을 보니까 옛날, 그러니까 우리 할머니가 살던 그런 때 이야긴가 봐요."

세운이가 하얀 저고리에 깜장 치마를 입은 계집애를 가리킨다.

"와, 세운이는 눈썰미가 대단해. 그런 걸 어떻게 알아채지?"

내가 추켜세우자 세운이가 손으로 얼굴을 쓸어내린다. 얼굴은 발그레한데 싫지 않은 눈치다.

"우리 엄마도 나랑 보윤이 낳고 아들 낳을라고 해서 일랑이 낳은 건데……."

딸 셋을 낳고 엄마가 아들을 낳은 날 아빠가 셋째 딸을 번쩍 안아 올리는 부분에서 보연이 표정이 살짝 쓸쓸하다.

"선생님, 근데 왜 아들을 안 안아 주고 셋째 딸을 안아 줘요?"

"응, 그건 남동생을 본 귀한 딸이라고 생각해서 그랬을 거야. 선생님네도 딸 여섯을 낳고 아들을 낳았거든. 나는 다섯째 딸이고. 여섯째인 내 동생 이름은 상남이야, 최상남. 남자 동생 보라고 딸 이름에다가 사내 남자를 넣은 거지. 어쨌든 그 바로 밑에 동생이 남자야. 그래서 우리 아부지가 어렸을 때 내 동생 상남이만 무등을 태워 다녔어. 남동생 본 귀한 딸이라구. 그러니까 여기 나오는 아버지도 우리 아부지하고 같은 마음인가 봐."

기나긴 내 사설에 아이들이 눈빛을 반짝인다. 그때 윤진이가 딱한 표정을 지으며 내게 한마디 한다.

"우리 선생님 되게 불쌍하다."

졸지에 아이들한테 위로 받는 처지가 되었다.

하얗고 커다란 날개를 단 계집애는 새처럼 하늘을 날고 있다. 마음 가는 대로 살기 때문이다. 마음이 바라는 거는 고작해야 '그네 타고 하늘에 닿기', '물에서 하루 종일 헤엄치기', '토끼보다 더 빨리 뛰기', '남자아이보다 나무 높이 오르기'이다.

"아, 재는 좋겠다."

놀이의 달인인 재민이가 부러운 듯 내뱉는다.

"니가? 너는 매일 원 없이 놀잖어?"

"아~니에요, 나 쪼끔밖에 못 놀아요."

쉬는 시간도 모자라 수업이 시작되고도 한참이나 있어야 느릿느릿 들어오는, 꼭 네 시 반 마지막 하교 버스를 타고 가는 녀석이 하는 말이다. 놀아도 놀아도 채워지지 않는 놀이 욕구는 모든 아이들의 본능이니 재민이 말도 맞다.

"어, 저거 무슨 꽃이지?"
"맞어, 운동장 꽃밭에 있는 꽃인데?"
"붓꽃."
"아~, 진짜 이쁘다. 새가 막 날아 갈라고 하는 거 같어, 그지?"
소명이가 채은이를 돌아보며 웃는다.
"어쩜, 소명이는 시인이다. 어쩜 그렇게 이쁘게 보냐?"
아이들은 모두 시인이라는 이오덕 선생의 말을 새삼 절감한다.

계집애는 학교 가는 길에 목화송이를 들여다보고, 강둑에 누워 꽃과 풀, 하늘을 올려다보는 풍부한 감수성을 지녔다. 또 아빠 서재에 틀어박혀 종일 책을 읽으며 새로운 세상을 만난다. 책을 읽는 계집애 둘레에서 빛나는 온갖 형상들이, 마음에 자리하는 아름다운 세계처럼 보인다. 세상을 몸과 마음으로 만나던 계집애는 드디어 제가 가장 잘할 수 있는 일을 찾아낸다. 바로 그림을 그리는 일이다.
"아버지가 돌아가셔서 슬프니까 촛불도 막 울고 있는 거 같아요."
"나도 눈물이 날라 그래요. 슬퍼요."
눈물 많은 우리 반 아이들, 방금 전까지만 해도 조잘거리더니 찬물 끼얹은 것처럼 조용하다. 흔들리는 촛불 끝에 선 그림자를 보며 아버지가 떠나기 싫어서 그냥 서 있는 것 같다는 근우 말에 순간 울컥 눈물이 난다. 돌아가신 아버지 모습이 어른거린다.
"저 애가 파란색으로 칠해진 거 보니까, 우울한 것 같아요."
"우울? 그렇게 어려운 말을? 근데 우울한 게 뭐지?"

내가 놀란 표정으로 묻자 세운이가 쑥스러워 한다.

"우울한 거는 마음이 막 아픈 거래요, 우리 엄마가."

기훈이가 대신 대답한다.

"으~, 아빠 돌아가시고 이제 가난해졌으니까 슬픈 건가 봐요."

"그래, 돈을 벌어야 되니 자기가 좋아하는 걸 못하게 되어 슬픈 모양이다."

"남자하고 여자가 둘이 그네 타네요? 아마 사랑하나 봐요. 근데 저기 남자하고 여자 옷 색깔이 합쳐지는 게 혹시 애기?"

보연이 말에 준혁이와 경민이가 이야기 멍석 위를 구르며 키득거린다. 연신 '사랑', '애기'를 되뇌며 낄낄거린다. 그 말에 보연이가 금방이라도 울 듯하다. 에고고, 아직도 애기 젖 냄새가 폴폴 나는 것들이 '사랑' 한마디에 저리 자지러지다니.

처녀는 결혼을 하고 아내가 되고 며느리가 되며 밥하고 청소하고, 빨래하고 아기 돌보며 작아지고 또 작아진다. 빈 의자와 몸이 반쪽으로 변해가는 우울한 여인. '방에 갇힌 여자가 죽은 것처럼 보인다.'는 아이들 말에 가슴이 턱 막힌다. 작은 점이 소용돌이에 빨려들어 가는 그림을 보며 계집애 몇이 '아~우, 어떡해.' 탄식한다. 내 마음에도 바람이 분다. 십 몇 년 전, 비 오던 저녁 퇴근길의 우울한 단상이 떠올라 아프다. 꿈을 버려야 하는 이 땅의 많은 여인네들이 떠올라 마음이 무겁다. 일상에 묻혀 있던 여인이 '그림을 그리고 싶다.'는 마음의 속삭임에 귀를 기울이는 장면을 보는 순간 내 마음이 울렁거린다. '그림을 그리고 싶어.'라는 글씨가 조금씩 커지면서 몇 번 되풀이되는데 어느 순간 아이들이 입을 모아 외치고 있다.

"그림을 그리고 싶어, 그림을 그리고 싶어."

마치 제가 주인공이나 된 듯 글씨 크기에 따라 점점 목소리 크기를 높이며 외친다. 그 울림이 좁은 교실을 울리고 텅 빈 내 마음을 울린다. 메아리처럼 남아 맴돈다. 나는 한참이나 책장을 넘기지 못하고 멍하니 그대로 있었다. 감동이다. 어떤 수식도 필요 없는 그저 감동이다.

"우리 엄마도 공부하고 싶었는데 못해서 속상했대요."

"보연이네 엄마, 군인이었대요."

아이들은 알려나? 공부하고픈 마음을 억누르고 직업을 가져야 했던 제 어미 심정을. 셋째를 들춰 업고도 학교 일을 도와주러 바지런히 찾아오던 보연 엄마 얼굴이 떠오른다.

"다행이다. 이제라도 그림을 그리니까."

"엄마하고 손잡고 있는 거 보니까 이제는 행복을 찾은 거 같아요."

"맞아, 이제 자기 삶의 주인이 되었나 봐. 그러니까 웃잖아."

'내 삶의 주인은 나, 더불어 사는 우리'라는 우리 교훈을 어쩜 이리도 적절하게 가져와 쓰는지. 아이들 배움은 머리보다 마음에서 우러나온다는 생각에 여덟 살 계집애들이 참으로 커 보인다. 이 책을 읽는 내내 계집애들이 훨씬 적극적이었다. 무의식에서 미래의 자기를 보는 걸까? 아이 기르고 집안 살림 하느라 지친 제 어미를 보며 안타까워하는 마음이 컸던 것일까? 종알거리는 계집애들을 보는데 공연히 눈자위가 빡빡해진다.

"심청이 같아요."

당당한 여인네 둘레에 핀 연꽃 때문일까?

"그래, 그렇게 보인다. 심청이는 죽었다가 다시 살아났잖아. 연꽃 속에서. 이 화가도 자기 꿈을 죽였다가 다시 살려냈으니까 죽었다 살아난 거나 마찬가지인가 봐."

시인이 되고 싶었던 스물의 꿈을 삶 한 귀퉁이에 깊숙하게 묻은 역사 때문인지 내 감정에 앞서 여러 이야기를 덧붙인다. 그러면서 주인공 윤석남의 당당한 부활에 기대어 접어 둔 꿈 한 자락의 끝을 살그머니 잡아당겨 본다. 매일매일 꿈이 바뀌는 우리 아이들. 그 꿈 많은 아이들 마음 길 앞에 한 사람 이야기를 놓아 준다는 핑계로 내가 위로 받았다. 마음의 소리에 귀 기울였던 여인네의 푸른 강물 같은 삶을 만난 봄, 아이들 덕에 내가 설렌다. 나도 내 삶의 주인이 되어야 할 텐데. 이 봄, 나는 봄빛처럼 푸른 시 한 편 쓸 수 있으려나?

6. 말은 안 통해도 마음 기댈 수 있는 한 식구

『손님』 © 윤재인 글, 민소애 그림 | 느림보

그림책 강의를 하다가 황망했던 기억이 있다. 『엄마 마중』을 함께 보는데 내내 입을 앙다물고 눈에 힘을 주는 분이 있었다. 금방이라도 터질 듯한 눈물을 애써 참고 있는 모습에 그림책을 넘기며 내내 마음이 조마조마했다. 그런데 하늘에서 함박눈이 쏟아지는 마지막 그림을 볼 즈음 중년의 여선생님은 황망히 자리를 떴다. 순간 나는 가슴이 먹먹해졌다. 아무렇지도 않은 척 나머지 그림을 보고 잠깐 쉬는 시간을 가졌다. 강의실 문 쪽을 흘끗거리며 그 선생님이 들어오길 기다렸다. 그러나 한참을 기다려도 선생님은 나타나지 않았다. 몇 번 숨을 고른 뒤 그림책을 들고 화장실 앞에서 선생님을 기다렸다.

얼마나 기다렸을까? 눈동자가 가을 단풍보다 더 붉어진 선생님이 나를 보고 멈칫했다. 나는 선생님 손을 잡고 한쪽 구석으로 가서 맨 마지막 장면, 엄마와 아이가 산동네 좁은 골목길을 올라가는 그림을 가리키며 말했다.

"선생님, 여기 보세요. 이 아이 엄마 만났어요."

선생님 손은 차가웠다. 그 때 선생님의 빨간 스웨터 위로 후두둑 눈물이 쏟아졌다. 그리고 그날 강의가 끝날 때까지 선생님은 들어오지 않았다.

초등학교 4학년 겨울, 살을 에일 듯 추운 청풍 뱃터에서 엄마를 기다리는 열 살짜리 여자아이가 있었다. 막내 동생만 데리고 홀연히 서울로 간 엄마는 아무리 기다려도 오지 않았다.

"니네 엄마 도망갔다!"

동네 어른들이 히죽거리며 던지는 말이 아이에겐 비수처럼 꽂혔다. 겨울이라 해는 일찍 떨어지고 오도카니 혼자 앉은 아이 곁엔 아무도 없었다. 제천에서 들어오는 막차가 손님을 내려놓고 한참을 기다리다 다시 떠나도 아이는 차마 자리를 뜨지 못했다. 두런거리는 사람들 소리도 들리지 않을 즈음 아이는 집으로 돌아오며 소리 없이 울었다.

소리 내어 울면 엄마가 그 소리를 듣고 혹시 오지 않을지도 모른다는 생각에 소리를 눌러 참았다. 식구들 가운데 한 사람이라도 엄마가 위장병 때문에 서울 병원으로 치료를 받으러 간 거라고 귀띔을 해 주었더라면, 아이는 그해 겨울을 그렇게 춥고 서럽게 보내지는 않았을 거다. 중년 여선생님의 울음이 내 가슴을 울렁거리게 했던 것은 아마도 같은 아픔을 지닌 이들끼리만 느낄 수 있는 마음이었을 거다.

누군가를 기다려 본 사람은 안다. 오지 않는 이를 기다리는 그 시간이 얼마나 더디게 흘러가는지. 기다리는 사람이 올 것 같은 곳을 보며 눈 한번 다른 데로 돌리지 않으며 얼마나 마음을 졸이는지. 그렇게 오래 기다려도 발자국 소리조차 들리지 않는 곳을 볼 때 마음 한편에 싸하니

불어오는 바람이 얼마나 서늘한지 말하지 않아도 안다. 짐작컨대 그날 만난 선생님은 아마도 기다리던 이가 영원히 오지 않은 아픔이 있지 않나 싶다.

『손님』 앞면지에 그려진 그림. 하염없이 어딘가를 쳐다보고 있는 열 살 남짓의 사내아이 뒷모습을 보는 순간, 마음 한편으로 무언가 쿵하고 떨어졌다. 이윽고 사내아이의 파란색 셔츠가 어른어른거렸다. 비라도 올 듯 회색으로 칠해진 텅 빈 거리가 쓸쓸함을 더하고 있다. 누군가를 기다리는 아이 마음이 마치 그렇다는 듯이. 아이들 앞에서 이 책을 잘 읽어 낼 수 있을지 자신이 서지 않는다.

"아, 재 슬픈 거 같아요. 엄마한테 혼났나?"

주현이가 책 표지에 그려진 아이를 보며 불쑥 말한다.

"왜? 왜 슬퍼 보여?"

"어……, 눈에 눈물 있는 거 같아요. 그래서 눈물을 참느라고 입을 이렇게, 입술을 꽉 깨물고 있잖아요. 나도 엄마한테 혼나서 눈물 날라 그러면 그러거든요."

주현이 얼굴에 발그레한 기운이 돈다. 나는 주현이 말에 고개를 끄덕이며 '으음, 으응' 하고 맞장구를 쳐주었다. 그런데 말을 마친 주현이가 갑자기 무릎에 얼굴을 묻었다.

"어? 주현이 운다!"

작은도연이가 주현이 얼굴을 들여다보며 큰소리로 말한다. 그런데도 주현이는 꼼짝을 않는다. 다른 때 같으면 불호령이 떨어져도 벌써 떨어졌을 텐데. 내가 작은도연이에게 눈짓을 하자 멋쩍은 표정으로 물러나 앉는다.

"선생님, 재 누구 기다리나 봐요?"

재근이 말에 속으로 적잖이 놀랐다. 늘 깨닫는 것이지만 아이들은 그림을 읽어 내는 눈이 참 예리하다.

"엄마한테 혼나고 집 나온 거 같은데?"

유리가 고개를 갸웃거리며 말한다. 회색의 도로 앞에 앉아 망연히 한 곳을 보고 있는 사내아이를 보며 아이들은 두런거린다.

"얼굴이 안 보이지만 어쩐지, 으음……, 울고 있을 거 같아요."

은이가 얼굴을 두 손으로 감싸며 말하는 목소리가 바르르 떨린다. 그 목소리에 애써 태연한 척 했던 내 마음이 잔물결이 인다. 나는 큼큼거리며 헛기침을 한다.

"이름이 본본? 그럼 우리나라 사람 아니네?"

지원이가 눈을 동그랗게 뜬다.

"그러게 말이야."

"아, 그래서 아까 바나나가 많았구나!"

"그럼, 쟤 필리핀 앤가? 필리핀 거기 바나나 많거든요."

"너, 필리핀 가 봤어?"

큰도연이에게 아이들이 호기심을 보인다.

"아니, 책에서 봤어. 근데 우리 엄마가 필리핀 거기 델구 간댔어."

새해 첫날, 창문을 활짝 열고 올해는 아빠가 꼭 돌아오게 헤 달리는 구절을 읽을 때, "본본, 쟤가 아까 거기 길에서 아빠를 기다린 거구나! 나도 옛날에 베란다에서 아빠 오나 안 오나 하고 보다가 거기서 잔 적 있어요."라며 동현이는 금방이라도 울 듯한 표정을 짓는다. 마음결이 약해 남 앞에서 말을 할 때면 눈에 눈물이 먼저 고이는 동현이. 동현이를 보면 겁 많고 지독히도 내성적이던 내가 떠오른다. 대학 면접 시험을 볼 때 바들바들 떨리는 목소리로 금방이라도 울 듯하던 내 모습을 아직도 기억하는 은사님은 '참, 용 됐다'며 종종 놀리곤 하신다. 그런 동현이에게 나는 고개를 끄덕여 주었다. 그런데 녀석, 급기야는 주먹으로 눈물을 훔친다.

새해 첫날 본본 친구 고양이 체체가 세수를 했다. 고양이가 세수를 하면 기다리는 손님이 온다는 뜻이란다. 엄마와 단 둘이 사는 본본에게 기다리는 손님은 바로 얼굴 한 번 본 적 없는 아빠다. 먼 나라로 돈 벌러 간 아빠. 본본의 얼굴이 환하게 웃는다. 수업이 끝나자마자 본본은 혹시 아빠가 와 있을지 모른다는 기대를 갖고 집으로 달려간다. 엄마에겐 비밀로 하고.

바나나 하나를 움켜쥐고 뛰어가는 본본을 보며 아이들은 바나나가 먹고 싶다며 입맛을 다신다.

"어? 그런데 본본은 안 보이네?"

"벌써, 저 앞으로 뛰어가서 그런가 봐."

글에는 본본이 뛰어가고 있는데 정작 그림에는 본본이 없는 걸 보고 윤호와 병주가 말을 주고 받는다.

"그런데, 저기 재요, 저기 분홍색 옷 입은 여자애. 꼭 최보윤 같아요."

호준이가 그림 속 계집애를 가리키며 보윤이를 돌아본다.

"어? 호준이도 나랑 똑같은 생각했네? 나도 이 아이 보면서 보윤이 같다고 생각했는데? 야, 찌찌뽕~"

내가 집게손가락을 내밀자 호준이가 쑥스러운 표정을 지으며 제 집게손가락을 맞부딪혔다. 앞쪽에 앉아 있던 보윤이가 고개를 갸웃거리는데 얼굴이 발갛다.

"근데 저 애, 겁난 거 같다, 그치?"

보따리 아줌마의 손을 꼭 잡고 있는 작은 여자애를 보며 유리가 코에 주름을 잡아가며 세림이를 보고 말한다. 아줌마의 커다란 손, 그 가운데 집게손가락 하나만을 꼭 잡고 있는 아이는 절실해 보인다. 기다리던 손님이 오지 않자 본본은 무릎에 얼굴을 묻고 운다. 어둑어둑해질 때까지 손님을 기다렸지만 결국 찾아 온 손님은 엄마의 등에 업혀 온 겁먹은 눈빛을 한 여자아이였다.

"아, 본본 진짜 속상하겠다."

요원이가 혼잣말을 한다. 남루한 골목길을 달려가는 본본. 곁에는 아무도 없다.

"쟤는 파란색 실리퍼(아직 발음이 영글지 않은 아이들)만 신네? 신발이 저거밖에 없나 봐."

"필리핀은 더운 나라래서 그래."

도현이 말에 큰도연이가 점잖게 말한다.

본본네 집에 머무르게 된 여자애는 좀처럼 떠날 생각을 않는다. 기다리던 아빠는 오지 않고 엉뚱한 계집애가 왔다는 생각에 본본은 불만이다. 엄마가 필리핀 사람이라지만 김수진이라는 괴상한 이름도 싫고 생김새도 못생겨서 싫다. 그래서 엄마한테 투정을 부린다.

왜 안 그렇겠는가? 본본이 간절하게 그리워한 것은 그 누구도 아닌 아빠인데……. 그래서 수진이가 동네 아이들에게 괴롭힘을 당하는 것을 못 본 척하기도 한다. 그런데 수진이도 아빠를 기다리고 있다는 것을 알게 된 뒤 본본의 마음은 서서히 열린다. 필리핀 말을 쓰면 아빠가 데려가지 않을까 봐 일부러 한국 말만 썼다는 수진이.

"본본 얼굴이 덜 심술궂은 것 같아요."

"맞아요. 인제는 뭔가 좀 친절해질려고 생각했나 봐요."

은이와 주현이가 서로 주거니 받거니 하고 있다.

"둘 다 아빠를 기다리는 거 보니까 좀 슬프다."

유리가 내 얼굴을 쳐다보며 표정을 일그러뜨린다.

"어? 어? 선생님. 저기 저 여자애 봐요?"

"여자애, 뭐?"

"여자애 신발 말이에요."

"어? 신발이 슬리퍼네?"

"파란색 슬리펀데, 무지 커요."

"야아, 무지 큰 거 보니까 혹시? 아빠 꺼?"

은이가 고개를 갸웃거리자, 옆에 있던 주현이가 손뼉을 짝 치며 나선다.

"맞다. 으-음, 뭐냐면 재 본본이 지네 아빠 오면 줄려고 사 놓은 파란색 저 슬리퍼를 이젠 수진이한테 빌려 줬잖아요. 그러니까 인제는 수진이를 식구로 생각한다, 뭐 그런 거 같아요."

따발총처럼 숨도 안 쉬고 내뱉는 주현이 말을 들으며 나는 속으로 '어쩜, 어쩜' 하고 감탄을 했다.

"그래, 주현이 말처럼 둘은 식구가 됐나 봐. 말도 생김새도 다르지만 한 식구가 되어 살기로 했나 봐."

내가 상기된 얼굴로 덧붙이자 아이들이 고개를 끄덕인다.

"어, 말은 잘 안 통해도 마음이 통하는 거지요."

큰도연이가 깔끔하게 마무리를 한다. 나는 이번엔 박수를 치며 큰소리로 "어쩜, 어쩜" 하고 호들갑을 떨었다. 아이들이 킬킬거린다.

아이들 말처럼 한 식구가 된 두 아이는 나란히 앉아 '아빠'를 기다린다. 본본은 왼쪽을 보고, 수진이는 턱을 괸 채 정면을 바라보고 있다. 누군가를 간절히 기다리는 두 아이의 뒷모습이 전처럼 막막하지는 않다. 두 아이가 이미 마음을 기댈 수 있는 가족이 되었기 때문일까? 가족의 달이라는 오월, 우리는 핏줄이라는 가족의 울타리를 넘어서서 마음을 나누는 누군가의 가족이 되어 보면 어떨까?

7. 딱 하루만 동생이 없으면 좋겠어!

『동생이 싫어!』 © 문구선 글 · 그림 | 한림출판사

조팝꽃처럼 여리디 여린 여자아이. 목소리 큰 내가 조금이라도 소리를 높이면 그 아이 눈에는 까닭 없이 눈물이 그렁그렁 맺히곤 했다. 작년에 가르쳤던 아이의 동생이라 우리 교실을 무시로 드나들어 낯설지 않은 터였다. 남자아이들과 곧잘 칼싸움을 하고 축구도 하는 언니에 견주면 음지에 핀 꽃처럼 하늘거리던 아이였다.

그 아이에게 작년 여름 즈음, 남동생이 생겼다. 그리고 가을에 접어들어 심하게 틱 증상을 보였다. 식구들이 아무리 내색하지 않았다 해도 아이는 무의식적으로 알아차렸을 것이다. 그동안 자기에게 쏟아졌던 봄별 같은 사랑이 곰실거리는 동생에게 모조리 쏟아지고 있다는 것을, 그리고 아무리 비집고 들어가려 해도 자기가 들어설 틈이 없다는 것을. 그것을 알아챈 아이는 까닭 모를 소리를 큼큼거리고, 눈을 깜빡이고, 때론 앙앙 울며 유치원에 가지 않겠다고 엄마 치마를 잡고 늘어졌다.

난 교실에서 모르는 척 아이를 살폈다. 옛이야기를 들으면서도 큼큼거리는 소리는 끊이질 않았고, 툭하면 배가 아프다 머리가 아프다 오만상을 찡그리며 보챘다. 자기만 봐달라고 보채는 아이들에게 모질게 구는 내가 유독 이 아이에게만은 그러지 못했다. 어느 날 갑자기 나타나 자기의 자리를 차지한 동생 때문에 생긴 마음의 빈자리가 허전해 보여 차마 매섭게 하지 못한 것이다. 그 덕분인지는 알 수 없지만 아이의 틱 증상은 간격이 조금씩 멀어졌다. 그런데 며칠 전, 옛이야기를 들려주는데 한동안 잠잠하던 '큼큼' 소리가 다시 들렸다. 아이가 눈을 깜빡이며 연신 목울대에 힘을 주고 소리를 내고 있었다. 가슴 한편으로 서늘한 바람이 불어왔다. 문득 얼마 전에 읽은 『동생이 싫어!』를 아이의 마음자리에 놓아두고 싶었다. 네 마음을 알고 있다고, 그리고 너뿐만 아니라 다른 아이들도 다들 하나씩은 허전한 마음을 가지고 있다고 말해 주고 싶었다.

"선생님, 쟤 화났잖아요. 왜 그런지 알아요?"

"글쎄, 왜 화났을까?"

"쟤 동생 말이에요. 걔가 엄마를 훔쳐 가서 그래요."

"엄마를 훔쳐 가?"

아이 쪽으로 몸을 기울이며 묻자, 귀여운 얼굴이 발그레해진다.

"아니야. 동생이 공책두 찢구, 인형도 망가뜨려서 그런 거야."

주현이 말에 아이 눈에 물기가 고인다.

"주현아, 네 말도 맞지만 가은이가 그렇게 말한 이유가 있을걸?"

"가은아, 왜 동생이 엄마를 훔쳐 갔다고 생각해?"

"어……, 음……, 엄마가 동생만 안아 주고 있잖아요. 그러니까, 음……."

"그래, 가은이 말을 들어 보니까 누나 입장에서는 동생이 엄마 품을 빼앗아 간 것처럼 느껴졌겠구나!"

내 말에 가은이는 가만히 고개를 끄덕였다. 그런데 눈동자는 이미 발갛다. 처음부터 살얼음판을 걷듯 조마조마하다. 나는 가은이를 보며 씩 웃었다. 이럴 때 내가 할 수 있는 건 그렇게 많지 않다.

"야, 저 노캐트 봐. 안에 동생 탔어!"

아직 발음이 영글지 않은 성훈이가 로켓 안에 그려진 동생 얼굴을 가리키며 소리친다.

"진짜다 진짜." 하면서 아이들이 킬킬거린다.

"너무한다. 난 동생이 까불 땐 밉지만, 그래도 아프면 불쌍한데."

동생과 유난히 사이가 좋은 은이가 얼굴을 찡긋거리며 말한다.

"야, 은이는 병규랑 사이가 무지 좋구나!"

은이를 치켜세우자 지원이가 질세라 말한다.

"나도 동생 안 미워해요."

"넌, 동생 없잖어."

"아니여. 저기 멀리에 동생 살어. 나두 있어."

병주와 지원이의 토닥거리는 소리가 한참 이어진다.

"내 동생도 재처럼 막 어질러 놓고, 우유도 쏟고 그러는데. 그래도 난 내 동생 이뻐."

주현이가 눈앞에 동생이라도 있는 듯 흐뭇한 표정이다.

"주현이 동생은 여자지? 그러니까 더 이쁜 거 아니야?"

"근데 우리 엄마는 동생이 뭐라도 잘못하면 누나니까 참으래요. 그래서 속상해요."

가은이가 억울한 듯이 말한다.

"그렇겠네."

"그리고 동생은 자기가 잘못해 놓고 엄마한테 가서 막 울어요. 난 아무 짓도 안했는데……."

"그럴 땐 억울하겠다?"

"그래서 옛날에 엄마 몰래 동생 팔뚝 꼬집은 적 있어요."

"그래서?"

"그때는 동생이 말 못했거든요. 막 울었어요. 쪼끔 미안하면서도 음, 기분이 시원했어요."

겸연쩍게 웃는 가은이를 보며 씩 웃어 주었다. 그리곤 선생님도 옛날에 친구들하고 고무줄놀이를 하고 싶은데 동생을 업고 있어야 해서 동생 몰래 도망간 적이 있다는 고백을 했다. 가은이 얼굴이 환해졌다.

"근데 선생님. 동생들은 누나들 거는 다 좋아하나 봐요. 내 동생 병규도 내 물건을 자꾸 만지고 그래요. 그럴 땐 동생이 조금 싫어요."

"그래, 동생들은 다 그러더라. 아마 누나나 형 것을 갖고 싶어서 그런 걸 거야."

"나는 안 그러는데……."

윤호가 입을 내밀고 불퉁스럽게 말한다. 나는 속으로 가볍게 웃었다. 전에 윤호 누나인 윤진이를 가르칠 때 동생 때문에 속상하다는 하소연을 참 많이 들었는데, 윤호는 저렇듯 시치미를 뚝 뗀다.

"그래, 윤호는 안 그럴 거야."

"얘 봐. 엄마한테 안겨서 메롱한다. 진짜 얄밉다."

민석이가 말썽꾸러기 동생 민이가 누나를 향해 메롱하는 장면을 보며 단짝 요원이를 돌아본다. 그런데 삼남매 가운데 막내인 요원이는 아무것도 못 들은 척 고개를 돌린다. 아마 들키고 싶지 않은 자신의 모습이라 외면하고 싶은지도 모른다. 좀처럼 생각을 드러내지 않는 민석이 눈에는 엄마 품에 안겨 누나를 약 올리는 동생 모습이 예사롭지 않은 모양이다. 민석이 역시 태어나면서 오롯이 독차지했던 할머니 품을 사촌 동생에게 빼앗긴 적이 있다. 그런 헛헛한 아픔이 민석이의 무거운 입을 열게 만들었으리라. 여덟 살짜리 꼬맹이들의 아픈 역사에, 뭐라 표현할 수 없는 그 헛헛함에 공연히 눈이 시큰거린다.

저런 말썽꾸러기 동생은 없는 게 나아

빡빡머리 동생 민이의 저지레는 끝이 없다. 밥상에 올라가서 밥풀을 잔뜩 묻은 숟가락을 던지고, 밥과 반찬을 쏟고, 집 안을 엉망으로 만든다. 슈퍼맨처럼 빨간 보자기를 둘러쓴 차림으로 봐서 민이의 호기심과 행동이 어느 정도인지 가히 짐작이 된다. 민이의 무자비한 저지레에 드디어 누나의 분노가 폭발한다.

"휴우~, 나 같아도 도저히 못 참겠다."

가은이가 한숨을 섞어 내뱉는다.

"맞아. 나도 못 참아. 어떻게 동생들은 다 저러냐, 그치?"

병주가 가은이 말에 맞장구를 친다.

"병주야, 니 동생도 이러냐?"

"어떨 땐 안 그러는데요, 또 어떨 땐 그래요."

"에고, 병주가 참느라 고생이 많겠다."

역성을 들어주자 평소 병주답지 않게 얼굴을 붉힌 채 고개를 끄덕거린다.

누나는 동생이 없어지면 좋겠다는 생각에 필살의 마법약을 만들기에 이른다. 그것도 모두가 잠든 깊은 밤에. 콜라와 설탕, 소금, 우유, 딸기잼을 섞은 뒤 마지막으로 달님의 빛을 넣기 위해 창문가에 놓아둔다. "으아. 맛 디게 이상하겠다. 웩~웩~." 웃고 있지만 어딘지 조금 쓸쓸해 보이는 큰도연이가 과장된 행동을 한다. 큰도연을 따라 동생의 자리에 있는 녀석들이 웩웩거리며 토하는 시늉을 한다. 동생이라는 이름으로 자신들이 저지른 몹쓸 짓을 어물쩍 넘겨 버리고 싶은 게다.

"근데요, 선생님. 쟤 동생이 기저귀 차고 있는 거 보니까 아직 애긴가 봐요."

"애기라고 봐주니까 더 저러는 거야. 따끔하게 혼나야 버릇을 고치지."

요원이가 큰소리로 말하고는 멈칫한다. 짐작컨대 누나들이 하는 말을 저도 모르게 옮긴 게 아닌가 싶다. 눈치 빠른 요원이가 두 누나를 어떻게 골탕 먹일지 안 봐도 훤하다.

"그래, 요원이 말처럼 동생도 가끔은 따끔하게 혼나야 돼. 그치, 요원아?"

내 질문에 요원이는 차마 대답하지 못한다. 웅얼거리며 뭐라 몇 마디 하더니 이내 입술만 잘근잘근 깨문다.

"어? 근데 동생 진짜 없어졌나 봐."

"마법약이 맛있는 건지 알고 몰래 먹었나 봐."

"고거 쌤통이다."

주로 누나나 형인 아이들이 신났다. 반면 동생인 아이들은 아무 말도 없다. 서로 다른 자리에 있는 아이들 반응이 재밌다.

"저런 말썽꾸러기 동생은 차라리 없는 게 나아."

"나는 딱 하루만 동생이 없었으면 좋겠어."

가은이 말이 가슴에 깊이 박힌다. 혼잣말처럼 내뱉는 말이 빈 동굴에서 울리는 소리처럼 웅웅거린다. '그래, 가은아! 그림책에 기대어 네 속에 켜켜이 쌓아 둔 진정을 이렇게라도 쏟아낼 수 있다면 얼마나 다행이니? 마치 남의 이야기인 양 내뱉으며 외롭고 쓸쓸한 마음까지 훌훌 털어낼 수 있다면 얼마나 고마운 일이니?' 자리에 앉지도 못하고 내내 엉덩이를 들고 그림책을 보는 가은이를 향해 나는 속으로 나직이 속삭였다.

동생이 사라진 뒤 혼자 신이 난 누나 표정을 보면 그동안 마음고생이 얼마나 심했는지 짐작이 된다. 누나는 동생이 없는 집에서 그간 누리지 못한 자유를 마음껏 즐긴다. 이 대목에서 아옹다옹 다투며 "차라리 외동이었으면 좋겠어!"라고 외치는 아들들이 생각나서 웃음이 나왔다. 그렇게 혼자이길 원하면서도 형이나 동생이 하룻밤만 없으면 심심하고 무료해서 몸을 뒤트는 모습도 그려졌다. 빈자리가 보일 때야 비로소 그 안을 채우고 있던 존재를 귀하게 여기는 형제. 그리고 사라진 동생 때문에 걱정하는 누나. 뒤집힌 우산을 빗속에 던져두고 쪼그려 앉아 있는 누나의 모습에 도무지 미워할 수 없는 아이가 담겨 있다.

"느나 거."

막대 사탕을 내미는 동생을 보며 누나는 무사히 돌아온 동생이 반가운 마음에 그간의 미움이 잠시 사라진다. 그렇지만 돌아온 탕아, 민이는 여전히 누나 속을 뒤집어 놓는다. 그래서 누나는 더욱 큰 결심을 한다. 이번에야말로 싱크대를 뒤지고 뒤져서라도 아주 멀리, 남극이나 바닷속, 별나라로 보내 버릴 마법약을 만들고 말겠다고. 아마도 이들의 싸움은 영원히 끝나지 않을 것이다.

"진짜로, 멀리 보내 버렸으면 좋겠다!"

분홍색 주름치마를 탈탈 털며 일어선 가은이가 야무지게 한마디 한다. 가은이 말을 받아,

"다음엔 절대 돌아오지 못할 곳으로 보냈음 좋겠다, 그치."

하며 나도 큰소리로 말했다. 가은이가 고개를 모로 꼬며 배시시 웃는다.

8. 마음의 문을 열면 고향에 갈 수 있잖아요

『비무장지대에 봄이 오면』 © 이억배 글 · 그림 | 사계절

거나하게 술이 오른 사십 대 중반의 아비가 이제 막 한글을 깨우치기 시작한 딸 앞에서 노래를 부른다.

"고향이 그리워도 모~옷 가아느~은 시~인세, 저어 하늘 저 산 아래 ~ 아득하~안 처리…… 꾸우~움에 본 내 고오~향이 마아냥 그~으리이이 워~"

눈물 젖은 목소리로 부르는 노래를 연필에 침을 묻혀 가면 받아 적는 어린 딸.

"다 적었냐?"

한참 천장을 올려다보던 아버지는 묻는다.

"응. 근데 아부지 고향이 뭐야?"

저린 손을 쥐었다 폈다 하며 묻는 딸에게 아버지는 말했다.

"고향은 말이지, 고향은 우리 엄마가 있던 곳이지. 아부지가 말이지 친구들하고 물수제비 뜨며 놀던 저수지가 있고, 그리고 말이지 빨간 감이 주렁주렁 열리는 우리 집이 있던 데지. 그런데 말이지~."

그러나 번번이 아버지는 말끝을 맺지 못했다. 어린 아이처럼 후드득 후드득 눈물을 쏟다가 밖으로 나가 담배만 뻑뻑 피웠다. 그렇게 꿈에 본 내 고향 노래를 부르던 아버지는 그 뒤로도 십 수년을 타향으로 떠돌다 세상을 등지기 몇 해 전에야 허름한 고향 마을로 돌아와 텃밭에 노오란 콩나물 콩을 심으며 살다가 고향 땅 산기슭에 묻혔다.

어두운 등잔불 밑에서 들큰한 술 냄새를 맡으며 '꿈에 본 내 고향'을 받아 적던 딸은 아버지가 고향으로 돌아오던 해, 고향을 잃었다. 남한강 댐이 완공되면서 단발머리 계집애의 고향은 물 밑에 조용히 가라앉아 버렸다.

친구들과 고무줄 하던 영관이네 논바닥, 올갱이 잡던 범여울의 바위, 쏟아지는 눈의 무게를 이기지 못해 쩍쩍 울음소리를 내며 찢어지던 아름드리 소나무가 있던 청풍의 솔무정은 그렇게 조용히 사라져 버렸다. 맨발에 깜장 고무신을 신고 누가 더 개구리 소리를 잘 내나 내기 하던 친구들도 뿔뿔이 흩어져 버렸다. 가고 싶어도 갈 수 없는 고향을 가진 이는 마음에 커다란 구멍이 나 있다. 그 구멍은 무엇으로도 메울 수 없는 결핍이며, 지친 마음 눕힐 곳 없는 상실의 아픔이다.

몽실이 단발머리로 아비의 들큰한 술냄새를 맡으며 삐뚤빼뚤한 '꿈에 본 내 고향'을 받아 적던 계집애는 이제 눈물 젖은 목소리로 고향을 그리워하던 애비의 나이가 되었다. 잊고 살아가다가도 저녁 연기 오르는 시골을 만나기라도 하면 나도 모르게 '고향이 그리워도 모~옷 가아느~은 시~인세……'를 흥얼거린다.

그러나 나 역시 아버지처럼 끝내 마지막 소절을 부르지 못한다. 뜨거워진 눈두덩과 마음에 일어나는 물길을 감당하지 못하고 혼자 먼 산을 본다. 빛바랜 사진처럼 내 마음 저 밑바닥에 가라앉아 있는 고향. 사는 게 힘들고 지칠 때마다 내 몸 어딘가에 스며 있던 고향의 소나무 향기를 맡으며 뭉근한 힘을 얻는다. 만지지도 껴안을 수도 없는 고향이지만 마르지 않는 샘처럼 여전히 팍팍한 삶에 물기를 준다. 고향은 그런 거다. 울컥하는 눈물로, 때론 생솔가지 타는 매콤한 연기로 그렇게 지금의 나를 지탱하고 밀어 주는 그리움의 우물이다.

여기 나처럼 실향의 아픔을 가진 이가 있다. 그에 견주면 나는 행복한 편이다. 고향 땅 언저리는 찾아갈 수 있으니. 이미 허리가 굽어 야트막한 능선조차 힘겹게 오르는 그는 눈앞에 고향을 두고도 갈 수 없는 분단의 실향민이다. 거대한 철조망에 가로막혀 그저 먼 곳에 있는 고향 땅만 하염없이 바라보아야 하는 분단된 조국의 자화상이다. 달리다 멈춰 선 채 녹이 슬어버린 기차, 새들과 멧돼지, 토끼들이 자유롭게 살아가는 땅. 비무장지대라 불리는 이 곳에 기다림에 지친, 그러면서도 차마 포기하지 못하는 그리움을 가진 그가 있다.

"어? 비무장지대가 뭐지?"

"그거 혹시? 비가 많이 오는 곳?"

호준이 중얼거림에 주현이가 대답을 하곤 혼자 키득거린다.

"진짜?"

순진한 호준이 눈이 반짝인다.

"헤헤~ 몰라. 그냥."

'비무장지대'란 말이 낯선 일 학년 꼬맹이들의 그럴듯한 추측이다.

"비가 무진장 많이 오는 곳이란 뜻인가?"

내가 비실비실 웃으며 주현이 말에 보태자 몇 녀석이 "진짜? 진짜?" 하며 묻는다. "뭔 뜻인지 책에서 찾아보자"고 하니 "에이~." 하면서 심드렁한 표정을 보인다.

"근데 선생님, 우리나라가 디게 작네요? 그리고 여기에 빨간색으로 다친 거처럼 표시된 건 뭐에요? 다른 나라에는 그런 거 없는데?"

앞 면지에 그려진 세계 지도에서 용케도 우리나라를 찾아 낸다. 그리고 붉게 그려진 철조망을 본 것이다.

"그치? 이렇게 보니까 우리나라 작지? 그리고 주현이가 물어 본 이 빨간색 표시는 휴전선이라고 하는 건데 이걸 중심으로 해서 위쪽은 북녘, 아래쪽은 우리가 사는 남녘이지. 그리고 왜 우리나라만 이렇게 빨간색 선이 그어져 있는지는 책을 읽으면서 한 번 고민해 보자."

"어이구, 이렇게 쪼만한데 저거로 나눠 놓으니까 더 쪼그맣다. 에~휴~."

작은도연이가 폭폭 한숨을 쉰다. 심각한 그 모습이 귀여워 나도 모르게 픽 웃음이 터진다. 그런데 정말 이렇게 세계지도를 놓고 보니 우리나라가 작아도 참 작다. 그리고 이렇게 작은 나라가 세계에서 유일하게 나뉘어져 있다는 현실에 가슴이 답답해진다.

"어? 망원경이다. 꼭 로봇 같다."

"야, 500원 내야지 보나 봐. 디게 비싸다. 근데 저걸로 뭐 보지?"

요원이와 성훈이가 속지에 그려진 망원경을 보며 두런거린다.

"어, 알았다. 선생님, 그 빨간 선이 저거 저 막 철사 엉켜 있는 그거지요?"

흥분한 지원이가 벌떡 일어서서 손으로 철조망을 가리킨다. 그러자 뒤에 앉아 있던 아이들이 그림 가린다고 아우성이다. 기세등등했던 지원이가 머쓱하게 자리로 돌아간다.

"지원이가 무지 예리한데? 이 철조망이 우리나라를 남과 북으로 갈라 놓고 있대."

"근데 저기는 사람이 안 사나 봐요."

"왜?"

"멧돼지나 새 이런 것들이 맘 놓고 살잖아요?"

"그래, 여기는 사람이 들어갈 수 없대. 남과 북 누구도 이곳에 들어갈 수 없게 약속을 했대. 왜 그런지는 책 읽으면서 알 수 있을 거 같은데?"

철조망이 막혀 있어도 백령도 앞바다를 자유롭게 넘나드는 물범 가족의 표정은 평화롭고 천진하다. 그러나 통일전망대 앞 계단에 선 할아버지는 힘겨운 모습이다. 할아버지 옆으로는 길게 철조망이 쳐져 있고, 녹슨 철조망을 수리하는 군인들이 보인다. 지금까지 그랬던 것처럼, 앞으로도 그래야 한다는 듯 더 철저하게, 아무도 넘을 수 없도록 철조망을 고친다.

"아, 알았다. 저 할아버지가 저 위에 있는 망원경, 그걸로 북녘 하늘을 볼라 그런다."

요원이가 흥분한 목소리로 말한다. 그런데 그림은 잠깐 숨을 돌려 할아버지 이야기를 슬쩍 미뤄두고 여름이 온 비무장지대에서 평화롭게 살아가는 새들과 수달 형제와 고라니 형제의 모습을 보여 준다.

"어? 할아버지 나왔다. 근데 혼자 안 왔네?"

"아까, 개! 선생님 맨 앞에 그림 다시 보여 줘 봐요. 봐요, 저기 할아버지 손 잡고 가는 재. 개가 할아버지 손잔가 봐요. 개랑 온 거에요."

책 표지에 그려진 사내아이를 가리키며 은이는 흡족한 표정을 짓는다.

"할아버지는 새들이 부럽겠다."

"왜?"

옆에 있던 아산혜원이가 병주를 말끄러미 올려다보며 묻는다.

"저기 봐. 새들은 지 맘대로 철조망을 막 넘어 다니고 그렇잖아."

“어~어. 할아버지는 못 가는데 새들이 가니까?”

“응.”

“근데 할아버지는 왜 북녘 땅을 이렇게 간절하게 바라볼까?”

“거기 혹시 엄마 있는 거 아니에요?”

핵심을 찌르는 큰도연이 대답. 순간 고향은 ‘엄마가 있던 곳’이란 아버지 말이 떠올랐다.

“그래, 큰도연이 말처럼 엄마가 있는 곳인가 보다. 어른들은 그런 곳을 고향이라고 한단다.”

큰도연이가 구부리고 앉았다가 어깨를 쭉 펴며 자세를 고친다.

눈 쌓인 비무장지대, 서슬 퍼런 철조망을 옆에 두고 할아버지와 손자가 나란히 북녘 땅을 바라본다. 혼자가 아니라, 분단을 몸으로 겪은 할아버지 세대와 여전히 분단의 시대에 살고 있는 손자 세대가 나란히 분단의 현장을 들여다보고 있다. 슬픈 현장이면서도 희망이 생기는 그림이다. 그래서 그런가? 아이들 말처럼 할아버지의 뒷모습이 더 이상 외로워 보이지 않는다. 전망대를 내려 온 할아버지와 손자는 손뼉을 치며 웃는다. 시든 가을 잎사귀 같던 할아버지의 얼굴에 생기가 돈다.

“뭐 좋은 일이 생겼나 봐. 둘 다 신 났잖아.”

“야~~아!”

접혔던 책장을 양쪽으로 펼치자 굳게 닫혔던 철조망이 활짝 열린다. 아이들 입에서 환호성이 터진다.

“선생님, 이쪽에서 가는 할아버지와 저기 저 쪽에서 걸어오는 할아버지, 저 여자애랑 같이 오는 저 할아버지랑 만날 거 같아요.”

“진짜다. 문이 열리니까 이제 사람도 다닐 수 있다.”

남녘의 할아버지와 북녘의 할아버지는 힘겹지만 천천히 발걸음을 옮기며 길이 맞닿는 곳을 향해 가고 있다. 녹슨 기차를 뒤로 하고 걸어간 그들은 드디어 한덩이가 되어 서로 껴안는다.

"저 할아버지 막 울겠다."

북녘의 할아버지를 힘껏 껴안은 남녘 할아버지의 뒷모습을 보며 재근이가 말한다. 그 말에 내가 울컥해진다.

"그래, 재근이 말처럼 분명 울고 있을 거야. 나도 눈물이 나려고 하는데 뭐."

"근데 선생님, 아까 그 철조망 그게 이렇게 활짝 열렸잖아요. 그게 꼭 우리가 친구하고 싸우고 나서 화해할 때 마음이 열리는 거 같아요."

"오~! 유리, 어떻게 그런 놀라운 생각을 했니?"

"으……음, 뭐냐면 인젠 친구한테 사과해야지 그렇게 생각하면 마음이 짝~하고 열리는 거 같거든요."

"그래. 나도 그렇게 생각 못했는데 유리 말을 들으니까 마음이 쫘악 열리면 철조망 문이 저절로 열릴 것 같다. 그러면 이제는 사람들도 서로 가고 싶은 고향을 갈 수 있을 거 같으네?"

"그러게 말이에요."

작은도연이가 싱글거리며 대꾸한다.

"어? 선생님, 잘 보세요. 여기 아까 앞에서 있던 그 빨간색 선, 철조망 그게 없어요."

"진짜다. 진짜네?"

여기저기서 아이들이 수군거린다.

"아? 알았다. 마음을 열어서 철조망, 그 빨간색 선이 없어진 거다."

뒷면지에 있는 세계지도에는 우리나라가 하나로 통일이 되어 있다.

"크아~, 니네 어쩜 그렇게 그림을 잘 보니? 대단하다."

나는 흥분된 목소리로 아이들을 한껏 추켜세웠다. 아이들이 의기양양하다.

앞면지에서 시작된 그림의 서사는 고향에 대한 간절한 그리움과 분단 조국의 아픔을 절절하게 겪으면서 비로소 그 소망스런 통일을 끝으로 매듭을 짓는다. 물론 그 통일은 간절한 소망의 세계이지만, 아이들이 말한 '마음을 열면 된다.'는 그 단순명쾌한 진리를 외면하지 않는다면 이 땅의 많은 실향민들은 머지않아 고향을 볼 수 있는 날이 있으리라. 그래서 더 이상은 분단으로 인해 망향가를 부르며 우는 이들이 남아 있지 않도록 해야 하는 것, 지금부터 당장 우리가 해야만 하는 우리 모두의 숙제다.

9. 죽음 체험을 겪게 하는 『혼자 가야 해』

『혼자 가야 해』 © 조원희 글 그림 | 느림보

"엄마, 어떻게, 어떻게 사람이 그렇게 쉽게 죽을 수 있어?"

사춘기, 험난한 파도에 휩싸여 마음을 제대로 가누지 못하는 아들 녀석이 놀란 목소리로 묻는다.

"왜? 누가 죽었어?"

"아니, 내가 아는 어떤 애가 오토바이를 타고 역주행을 했대. 그러다 차하고 부딪혔는데 그 자리에서 죽었대. 어떻게 그럴 수 있지. 어떻게 그렇게 쉽게 죽을 수 있지?"

아이는 연거푸 '어떻게 그렇게 쉽게 죽을 수 있냐?'는 말을 하는데 얼굴이 허옇게 질려 있다.

"우진아, 죽음은 가끔 그렇게 느닷없이 오기도 해. 근데 너 무지 겁먹었구나!"

컴퓨터 앞에 앉아 부들부들 떨고 있는 아이에게 내가 할 수 있는 일은 그저 어깨를 토닥여주는 것뿐이었다. 그러면서 나는 자기 목숨을 귀하게 여겨 위험한 일-오토바이를 타는 일 같은 무모한 행동-은 절대 하지 말아야 한다며 한술 더 떠 겁을 주고 다짐을 받았다. '죽음은 사라지는 것이 아니라 다만 모습을 바꾸는 것이다'며 나불대던 내가 이 순간 아이 앞에서는 죽음의 무서움에 대해 경고만 하다니. 머리로만 알고 있을 뿐 배움이 몸으로 오지 못한 탓이다. 순간 또 아뜩해진다. 그러다 가까스로 마음을 수습하고 제법 느긋한 목소리로 아이를 달래 주려고 몇 마디 보탰다.

"우진아, 제주도에서는 예전에 결혼식 때 입는 혼례복과 죽었을 때 입히는 옷, 수의가 똑같았대. 그러니까 제주도 사람들은 결혼이나 죽음을 똑같이 하나의 통과의례로 여긴 거지. 뭐냐면 말야, 결혼을 하면 비로소 어른으로 성장하는 거잖아. 그럼 아이와는 다른 세계에서 사는 거나 마찬가지지. 그런 것처럼 죽는 것도 역시 또 다른 세계로 가는 통과의례 과정이라고 본 거야. 그러니 죽은 그 친구는 우리가 가 보지 못한 다른 세계로 간 걸 거야. 너나 나보다 미리 가 있을 뿐이야."

"뭔 소리여? 아무리 그래도 걔네 부모는 얼마나 마음이 아프겠어. 엄마는 내가 죽으면 어떨 거 같어? 지금 한 말처럼 그렇게 생각할 수 있겠어?"

'헉!' 정통으로 날아 온 화살에 명치가 아프다. 멍한 표정으로 선 내게 아들이 마지막 화살을 한번 더 쏜다.

"엄마는 남 일이니까 그렇게 말하는 거지. 이모 죽었을 땐 엄마도 울고불고 했잖어. 내 참!"

아들 녀석이 혀를 끌끌 차며 돌아선다. 아이 말이 맞다. 나 역시 죽음에 대해서 두렵고 겁난다. 요즘은 치매가 시작된 엄마를 보며 '혹시 엄마가 내 곁에서 사라지면 어떻게 하지?'하는 생각 때문에 저녁마다 백팔배를 하며 기도를 한다. 엄마 걱정을 해 주는 사람들 앞에서는 '죽음도 순환의 과정'이니 받아들여야 한다며 담담한 듯 말하지만 실은 두렵고 아득하다. 경험하지 못한 세계는 공포를 준다. 어찌 보면 살 날보다 살아 온 세월이 많은 듯한 내게도 죽음은 아득한 공포를 주는데, 사춘기의 아이나 아직도 세상에 태어나 처음 겪는 일이 숱한 어린 아이들은 얼마나 가슴 떨리는 일일까? 아이들에게 『혼자 가야 해』를 읽어 주면서 실은 두려움에 떠는 내 마음을 달래 주고 싶었다. 마룻바닥에 머리를 조아리며 절을 할 때마다 '우리 엄마 조금만 더 건강하게, 조금만 더 오래 살게 해 주세요.'라며 날마다 기도하는 조바심을 조금이라도 쓰다듬고 싶었다.

우리는 자주 죽음을 경험한다. 더러는 꿈속에서 죽기도 하고 생물학적으로는 나를 지탱해주는 세포들이 날마다 날마다 죽는다. 아이들은 어른들보다 더 자주 더 쉽게 죽는다. 눈만 뜨면 놀거리를 찾는 아이들은 놀이 속에서도 죽는다. 아이들의 죽음은 때론 어처구니없기까지 하다. 아이들은 놀이에서 어떻게 죽는가? 상대에게 지거나 잡혀서 죽기도 하지만 때로는 아주 사소한 부주의로, 금 밟아서 죽기도 하지 않던가? 물론 자신의 죽음을 인정하고 싶지 않아 '이건 내가 밟은 자국이 아니다.'며 어깃장을 놓으며 버텨 보기도 하지만, 상대는 냉정하다. 이렇게 아이들은 꿈에서 죽고, 세포가 떨어져 나가며 죽고, 놀이를 하며 죽는다. 그리고 또 새롭게 살아난다. 그렇게 숱한 죽음 체험을 하고 다시 살아나는 과정을 거치며 어제보다 조금 더 성장한다. 이런 죽음은 아주 자연스럽게 일상에서 이루어진다. 자주 죽음 체험을 하는 아이들은 건강하게 자랄 수 있다고 한다. 그럼에도 막상 내 눈앞에서 하나의 생명이 사그라지는 것을 자연스럽게 받아들이는 일은 너무도 벅차고 두려운 일이다.

'어느 날, 강아지 한 마리가 눈을 감아요.'

앞 면지를 펼치자마자 만나는 글과 눈을 감고 모로 누운 강아지는 독자를 당황하게 한다. 앞 면지부터 시작되는 빠른 서사의 흐름이 독자의 호흡을 가쁘게 한다. 다만 그림의 강아지가 책을 넘기는 방향으로 누워 있어서 긴장했던 독자는 그나마 안도한다. 작품의 주인공이 책의 진행 방향을 향해 있을 때 독자는 주인공의 내면이나 상황이 자연스럽다고 여기게 되기 때문이다. 한 생명의 죽음은 분명 슬프고 두려운 일이지만 우주의 순환 원리로 보면 매우 자연스런 일임을 그림은 말해 주고 있다.

"강아지가 죽었나?"

"아니야, 자는 거야?"

어린 독자들은 목소리를 낮추고 두런거린다. 그러나 서로 다른 목소리에는 뭔지 모를 불안함이 담겨 있다.

두 발로 선 강아지. 현실에선 좀처럼 보기 힘든 낯선 모습을 한 강아지가 아쉬운 듯 뒤를 돌아보고 있다. 강아지의 머리 위부터 눈길 닿는 곳까지 푸른색 비누 풍선 모양을 한 것들이 줄 지어 떠있어 신비로우면서도 낯선 세계의 느낌을 전해 준다. 자작나무 숲에는 귀가 긴 검은 개가 빈 화분에 물을 주고 있다. 하얀 자작나무 숲은 신령스럽다. 일반적으로 숲은 회복과 재생을 상징하고 있는데, 다섯 개 화분 가운데 한 화분에는 방금 봉오리를 터뜨린 것 같은 연꽃이 보인다. 강아지 영혼이 죽음의 화분에서 연꽃으로 부활하고 있는 것인가. 다른 빈 화분엔 어떤 꽃이 피어날까 궁금해진다.

손님 맞을 준비를 하는 검은 개는 널빤지 조각을 들고 자작나무 숲을 걸어간다. 눈을 감고 있다. 눈을 감은 것은 다른 세계에 몰입하고 있는 것이다. 하늘이 보이지 않을 만큼 높게 솟아오른 자작나무 숲을 걷는 검은 개는 다름 아닌 죽음의 세계에 존재하는 이다. 눈 밝은 독자는 검은 개의 손님이 누구인지 눈치챌 수 있다. 그럼에도 앞 면지와 속표지에서 눈을 감고 있던 강아지에 대해서는 말하지 않고 서사는 검은 개를 중심으로 진행된다. 마치 터지려는 울음을 간신히 참고 있는 사람을 볼 때처럼 팽팽한 긴장이 흐른다. '저 검은 개는 도대체 어디로, 무얼 하러 가는 걸까?' 두근거리고 심장이 빠르게 뛴다. 널빤지로 관을 짤지도 모른다는 예감을 벗어나 작은 배를 만들고 피리를 손질하고 등불을 밝히는 검은 개. 그 많은 일을 하면서도 검은 개는 여전히 눈을 감고 있다. 그리고 그가 밝힌 등불의 빛은 강아지 둘레에 떠돌던 둥근 원의 푸른빛과 닮았다. 등불의 빛이 어느 세계인지를 암시하는 것이다. 죽음의 세계에서 또 다른 목숨을 맞이하는 이의 모습은 경건하다. 무섭지도 슬프지도 않다. 마치 현실 세계 어느 곳에서 일어나는 일처럼 자연스럽고 익숙한 풍경이다.

공원의 나뭇잎은 물이 들었다. 나뭇잎들은 이제 곧 왕성했던 활동을 접고 땅으로 떨어져 내리리라. 나뭇가지에서 떨어지는 나뭇잎은 죽는 것이 아니다. 제 몸을 땅으로 가져가 흙과 함께 썩어 내년 봄 새로 움 돋는 나뭇잎으로 다시 태어날 것이다. 강아지가 친구들과 뛰놀던 공원을 지나가는 장면이 가을인 것은 자연의 변화와 강아지의 죽음이 다르지 않다는 것으로 읽힌다. 붉은 노을이 지는 기차를 혼자 타고 가는 강아지. 그림 서사는 강아지의 죽음에 슬픔을 느낄 독자의 마음을 위로해 준다. '오늘은 해가 지지만 내일 아침이면 다시 떠오르는 것처럼 비록 강아지가 죽지만 언젠가 다른 모습으로 다시 살아날 거야'하며 불안한 마음을 쓰다듬어 준다. 그래서 푸른 안개를 따라 자작나무 숲에서 검은 개를 만나는 장면은 그동안 외롭고 불안했던 마음을 편안하게 해 준다. 게다가 푸른 안개를 따라온 존재는 혼자가 아니다. 그 곳에는 서로 다른 모습을 한 개들이 모여 있다.

검은 개는 지긋이 눈을 감고 피리를 분다. 피리를 부는 검은 개 둘레에는 노란색, 푸른색 물감이 연하게 번져 어우러진다. 그 모습이 마치 피리 소리가 은은하게 울려 퍼지는 듯한 느낌을 준다. 아름다운 피리 소리에 연꽃들이 활짝 피어나고 눈을 감은 개들이 춤을 추듯이 하늘로 날아오른다. 축제의 한 장면 같다. 어찌 보면 의례를 치루기 전 참석한 사람 모두가 함께 노래하고 춤을 추는 원주민의 의식처럼 성스럽게 보이기까지 하다. 죽음의 세계는 으레 어둡고 음산하게 그려지는데 작가는 우리에게 죽음을 보는 새로운 눈을 제공한다. 활짝 핀 붉은 연꽃을 통해 우리 곁에서 모습을 감춘 숱한 생명들이 다른 세계에서 새로운 목숨으로 부활하고 있음을 보여 준다. 어린 독자들은 작가가 들려주는 이야기를 날것의 직관으로 듣고 읽는다.

죽음의 축제를 주관한 검은 개는 연꽃을 불러 모으고 많은 개들을 강으로 인도한다. '레테의 강'이다. 저 강을 건너면 강아지는 다른 목숨으로 재생할 것이다. 혼자만 탈 수 있는 배를 타고 푸른 강을 건너는 개들, 개들. 축제의 과정을 건넌 그들은 모두 눈을 뜨고 있다. 또다른 세계에 가기 위해서는 감았던 눈을 떠야 하리라. 그곳은 냉엄하게 들여다보아야 하는 내 안의 또 다른 세계이기 때문이다. 새로운 세계로 떠나는 개들은 힘차게 노를 젓는다. 그리고 어느 곳부터는 제각각 흩어져 혼자 가야 한다. 그런데 혼자 가는 강아지의 모습을 보라. 꼬리와 귀털을 바람에 휘날리며 앞을 바라보는 강아지는 마치 꿈을 꾸고 있는 듯하다. 새로운 세계에 대한 설렘으로 환희에 차 있는 표정이다. 이쯤이면 어린 독자는 여린 목숨인 강아지의 죽음에 대해 더 이상 슬퍼하지 않는다.

'슬퍼하지 마. 난 그냥 강을 건너 가는 거야.'

"엄마를 만난 것처럼 좋아하는 것 같아요."

"내가 키우는 강아지가 죽는다면 울기는 하겠지만, 그래도 슬퍼하지는 않을 수 있을 것 같은데……."

"어, 어제 우리 앞집에 개가 강아지를 낳았는데, 혹시 저 강아지가?"

그래서 눈을 감은 강아지를 보듬어 안으려는 마지막 그림을 읽으면서 아이들은 서사가 시작될 때 보여준 그 수군거리는 불안을 내려놓는다. 어린 독자들은 이미 강아지의 부활을 확신하고 있는 것이리라.

천천히 마지막 책장을 넘기며 나는 일상에서 쉽게 겪을 수 있는 강아지의 죽음을 통해 죽음이라는 낯선 세계를 '우주 순환의 한 과정'으로 보여준 작가가 고맙다. 사람은 체험과 경험을 자기화하는 과정을 통해 지혜로워진다고 하는데 『혼자 가야 해』는 독자들에게 간접적으로 죽음 체험을 하게 한다. 우리는 현실에서 직접적으로 죽음을 경험하는 것이 여전히 두렵고 공포스러운 일임을 잘 알고 있다. 그리고 그 일은 피해갈 수 있는 일이 아닌 것 또한 알고 있다. 그렇기 때문에 『혼자 가야 해』는 무척 소중한 작품이다. 우리에게 간접적으로 죽음 체험을 겪게 하고, 그 죽음에서 새로운 목숨으로 거듭날 수 있는 성장의 공간을 만들어 주기 때문이다.

5

옛이야기 그림책도 썩 괜찮아

1. 냉정한 가르침과 전폭적인 신뢰로 배워라?

『종이에 싼 당나귀』 © 서정오 글, 김영희 그림 | 한림출판사

"우진아, 이거 할머니한테 갖다 드리고 와."
"왜? 나만 갖고 그래. 차우혁도 있잖아."
"니가 형이잖아!"
"왜? 왜? 맨날 나만 갖고 그래."
"너 어디다 큰 소리야."
"좀 그만 좀 해."
"너 맞을래, 그냥 갈래?"
"아우~ 씩 씩 씩"
왜 난 장남일까?

차우진 「그만 좀 해」

학교 가을 축제 작품 전시회에 걸린 우리 집 장남의 멋진(?) 시다. 시한 편을 써서 엄마에게 보란 듯 도전장처럼 내밀었다. 보는 사람마다 재미있어 죽겠다며 깔깔거리고 나는 멋쩍은 마음을 감추고 같이 웃고 만다. 심지어 우리 반 녀석들까지 "너 맞을래, 그냥 갈래?" 구절을 부러 큰 소리로 외며 나를 흘깃거린다. 결국 아들 녀석의 폭로 덕분에 우리 집 가정교육 실상은 낱낱이 까발려졌다. 설득과 깨달음의 가르침보다는 억지가 다분한 명령(?)과 협박으로 이루어지는 가정교육이 우리 집의 현주소다. 그래서 나는 아들 녀석에게 눈만 한번 흘길 뿐 입을 다물 수밖에 없었다.

굳이 억울함을 밝히자면 제 녀석의 행실도 만만치 않다. 같은 아파트에 사시는 할머니한테 심부름 보내려면 내 속이 몇 번씩 뒤집힌다. 점점 목소리가 높아지다 온갖 협박과 감언이설을 동원해야 겨우 갔다 오는 녀석. 사사건건 제 입장에서만 따지고 드는 바람에 끓어오르는 열기를 식히기 위해 나 역시 힘들다. 녀석의 행동으로 미루어 볼 때 엄마의 권위는 이미 실종된 지 오래다. 이런 내게 『종이에 싼 당나귀』에 나오는, 엄마 말에 아무런 의심도 없이 순종하는 아들과 엄하게 꾸짖으며 가르치는 엄마는 얼마나 부러운 존재인지. 가르침과 배움에서 갖추어야 할 참다운 모습을 보여주는 모자가 부러웠다.

자식을 기르면서, 늘 부족함을 확인하고 늘 인내와 싸운다. 푸념처럼도 닦는다는 말을 할 때도 있다. 어떤 상황에서나 냉정하지 못한 채 감정으로 대하는 부족함, 마음을 움직이기보다는 행동을 지시하기만 하는 태도, "이럴 땐 이렇게 해라, 그렇게 하지 마라." 하나부터 열까지 가르치느라 조바심을 내는 자세까지……. 함량미달이다. 가르치는 방식 때문에 아이와 부딪치고, 아이를 내 기준으로 만든 규격에 억지로 맞추려고 하루하루 발버둥친다. 이건 나만의 문제는 아니다. 학원으로 뺑뺑이를 돌리고, 빚을 내서라도 아이에게 좋은 교육을 받게 하는 부모들이 얼마나 많은가? 우리 시대의 슬픈 자화상이다. 부모가 자식을 가르치는

데 자신 없다는, 아니 부모의 가르침은 더 이상 아무런 의미를 갖지 못한다고 말하는 것이다. 냉정함과 자애로움을 가진 부모의 가르침이 없어진다는 것은 얼마나 쓸쓸한 일인가? 『종이에 싼 당나귀』를 읽으며 나는 이런 쓸쓸함을 이겨낼 방도를 찾고 싶었다.

원재와 진솔이를 불러 눈을 감고 책 표지를 만져 보게 했다.

"벽돌 쌓아 논 거 같아요."

"미끈미끈해요. 마찰력이 있는 게 목욕탕 타일 같은데."

반질반질하게 도드라져 있는 조각을 만지며 아이들은 고개를 갸웃거렸다. 그림책을 직접 봐야 하는 까닭이 이런 데 있다. 멀찌감치 떨어져 있던 아이들이 가까이 온다. 나는 모리스 센닥의 어린 시절 이야기를 들려주며 책은 눈으로 보고, 손으로 쓰다듬고, 코로 냄새도 맡으며, 온몸을 동원해서 만나야 한다고 말했다.

원재가 키득거렸다.

"아무래도 저 애가 기름 바른 종이에 당나귀를 싸서 구워 먹으려는 것 같다."

"난 당나귀가 추워하니까 따뜻하게 싸 준 다음 어디로 데려가는 것 같은데……."

추위를 많이 타는 수정이는 담요로 어깨를 감싼다. 문학 작품에 대한 아이들의 반응이 내면에 잠재된 무의식을 드러내는 순간이다.

"그건 아닌 것 같은데? 당나귀가 싫어하는 것처럼 보여."

기범이 말에 원재가 책을 거꾸로 뒤집어 보여 달라고 한다.

"야, 거꾸로 보니까 당나귀가 재미있어서 웃는 것처럼 보여!"

어린이가 기운 바지를 입은 걸로 봐서 가난해 보인다는 말까지, 여기저기서 말이 많다.

군데군데 기운 저고리와 바지를 입은 아이 얼굴은 해맑다. 새끼줄에 묶인 생선을 질질 끌고 가는 아이는 순진해 보인다. 여기저기서 키득거리는 아이들. 어수룩한 주인공을 보며 아이들은 경계하는 마음을 푼다. 홀어머니와 가난하게 사는 아이. 외롭고 궁핍하고 어수룩한 아이는 옛이야기에 나오는 전형적인 인물이다. 남들이 볼 때는 팍팍한 상황이지만 아이는 억눌려 있지 않다. 짚신이 닳아 엄지발가락이 삐져나올 정도로 가난하지만, 물지게를 짊어진 아이 발걸음은 날아갈 듯 가볍다. 게다가 아이는 어머니 말도 무척 잘 듣는다.

"저렇게 착하니까 새도 도망가지 않고 같이 노네."

은영이가 무심히 내뱉는다.

남의 집에 가서 험한 일, 궂은 일을 하고 나서 서푼을 받은 아이.

"음, 무지 많이 받았다는 거로군."

민성이가 제법 의젓하게 말하자 아이들 몇이 고개를 끄덕거린다. '3'이라는 숫자의 의미에 대해 공부한 적이 있는 지라 서푼이 무척 큰돈을 뜻하는지 알고 있다. 그런데 아이는 하루 종일 일하고 받은 돈을 우물가에 두고 와 버린다. 덜렁거리는 아들을 어머니는 호되게 꾸짖는다. 그런데 그 꾸짖음은 당장 돈을 찾아오라거나 아이의 자존심을 건드리는 말이 아니다. '다음부터는 어떻게 해야 하는지'에 대해서만 말한다. 자식의 됨됨이를 잘 아는 엄마의 훈계로는 뭔가 부족하게 느껴진다. 냉정하리만치 사실에 대해서만 말하고 가르친다.

그 다음 날 아이는 엄마가 가르쳐 준 대로 품삯으로 받은 강아지를 호주머니에 넣는다. 왜? 엄마가 그렇게 하라고 했으니까. 상황이 바뀌었으니 다른 방법을 고민해 볼 만한데 아이는 그저 깨갱거리고 앙탈 부리는 강아지를 호주머니에 넣느라 안간힘을 쓸 뿐이다. 가까스로 강아지를 호주머니에 넣은 아이는 흐뭇하고 당당하게 집으로 향한다.

"재 호주머니 뜯어졌다."

"강아지가 고 틈으로 머리 디밀고 빠져 나오려고 하잖어."

그리고 예상대로 강아지는 도망가 버린다. 아이는 결국 빈손으로 털레털레 집으로 온다. 잃어버린 강아지를 찾아 나선다거나 고민하거나 갈등하지 않는다. 어머니는 어제보다 좀 더 엄히 꾸짖는다. 그럴 땐 새끼줄로 모가지를 묶어서 끌고 와야 한다고. 아들은 알겠단다. 그렇다고 치마폭에 싸여 자라는 요즘의 마마보이들과는 다른 모습이다. 뭐랄까? 무조건적인 신뢰가 느껴진다고나 할까?

이쯤 되면 어머니의 교육 방침이 어떤지 짐작된다. 어머니는 아들에게 어떤 문제가 일어날지 미리 짐작하여 해결 방법을 제시해 주지 않는다. 단지 어떤 일을 그르쳤을 때에만 가르칠 뿐이다. 어머니는 알고 있는 숱한 지식을 아들에게 가르쳐 주지 못해 초조해하거나 안달하지 않는다.

"저 엄마는 왜 미리미리 얘기를 안 해 주지?"

몇이 투덜거린다. 요즘 아이들 눈으로 보면 어머니는 앎이 풍요롭지 못하거나 미래를 내다보는 눈이 부족한 것처럼 보일 수도 있다. 그러나 내게는 아들이 새로운 일들에서 자신의 융통성 없음을 온몸으로 깨달음으로써 산 공부를 하게 만드는 어머니의 지혜로운 교육법으로 보인다.

이튿날 새끼줄에 생선을 묶어서 끌고 와서 보니 남은 건 머리와 앙상한 가시뿐이다. 화가 난 어머니는 생선은 종이에 싸서 새끼줄로 묶은 다음 어깨에 척 메고 와야 한다고 가르친다. 커다란 당나귀를 집으로 데려가는 일은 아이에겐 더 큰 시련이다. 그러나 이런 상황에서 새로운 배움이 일어나야 아이는 어른으로 자라는 통과의례를 거치는 것이다. 이야기가 곧 교육 수단이었던 옛날에 아이는 이렇게 어머니의 냉정하고 인내심 있는 가르침을 통해 비로소 성숙해지며 삶에서 부딪히는 문제를 해결해 나갈 힘을 얻는다. 몸으로 배웠으니 잊을 턱이 없을 것이며, 나를 가장 잘 알고 있는 어머니에게 배운 것이니 틀림없을 것이 아닌가? 이 아이를 보고 안쓰러워 얼른 일으켜 주고 어떻게 끌고 가야 할지 일러 주면, 앞으로 어려운 문제가 닥쳤을 때 아이는 스스로 문제를 해결해 보려고 애를 쓸 수 있을까? 어차피 혼자 사는 인생, 문제를 해결해 가야 하는 것도 역시 당사자일 수밖에 없지 않은가? 그렇게 예전의 부모들은 자식을 가르칠 때 엄함과 자애로움의 경계를 지킬 줄 알았던 것이다. 또 자식들은 부모의 말을 무조건 신뢰하고, 일을 그르치거나 설령 부모의 가르침이 상황에 맞지 않더라도 원망과 후회보다는 스스로를 질책하며 성장해 나갔다.

종일 뼈 빠지게 일해 받은 품삯을 잃어도 아이는 그것을 찾아 나서거나 아까워하지 않는다. 돌이킬 수 없는 일 때문에 전전긍긍하며 현재를 그르치지 않는다. 바보스러울 만큼 낙천적이다. 그런 낙천적인 아이에게 하늘이 어찌 무심할 수 있겠는가? 버둥거리는 당나귀를 어깨에 메기 위해서 용쓰는 아이를 보던 원님 딸은 웃다가 목에 걸린 생선 가시가 툭 튀어나와 병을 고친다. 그리고 원님은 아이에게 어머니 말을 잘 듣는 효자라며 큰 상을 내린다. 결국 아이와 어머니는 오래오래 잘 살았다. 그런데 마지막 장면을 보던 아이들이 한마디 한다.

"에~이, 원님 딸하고 결혼해서 잘 먹고 잘 살았어야지."

효자 이야기로 끝을 맺으며 겉으로 드러나게 아이들을 가르치려는 의도가 걸리는 대목을 용케 짚어 낸다. 정말 이 이야기에서 우리가 배워야 할 것이 부모에게 효도하면 복 받는다는 것일까? 자식을 가르치는 어머니의 교육 방식과 배움을 받아들이는 아이의 자세를 배우는 게 옛이야기 그림책에서 진정 얻고자 하는 것은 아닐까? 뒤끝이 개운치 못한 그림책을 덮으며 나는 다시 한 번 묻는다.

2. 문고리가 풀리고 방문이 열리듯

『길 아저씨 손 아저씨』 © 권정생 글, 김용철 그림 | 국민서관

찬란한 신록의 계절에, 눈부신 햇살을 받으며 찔레꽃이 피고 있다. 살풋 바람이 불 때마다 찔레꽃 향기가 진하다. 은은한 듯하면서도 달콤한 듯한 찔레꽃 향기를 그림으로 그린다면 어떻게 그려야 할까? 어떤 형태로 어떤 색으로 그려야 달콤하고 은은한 찔레꽃 향기를 떠올릴 수 있을까? 나비 날개처럼 얄팍하고 하늘하늘한 찔레꽃을 그리면 그 향기가 날까? 책을 읽으면서 향기와 냄새를 맡고 싶어서, 또는 어떤 책에서 맡은 냄새를 못 잊어 한동안 마음에 진 멍울 때문에 밥을 먹다가 목이 빡빡하게 멜 때. 사물이 생명을 얻는 순간은 그것을 보는 사람의 눈에 달려 있다. 마음의 눈이 열려 있는 이는 사물에 생명을 불어 넣어 주고, 향기와 냄새마저도 사라지지 않게 한다. 책장을 넘길 때마다 진한 향기를 뿜어내며 그 향기로 마음에 잔잔한 물결을 일게 한다. 『길 아저씨 손 아저씨』를 넘기다 오랜만에 사람 냄새를 맡았다. 진짜배기 사람 냄새가

창 밖에 핀 찔레꽃 향기보다 진하다.

눈빛만으로도 마음이 통할 것 같은 권정생과 김용철은 『훨훨 간다』라는 작품으로 우리가 잃어 가는 할머니 할아버지의 정겨운 모습과 넉넉하고 푸근한 품을 보여 준 적 있다. 할머니의 구부정한 허리와 초가집, 구불구불한 고샅길, 꼬기작꼬기작 구겨진 모시 적삼, 숱이 빠져 몇 가닥 남은 할아버지의 상투 튼 머리가 우리 곁에서 숨 쉬는 할아버지 할머니 모습처럼 정겹게 다가왔다. 그 정겨움의 바탕은 인물의 생김새와 표정, 그리고 형태를 나타내는 데 활용한 곡선에 있었다. 자연스럽다는 말은 '자연과 가장 닮았다'는 것을 뜻한다. 김용철의 그림을 보고 있으면 '자연스럽고, 편안하고, 정겨운' 마음이 든다. 할아버지의 아랫바지가 흘러내려 허리께 위태롭게(?) 보이는 맨살 앞에서, 윗니 하나만 남은 입으로 함쑥 웃는 웃음 앞에서, 그 물 흐르듯 부드러운 곡선 앞에서 누가 웃지 않겠는가? 그 책을 읽으며 일 학년 꼬맹이들과 나는 연신 깔깔거렸다. 보란 듯이 일부러 배를 잡고 교실 바닥에서 뒹구는 녀석들의 어깨와 등도 둥그렇다. 좀처럼 사람을 긴장시키지 않는 둥그런 선이 아이들에게도 있다. 그래서 아이들 앞에 서면 마음이 편안해지는지도 모른다. 아이들과 노인은 닮은꼴이니까.

마음이 날서 있을 때, 또는 둘레 사람에게 상처 받고 힘들 때 나는 눈을 들어 산을 본다. 한참을 넋 놓고 보고 있으면 마음이 조금 편안해진다. 그 산에 때론 헐벗은 나무가 서 있기도 하고, 색색의 물이 들어 손을 흔들기도 하고, 지금처럼 윤기 나는 잎사귀가 햇빛에 제 몸을 뒤집어 말리기도 한다. 산만 보면 마음에 일던 불길이 가라앉는다. 왜일까? 어디에서 본 기억에 따르면 '기르는 문화' 속에서 자란 사람은 정서가 안정되어 있다 한다. 현대 사회에서 사람의 정서가 불안정하고, 모가 나 있는 것은 '만드는 문화'에 길들여져 있기 때문이란다. 우리 아이들이 가파른 심성으로 하루하루 살아갈 수밖에 없는 것, 그리하여 마음 눕힐 뒷

산이 없는 것은 바로 '만드는 문화'에 살고 있기 때문이다. 공장에서 쏟아져 나온 분유를 먹고, 인공 젖꼭지를 빨고, 화학 조미료 범벅인 과자와 즉석 식품을 먹고 자라는 아이들, 아이들 입에 몸에 걸친 모든 것이 공장을 거친 것들이다. 그런 아이들이 눈 한 번 들어 산을 보고 나무를 볼 여유도 없이 성냥갑 같은 집에서 학교로, 다시 학원으로 그렇게 쫓기듯 살고 있다. 공장을 거쳐 나온 물건은 대부분 직선이다. 책상도, 학용품도, 교실 공간도 창문도, 몸을 눕히는 집도 모두 반듯반듯, 모가 나 있다. 이는 자연스럽지 않다는 것이고, 사람의 마음을 편안하게 하거나, 얼어서 날선 것을 녹이지 못한다. 그러니 마음과 신경은 늘 긴장되어 있다. 누가 툭 건드리기만 하면 무조건 반사되어 튄다. 서로에게 상처를 입힌다.

숱하게 쏟아져 나오는 그림책들의 그림을 보면서 나는 때로 긴장하고 때로는 실망하기도 한다. 그러나 『휠휠 간다』에 이어 나온 『길 아저씨 손 아저씨』를 보면서 오랜만에 행복했다. 글에서 느끼는 감동도 물론 있지만, 끊어질 듯 구불구불 이어진 부드러운 선, 그 선이 빚어낸 형상에서 나는 향기와 냄새를 맛본다. 책 표지의 왼쪽 윗부분에 파리똥만 한 크기로 올록볼록 찍혀 있는 글자. 건성으로 보면 쉽게 알기 어려운 점자가 마음을 울컥하게 했다. 아이들에게 다른 책에서 볼 수 없는 점을 찾으라 했더니 좀처럼 찾지 못했다. 그런데 눈을 감고 책장을 손으로 쓰다듬어 보게 했더니 저마다 감탄사를 내지르며 놀라워했다. 모든 것을 다 볼 수 있다는 오만의 눈을 닫으니, 눈을 떴을 때 보지 못한 것을 발견할 수 있는 것이다. 화가가 독자에게 걸어오는 첫 이야기가 얼마나 근사하고, 진지한지……. 이렇게 몇 개의 점자가 마음의 깃을 여미고 책장을 열게 하는 데 중요한 징검다리 구실을 한다.

안개가 낀 듯 희뿌옇게 그려진 앞 속표지 방문에는 문고리가 걸려 있다. 안개가 잔뜩 낀 길을 걸어 본 사람은 알 것이다. 사는 게 한 치 앞을 가늠하기 어렵고 암담한 일임을. 그림이 말하는 것은 마치 안개 속을 헤매듯 살아가야 할, 길 아저씨와 손 아저씨 두 인물의 험난한 삶을 예견하고 있는 것인지도 모른다. 해가 뜨면 안개가 걷히듯 두 사람의 인생에도 지금은 안개가 끼어 있지만 머지않아 밝은 삶이 열리리라는 뜻을 담고 있는지도 모른다. 툭 치면 열릴 듯 힘없이 걸린 문고리나 나뭇결이 그대로 살아 있는 문틀도 정겹다. 누군가 벌컥 문을 열고 들어올 듯하다. 한없이 부드러운 곡선은 이렇게 사람을 기다리게 하고, 소통을 꿈꾸게 한다. 아니 교류를 가능하게 한다. 노르스름하게 잘 익은 볏짚으로 엮은 초가지붕의 선은 흘러내릴 듯하다. 초가집을 에워싸고 있는 이끼 낀 돌멩이도, 돌담도 둥그렇다. 보는 사람 마음까지 괜히 둥그레질 것 같다. 한없이 말랑말랑해질 것 같다. 곡선의 힘이며, 미학이다.

『길 아저씨 손 아저씨』를 읽으며 놓칠 수 없는 재미는 인물의 그림자와 이야기를 나누는 데 있다. 그림자는 무의식의 반영이며, 인물의 내면 세계를 보여 주는 또 다른 이야기임을 깨달을 수 있다. 걸을 수 없어 꼼짝없이 방 안에만 갇혀 지내야 하는 길 아저씨의 상심한 모습 뒤로 방문에 얼비치는 그림자. 구부러진 허리에 쪽 찐 머리를 한 할머니가(여기서는 길 아저씨의 어머니일 것이다.) 가난한 밥상을 들고 서 있다. 길 아저씨네의 궁핍한 살림살이뿐만 아니라, 다리가 불편한 아들을 뒷바라지하며 늙어 버린 어머니의 눈물 많은 삶을 듣고 보게 된다. 그것은 주인공에게서 느끼는 슬픔과는 또 다르다. 그림자로 인물의 내면 세계를 고스란히 드러내어 보는 이의 눈시울을 뜨겁게 하는 장면은 길 아저씨가 부모를 잃고 꼼짝 못하고 방 안에 앉아 슬프게 우는 부분이다. 길 아저씨가 앉아 있는 키의 몇 배쯤 되어 보이는 그림자는 인물의 슬픔과 절망이 얼마나 큰지 말해 준다. 마치 울고 있는 길 아저씨를 내려다보듯 그려진 그림자를 보며 우리 반 정인이가 한 말은 가슴을 찡하게 했다.

"엄마가 하늘에서 쳐다보고 있는 것 같아요. 옛날에 길 아저씨가 애기일 때 팔로 안고 있는 것같이 하고서 울지 말라고, 내가 천당에서 널 지켜보고 있어, 하는 것 같아요."

정인이는 그 이야길 하고 나서 눈알이 빨개졌다. 감수성이 예민하고 마음이 맑은 아이라 충분히 가능한 일이었다. 인물의 뒤쪽 어깨에 얹혀 있던 그림자는 손 아저씨가 길 아저씨를 찾아가고 둘이 서로의 눈과 다리가 되자고 약속하면서 서서히 사라지기 시작한다. 마치 안개가 걷히듯.

옛이야기를 갖고 그림책으로 꾸민 『길 아저씨 손 아저씨』는 우리가 이미 알고 있던 이야기에다 글 작가의 건강한 세계관, 남에게 의지하기보다는 스스로 자신의 삶을 개척해 나가는 의지와 정신을 지향하는 세계관을 보태어 다시 태어났다. 길 아저씨와 손 아저씨가 서로의 눈과 다리가 되어 주기로 하는 부분까지가 우리가 알고 있던 이야기인데, 이 책에서는 부족하지만 자신의 능력에 맞는 일을 찾아 땀 흘려 일하고 그 대가를 인정받으며 행복해하는 삶도 그려 놓았다. 성치 못한 다리 사이로 새끼를 꼬며 환하게 웃는 길 아저씨의 삶, 비록 눈은 보이지 않아도 발과 손에 온 신경을 모아 굵고 튼실해 보이는 새끼를 꼬는 손 아저씨의 벙긋 열린 입, 서로의 손과 발이 되어 멍석을 짜고 짚신을 짜며 자신의 능력에 맞는 노동을 하는 이들의 모습을 보며 마음이 뿌듯해진다.

그러면서 열심히 일하며 행복한 삶을 만들어 나가는 이들의 뒤에 감춰진 보이지 않는 그림자가 얼비친다. 현실에서 장애를 가진 사람은 자신의 능력에 맞는 일을 할 기회조차 주어지지 않아 얼마나 많은 이들이 닫힌 방에 앉아 눈물을 흘리고 있는가? 권정생과 김용철은 길 아저씨, 손 아저씨의 삶이 고통과 슬픔에 젖은 이들에게 실낱 같은 희망이 되었으면 하는 바람을 가지고 글을 썼을지도 모른다. 그래서 마지막 장에 그려진 것처럼 닫힌 마음을 열고 세상으로 나가라고 고리를 풀고 방문을 열어 둔 것은 아닌가? 그 열린 문으로 방 안에 갇혀 있던 사람이 나가고, 마음의 문을 연 많은 사람이 망설임 없이 들어오라고, 툇마루 딛고 들어와 만나자고 문을 열어 둔 것은, 혹 아닌가?

그리고 저마다의 방에 갇힌 사람 마음을 서서히 열게 해 주는 힘은 부드러운 곡선이며, 책에 나오는 인물의 선하디 선한 웃음과 몸짓에 열쇠가 있다. 이제 우리 아이들에게 곡선의 미학과 힘을 그림으로 만나게 해 줄 때다. 곁에 있듯 자연스러운 선으로 완성된 그림으로 모나게 길러지는 '만드는 문화' 속의 우리 아이들을 서서히 무너뜨려야 할 때다.

3. 징그러운 겉모습에 감춰진 내면을 볼 줄 아는 눈

『옴두꺼비 장가간 이야기』© 박영만 원작, 이미애 엮음, 김세현 그림 | 사파리

옛이야기는 사실의 이야기가 아닌 진실을 말하는 이야기이다. 과학이 인간의 삶을 지배하면서 어떤 일이든 눈앞에 증거를 보여 줄 수 없는 것은 참이 아닌 '거짓'이라 말하는 시대에, 진실은 사실의 뒤편에 숨겨져 있음을 말하는 것이 바로 문학이고 예술이다. 우리 아이들은 옛이야기를 듣고 자란 세대가 아니다. 그런데도 아이들은 공부 시간에 곧잘 배고픈 아이처럼 졸라 댄다. '옛날 얘기 해 주세요!' 옛이야기의 무엇이 아이들 마음을 건드리는 걸까? 아마도 다듬어지지 않은 직관으로 세상을 보는 아이들은 무의식적으로 옛이야기가 담고 있는 진실의 힘을 느끼는 것은 아닐까? 그 진실이 자기들이 하고 싶었던 이야기, 듣고 싶었던 이야기를 들려주기 때문은 아닐까? 그래서 무어라 표현하기 어렵지만 자석에 철가루가 달라붙듯 아이들 마음을 끌어당기는 것은 아닐까? 부슬부슬 비 오는 날, 또는 힘겨운 공부에 허덕일 때마다 옛날이야기를

해달라고 조르는 아이들을 보면서 하는 생각이다.

『옴두꺼비 장가간 이야기』는 우리 옛이야기에서 종종 나타나는 영웅 변신담 가운데 하나이다. 그런데 영웅은 혼자서 영웅으로 변신을 할 수는 없다. 「반쪽이」가 진정으로 자기를 신뢰하고 사랑으로 감싸 안는 나머지 '반쪽'과 결혼을 하면서 비로소 완성되는 것처럼, 영웅에게도 그가 진정한 영웅으로 거듭날 수 있게 만드는 조력자가 필요하다. '옴두꺼비'가 남자이니 그 반쪽은 '여자'일 것이다. 두꺼비 겉모습은 결코 아름답다고 할 수는 없다. 우툴두툴한 표면과 축축한 느낌이 징그럽게 느껴진다. 그런데 자식을 간절히 원했던 가난한 부부가 낳은 아기가 다름 아닌 옴두꺼비이다. 부부는 놀라고 슬퍼했지만 팽개치지 않고 귀하게 기른다. 간절히 원했던 자식이니 그 겉모습이 무에 그리 중요하겠는가. 정성을 다해 기른다. 옴두꺼비를 품에 안고 둥기둥 둥기 춤추는 부부를 보면 자식을 대하는 그들의 마음이 어떤지 읽을 수 있다. 거기에는 자식이 어떤 모습을 하고 있건 한결같은 사랑을 보여 주는 부모의 변함없는 자식 사랑이 그려져 있다.

그렇게 부모 사랑을 듬뿍 받고 자란 옴두꺼비는 동네에서 제일가는 양반 김좌수 딸과 혼인을 시켜 달라고 조른다. 당황스러울 만큼 황당한 일이지만 옴두꺼비는 거침이 없다. 부모의 사랑과 지지를 받고 자란 아이들은 어떤 상황에서든 당당하다. 부모가 망설이자 옴두꺼비는 '촛불을 켜 들고 검을 들고, 제가 나온 곳으로 도로 들어가겠다'고 협박(?)을 한다. 제가 나온 곳으로 도로 들어가겠다는 말은 무엇인가. 죽어 버리겠다는 뜻이다. 이처럼 목숨을 걸고 나서는 아들 앞에서 부모는 뜻을 굽히기 마련이다. 성인이 되었지만 여전히 온전하지 못한 자식이 나머지 반쪽을 찾고 싶다고 간절히 원하는데, 그것을 외면할 수 있는 부모가 몇이나 있겠는가. 결국 아버지는 큰맘 먹고 땀을 뻘뻘 흘리며 좌수영감께 청을 한다. 그랬는데 의외의 대답이 돌아온다. 속 깊은 좌수 영감은 딸들에게 물어보겠다는 것이다. 지혜로운 좌수 영감은 옴두꺼비가 예사롭지 않은 인물이라 짐작한 거다. 좌수 영감은 옛이야기에 등장하는 지혜로운 인물로 새로운 서사를 만드는 데 중요한 구실을 하곤 한다.

좌수 영감은 세 딸에게 옴두꺼비와 혼인할 생각이 있는지 묻는다. 첫째와 둘째는 모두 도리질을 쳤지만 셋째, 즉 언제나 어려운 문제를 해결하는 데 앞장서는 가장 약자인 막내만은 아버지 뜻을 받들겠노라 대답한다. 세 딸을 앉혀 놓고 앉아 있는 좌수 영감 뒤에 환하게 피어 있는 두 송이의 모란꽃은 자식들이 혼인하여 금실 좋은 부부가 되길 바라는 아버지의 마음을 담고 있다. 첫째와 둘째 딸은 막내가 옴두꺼비와 혼인을 한다고 구박을 한다. 옴두꺼비와 친척이 되는 것이 부끄럽다는 것이다. 그러나 꾹 참고 견디는 막내딸. 혼인을 하는 날 사모관대를 쓴 옴두꺼비는 조금도 기죽지 않고 당당하다. 남들의 비웃음이나 호기심 따위는 전혀 신경 쓰지 않는다. 막내딸 역시 흉측스런 옴두꺼비를 보고 꺼리지 않는다. 오히려 아내로써 자기의 도리를 다하리라 다짐한다. 겉모습만 보고 그 사람을 판단하는 어리석은 짓을 하지 않는다. 신랑한테 가위를 건네받은 막내딸은 옴두꺼비 등가죽을 베어낸다. 쇠는 칼처럼 이성을 상징하는데, 결혼 전엔 직관으로 상대를 파악했다면 이제는 자신의 판단에 확신을 갖게 하는 이성의 힘이 필요한 시기임을 의미하는 것으로 읽힌다. 상대에 대한 무한한 신뢰와 확신은 그를 변화시킨다. 비록 보잘 것 없는 능력을 가진 이라 해도 사랑하는 이가 끝없이 격려하고 믿음과 사랑을 주면 새로운 모습으로 거듭나기 위해 무한한 노력을 한다. 그래서 결국은 다른 사람으로 다시 태어난다.

귀티 흐르는 청년으로 변한 신랑은 아무한테도 이 사실을 말하지 말라 한다. 옛이야기에 나오는 '금기' 요소다. 그런데 다른 옛이야기에서는 이 금기를 어겨 늘 시련이 닥치는데 『옴두꺼비 장가간 이야기』에 나오는 색시는 금기를 어기지 않는다. 그저 해발쭉해발쭉 웃고 다닐 뿐이다. 그러나 낮에는 여전히 옴두꺼비 형상을 한 신랑은 여전히 미성숙한 존재로 보인다. 온전한 남성으로 성장한 모습을 보여주기 위해서 옴두꺼비는 사슴 사냥을 떠난다. 사냥은 수렵생활을 하던 사회에서 남자의 능력을 보여 주는 행위였다. 수렵민에게 활을 잘 쏘는 사람은 최고의 능력을 가진 자, 곧 영웅을 뜻한다. 그러니 옴두꺼비에서 멋진 청년으로 변신한 뒤 주문을 외고 산신을 부리며 사슴 무리를 이끄는 사건은 그가 바로 영웅임을 말하는 것이다. 옴두꺼비를 비웃고 업신여기던 첫째와 둘째 사위는 신랑이 잡은 사슴을 앞세우고 들어가 거짓으로 자기들이 잡은 거라 말한다. 게다가 여러 사람 앞에서 옴두꺼비를 깔보고 놀리기까지 한다. 드디어 옴두꺼비는 세 번째로 변신을 꾀한다. 막내딸에게 가위로 등가죽을 가르게 한 뒤 훌륭한 청년으로 거듭난다. 그리곤 자기를 업신여기던 이들에게 아무 대꾸도 하지 않고 색시를 등에 업고, 제 부모를 겨드랑이에 끼고는 하늘로 날아간다. 누구나 가고 싶은 자유로운 세상을 향해 떠난다. 아마도 그들이 가는 세상은 모두가 평등한 세상, 겉모습만으로 사람을 판단하지 않는 세상, 그리하여 결핍된 곳을 사랑과 신뢰로 메워 전일성을 획득한 인간으로 살아갈 수 있는 세상이리라.

성형이 보편화된 요즘, 텔레비전을 보다보면 누가 누군지 분간하기 어렵다. 누구 코처럼, 누구 턱처럼, 누구 눈처럼 성형을 하다 보니 타고난 제 얼굴이 없어져 버린다. 얼의 골짜기인 '얼굴'이 바뀐다는 것은 자신의 얼을 바꾸는 것이다. 자신의 얼을 귀하게 인정하지 않기 때문에 이런 일들이 일어난다. 이렇게 외모만 중시하는 사람은 결국 다른 사람을 볼 때도 외모만 중요하게 여길 수밖에 없다. 외모의 깊은 곳에 담겨진 내면의 아름다움을 찾아볼 여유가 없다. 어른들의 이런 생각이 아이들에게 고스란히 전해질 수밖에 없다. 안타까움을 넘어서서 두려운 마음이 들기까지 한다. 아이들과 함께 『옴두꺼비 장가간 이야기』를 읽어야 할 까닭이 바로 여기에 있다. 징그러운 옴두꺼비의 겉모습에 감춰진 뛰어난 능력과 귀한 마음, 그리고 그런 옴두꺼비를 끝끝내 믿고 사랑하는 막내딸과 부모를 만나며 지혜로운 눈을 길러야 하는 까닭이 여기에 있는 것이다.

4. 도깨비는 누구를 찾아다니나?

『정신 없는 도깨비』 © 서정오 글 홍영우 그림 | 보리

'평생 김밥을 팔아 모은 돈을 사회에 내놓은 할머니'처럼 돈을 아낌없이 내놓는 이야기를 듣는다. 이렇게 훈훈한 나눔의 이야기 대부분은 어렵게 어렵게 살아온 이들이 주인공이다. 결국 많이 가져서 나누는 것이 아니라 나보다 더 가난한 이들의 삶을 들여다볼 줄 아는 따뜻한 눈이 나눔을 실천하게 만드는 것이리라. 『정신없는 도깨비』(보리)에 나오는 가난한 농사꾼처럼.

여기 가난한 농사꾼이 있다. 자기 땅도 없어 품을 팔아 먹고 살 정도다. 지게를 짊어진 농사꾼의 표정을 보면 그의 삶이 얼마나 심란한지가 느껴진다. 축 처진 눈과 군데군데 기운 입성. 그러나 주인공만 그런 처지는 아니다. 곰방대를 물고 자리를 깔고 누워 일꾼들을 감시하는 가진 자의 논밭에서 허리 한 번 펴지 못하고 일하는 많은 사람들도 모두 같은 처지라고 그림은 말해 주고 있는 것이다.

“아까는 일하는 게 힘들어서 얼굴이 울 것 같았는데, 어, 어 지금은 돈을 벌어서 기분이 아주 좋은가 봐요.”

보연이가 팔다리를 쭉쭉 뻗으며 걸어가는 농사꾼을 가리키며 웃는다. 어찌 그렇지 않겠는가. 비록 서푼이지만 그 돈은 끼니를 해결해 줄 수 있는 귀하디 귀한 돈이니까. 품삯으로 받은 단돈 서푼을 받아 쥐고 날듯이 가는 농사꾼은 흥겨워 콧노래라도 부를 것 같다.

“어? 도깨비다. 근데 도깨비 몸이 원래 빨개?”

용준이가 동무들을 쳐다보며 묻는다.

“승질이 났나 보지.”

“아녀. 겁 줄라고 일부러 그런 거야. 근데 도깨비가 사람하고 비슷하다. 뿔도 없고….”

준혁이와 근우가 말한다.

“그래. 여기에 나오는 도깨비는 뿔도 없네. 근데 옛날 사람들은 낡은 빗자루나 절굿공이, 그리고 오래된 물건이 도깨비로 변한다고 생각했대. 우리 엄마는 니네만 할 때 도깨비를 직접 봤다고 하셨어.”

내가 도깨비 이야기를 하자 아이들 눈이 반짝 빛난다.

“진짜요?”

지원이가 눈을 크게 뜨며 끼어든다.

“그러~엄. 우리 엄마가 깜깜한 밤에 묵을 한 광주리 이고 가는데 여기 나오는 것처럼 키가 서 발도 넘는 도깨비가 눈을 내리깔고 내려다보고 있더래.”

“아무 소리도 안 하고요?”

“어~어. 하여튼 시커먼 것이 우뚝 서 있기만 하더래. 그걸 본 순간 우리 엄마는 그만 깜짝 놀라서 묵을 다 쏟고 걸음아 날 살려라 하고 도망쳤대. 하두 놀래서 며칠 뒤에야 대낮에 거길 가봤더니 글쎄 누가 내다버린 낡은 수수빗자루가 미루나무 밑에 픽 쓰러져 있더래.”

"으~아! 진짜 무섭다."

석규가 고개를 흔들면서 호들갑을 떤다.

어쨌든 난데없이 나타난 도깨비는 가난한 농사꾼에게 돈 서푼을 꾸어달라고 한다. 돈을 꾸어달라며 손을 내미는 도깨비 표정이 전 장면과는 다르게 순진하고 어리숙해 보인다. "내일 꼭 갚는다"는 도깨비 말에 농사꾼은 살점과도 같은 서푼을 탈탈 털어준다. 제 곤궁함을 핑계로 도움을 요청하는 손길을 뿌리치지 못하는 농사꾼의 순박함이 눈물겹게 정겹다. 푸근하다.

"디게 착하다, 그치?"

보연이가 수민이를 보며 말한다. 사람의 참모습은 아이들 눈에도 이렇게 잘 보이는 모양이다.

이튿날 어둑어둑해진 밤, 시커먼 도깨비가 나타난다. 마당을 가득 채운 그림자를 보고 놀란 부엉이. 그리고 놀라 후다닥 도망가는 여우.

"얘들아, 요기 도망가는 동물이 뭐냐?"

"에이, 그것도 몰라요. 여우잖아요."

"근데 여우가 왜 나오지?"

내가 다시 묻자,

"산골이니까 그렇지요." 하며 코웃음을 친다.

새로운 등장인물이 나타난 것을 눈치채게 하려고 일부러 던진 물음에 준혁이가 냉큼냉큼 대답을 한다. 도깨비의 등장이 계속되면서 조금씩 다른 모습을 보여 주는 여우는 도깨비를 대하는 농사꾼의 내면으로 그려진다. 매일 저녁마다 나타나 꾼 돈을 갚는 어리석은 도깨비를 농사꾼과 여우는 점차 심드렁하게 여긴다. 반면 도깨비는 갈수록 어깨가 축 처지고 기가 죽은 표정이다. 뭔가 재미를 못 느끼는 모양이다.

팍팍한 세상, 오랜만에 사람다운 사람을 찾아 말을 섞고 얼굴이라도 보며 살았는데…. 물정에 지나치게 밝아져 가는 사람을 옆에서 지켜보는 것처럼 속상하고 힘든 일이 또 있을까. 커다랗던 도깨비가 점점 작아지는 걸 보면 위축된 도깨비 심리가 느껴진다. 그러면서도 계속 돈 서 푼을 농사꾼에게 갚는 도깨비. 공돈이 생겨 논도, 밭도, 소도, 말도 사게 된 농사꾼은 급기야 도깨비가 귀찮아진다.

"아까 맨 앞에 있던 그림, 거기 나오던 영감님하고 똑같아진 것 같아요."

역시 보연이 눈매가 무섭다. 드넓은 논밭에 자리를 깔고 누워 일꾼들을 감시하던 지주를 잊지 않고 있다니. 조금 살 만해지니 자기에게 도움을 준 이의 마음을 살피는 데 야박한 농사꾼이 야속해지는 장면이다. 결국 농사꾼은 외롭고 심심한 도깨비를 쫓아낼 궁리를 한다.

"어? 저기 도깨비 있다. 도깨비가 승질이 나서 머리에서 막 열이 난다."

근우가 산 너머 뒤에서 도깨비가 가장 무서워한다는 말 피를 뿌리는 농사꾼을 보는 도깨비를 가리킨다. 화가 난 도깨비는 농사꾼이 가장 무서워한다는 돈을 사흘 동안 마당에 던져 놓는다. 따뜻한 마음이 사라지는 자리에 물욕이 가득 차는 슬픈 장면이다. 순박하기 이를 데 없는 어리숙한 도깨비. 제 살점과도 같은 서푼을 꿔 주었던 순박한 농사꾼에 대한 도깨비 마음은 이렇게 배신을 당한다. 도깨비 덕에 살 만해진 농사꾼은 가난한 이들을 부리며 살게 된다. 넉넉하지 않아도 마음 곁을 과감히 내 주던 자신을 기억하고 가까이 했던 벗을 잃은 셈이다. 그러니 도깨비가 다시는 농사꾼 앞에 모습을 드러내지 않은 것이리라.

멀리 산길에서 예전의 농사꾼과 비슷한 처지의 이에게 다시 관계 맺기를 시도하고 있는 도깨비를 보니 마음이 쓰리다. 도깨비는 어디서 무얼 하고 있을까. 혹 가난한 밥상이라도 지나던 나그네에게 차려 주던 훈훈한 이들을, 대가를 바라지 않으며 아끼는 것을 내주는 마음결 고운 이들을 찾아 세상을 헤매고 있는 건 아닐까.

우리 반 아이들은 서로 다른 책을 사서 동무들과 돌려 읽은 후 학교 후배들에게 기증한다. 나눔을 배우는 길은 먼 곳에 있지 않음을 배우기 위한 약속이다. 순박하고 따뜻했던 마음이 변한 농사꾼을 보며 아이들과 나는 배운다. 첫 마음을 잃지 않는 것이 얼마나 어려운 것인지. 또 첫 마음을 잃었을 때 내 마음을 읽고 지지해 주던 이들이 곁을 떠난다는 깨달음도 얻는다. 아이들과 나는 그림책에서 얻은 귀한 깨달음을 몸으로 실천해보려 한다. 매일매일 조금씩 조금씩. 꾼 돈 서푼을 갚듯이.

5. 어머니 되는 길, 그리 호락호락하지 않네

『오러와 오도』 © 이영경 글, 그림 | 길벗어린이

"내 맘속 달님이 된 울 엄니와 지구상 모든 어머니 마음을 기리며."

작가의 헌사를 읽는 순간 마음이 뭉클해졌다. 사랑하는 이를 위해 바치는 선물이라면 작가가 최선을 다해 만든 작품일 테고, 그런 마음으로 우리 아이들 곁에 책을 놓아두었다는 생각에 고마운 마음이 들었다. 한참 동안 책장을 넘기지 못하고 바라보다 헌사의 글귀를 손으로 한 번 쓰다듬었다. 아이들하고 지내는 직업을 가진 사람의 관점에서 보면 이렇듯 귀한 마음 자락을 몽땅 내어 놓는 작가들이 고맙기 그지없다.

중국 먀오 족의 '오러와 샤오나'에 바탕을 두고 다시 쓴 『오러와 오도』는 우리 옛이야기 '콩쥐와 팥쥐', 서양의 '신데렐라'와 무척 닮았다. 책 표지에는 볼이 복숭아처럼 발간 아가씨와 붉은 열매를 받쳐 든 총각이 그려져 있다.

"저 산딸기 주면서 사랑한다고 하나 봐."

세운이 말에 사내 녀석들이 키득거린다. 곁에 앉은 여자아이들이 몸을 꼬며 빰을 붉힌다. 귀여운 것들! 콩알만 한 녀석들이 뭘 안다고…….
나도 모르게 피식 웃음이 나온다.

"선생님, 좋아하는 거 봐."

때를 놓칠새라 준혁이가 나를 놀리며 까르륵 넘어간다.

"근데 선생님 머리에 쓴 저거 꼭 황소 뿔 같아요."

물소 뿔을 쓴 아가씨를 가리키며 보연이가 예리하게 짚어 낸다.

"황소 뿔은 저렇게 하얀 색 아니잖아."

윤진이 말에 머쓱해진 보연이.

"어, 그래. 황소 뿔은 아닌데 소뿔은 맞아. 근데 중국에는 황소 말고 물소, 으음…… 그러니까 뿔이 하얀 색인 소들이 많은 모양이야. 이거 우리나라 얘기가 아니라 중국 먀오 족에서 내려오는 옛날이야기라잖아. 그리고 내가 뒤에 나온 이야기를 읽어 보니까 물소래. 역시 보연이는 눈이 참 예리하다! 어떻게 보자마자 단박에 이게 소 뿔인지 알았을까?"

요즘 들어 앞니가 연달아 빠진 보연이가 헤벌쭉 웃는다.

"우리 나라는 결혼할 때 족두리 쓰잖아요?"

"그래 근우야. 우리가 결혼할 때 족두리 쓰는 것처럼 이 사람들은 물소 뿔로 만든 모자를 쓰네."

"왜 소뿔로 된 걸 쓰는 거예요?"

"선생님도 이걸 읽고 나서 알았는데 먀오 족에서는 물소를 형님이라고 부르며 식구처럼 귀하게 여긴대. 농사지을 때는 소가 꼭 있어야 되잖아. 그리고 소가 악을 물리친다고 생각했대. 그러니까 아마 결혼해서 소처럼 귀한 자식도 많이 낳고, 나쁜 것을 물리쳐라, 뭐 그런 뜻으로 이런 모자를 만들어 쓴 게 아닌가 싶어."

낯선 문화에 대한 이해를 돕기 위해 몇 마디 덧붙였다. 아이들이 고개를 끄덕인다.

맘씨 고약한 새엄마와 게으르고 심술궂은 동생과 함께 살고 있는 오러. 제 덩치만 한 물지게를 짊어진 오러는 기가 푹 죽어 있는 표정이다. 오러에게 악다구니를 하며 집안일을 시키는 새엄마를 보던 보연이가 갑자기 흥분하여 목소리를 높인다.

"나도 우리 엄마가 보윤이만 예뻐하고, 나한테 심부름 시킬 때 속으로 새엄만가 그렇게 생각해요."

아래로 동생 둘을 둔 맏이 보연이는 생활에서 가끔 계모 성향을 보이는 어머니 때문에 서운했을 것이다. 심리학적으로 보면 친모에게서 드러나는 매정함과 이성적인 언행이 계모의 또 다른 모습이라고 한다. 그러나 때론 어머니라는 이름으로 이 악물고 냉정해져야 된다고 스스로를 다그칠 때가 있지 않은가? 평생 아이를 치마폭에 감싸 안고 기를 수는 없는 노릇, 눈 질끈 감고 아이를 세상 밖으로 내보내기 위해 참고 견뎌야 할 통과의례를 치러야 하니 계모가 될 수밖에.

꽃춤 놀이가 열리는 날, 오러는 제가 정성스럽게 수놓은 치마저고리를 오도에게 빼앗겨야 했다. 화려한 치마저고리를 입고 거울 앞에서 물소 뿔 관을 쓰는 오도를 바라보는 오러는 금방이라도 울 듯하다. 오러는 밭에 나가 슬픈 노래를 부른다. 마음 저 깊은 곳에서 나오는 노래는 듣는 이 마음에 감동을 일으키지 않는가? 옹이 진 마음조차 풀어지게 만드는 여자의 노래. 상처 난 물소를 간호해 주는 오러는 창조와 회복을 가능하게 하는 여인으로 성큼 자란 모습을 보여 준다. 기운을 차린 물소가 풀과 꽃으로 오러를 꾸며 준다.

"콩쥐 팥쥐에서는 소가 밭을 갈아 주었잖아요."

희진이 말에 아이들 몇이 맞장구친다. 아이들은 이렇게 다른 작품과 견주어 읽는 능력이 있다. 하늘과 땅과 물속 짐승까지 모여들어 정성을 다해 꾸며 준 오리에게 생기가 엿보인다. 왜 그렇지 않겠는가? 우리는 하늘, 땅, 물의 에너지로 성장해 가니 말이다. 아이에서 여자로 변해 가는 오리를 에워싼 그림에서 따뜻하면서도 충만한 힘이 느껴진다.

아름답게 꾸민 오리가 달려간 꽃춤놀이 마당에 그려진 사람들은 모두 윤곽만 있다. 오로지 가운데서 생황을 부는 샤오나만 색이 칠해져 있다.

"저 남자한테 반했나 봐. 그러니까 저 사람만 보이지."

지원이가 눈을 반짝이며 샤오나를 가리킨다. 첫눈에 반하는 순간을 참으로 절묘하게 그렸다. 사랑에 빠지는 순간에 경험하는 그런 일. 둘레에 있는 숱한 사람 가운데서 유난히 한 사람만 눈에 들어오면 이미 사랑에 빠진 것이니.

"투명 인간이네?"

용준이가 히죽거린다. 의미 없는, 나와 관계 없는 이는 그야말로 투명 인간일 수 있다. 녀석들 눈치가 보통이 아니다. 생황을 부는 샤오나는 온몸과 마음을 바쳐 사랑을 얻으려 애쓴다. 제 몸만 한 생황을 불며 뚫어져라 오리를 쳐다보는 샤오나와 생황 장단에 맞춰 흥겹게 춤을 추는 오리의 모습은 보기만 해도 기분이 좋다. 사랑에 빠진 이들은 보는 이조차 설레게 한다. 이들이 얼마나 흥겹게 춤을 추고 흐드러지게 놀면 땅이 들썩거릴까? 뭇 생명이 움 돋아 땅이 들썩거린다는 말은 곧 이들에게 뭔가 새로운 일이 일어날 거라는 암시로 읽힌다.

모두들 설레고 흥분되는 가운데 단 한 사람 오도만 잔뜩 토라져 있다. 바느질 솜씨도 미숙하고 엄마의 과잉보호로 집안일도 서툰, 그렇지만 사랑하는 이를 만나고 싶은 마음만은 간절한 우리의 오도. 그런 그녀가

밉지 않다. 오히려 측은하다. 아이들 몇몇이 오도가 불쌍하단다. 둘러보면 우리 주변에 얼마나 많은 오도가 존재하는가? 처녀 시절의 나 역시 그랬고. 저녁이 되자 오리는 물소에게 뿔을 돌려주고 다시 누더기 차림이 된다. 뒤쫓던 샤오나는 오리를 놓친다. 그렇지. 사랑이 그리 쉬이 얻어진다면 무슨 재미가 있으리. 밀고 당기며 상실과 회복을 거듭하다 비로소 균형을 이룰 때 사랑은 향기를 풍기며 익어 가지 않던가?

"아, 저거 신데렐라가 유리 구두 잃어버릴 때하고 비슷하다, 그치?"

소명이가 채은이를 돌아보며 말한다. 낙심한 샤오나를 언니에게 데려다 준다며 집으로 이끄는 오도. 엄마 앞에서 슬쩍 팔짱을 껴서 제 짝인 척한다. 이렇게 해서라도 샤오나와 맺어지길 원했으니까. 오도 곁에 선 샤오나 표정이 울상이다. 오도와 샤오나를 맞이하는 엄마가 있는 먀오족 부엌이 자세하게 그려져 있다. 에너지를 만들어 내는 공간인 부엌에선 어머니는 부족하고 못난 자식을 위해 음식을 마련할 것이다. 집 밖을 떠돌던 자식을 만났을 때 어머니가 하는 첫 말을 떠올려 보자. '밥은 먹었어?' 또는 '밥은 먹고 다닌 거야?' 어찌 보면 어머니는 자식에게 밥을 주는 존재다. 원초적 생명을 유지할 수 있게 밥을 주는 것이 어머니의 몫이다. 오도 엄마 역시 통통하게 살찐 오리를 잡아 딸과 사윗감에게 먹이려 한다. 우리가 사위에게 씨암탉을 잡아 주는 풍습과 비슷하다. 어쨌든 장황한 훈계나 가르침은 어미의 몫이 아니다.

"샤오나가 오리를 알아보는 것 같아요. 저 악기를 불면서 눈은 오리 쪽을 보잖아요."

윤진이가 쓸쓸한 표정으로 생황을 불고 있는 샤오나를 가리킨다.

"야, 저기 오도 봐. 오리 잡으러 막 뛰어 다닌다."

지원이 말에 사내 녀석들이 까르르 웃는다. 천방지축 말괄량이 오도가 오리를 쫓아 뛰어다니는 그림은 지원이 말처럼 우습다. 오도와 샤오나에게는 살코기만 담아 주고, 오러에게는 뼈다귀만 주는 엄마. 샤오나는 환하면 음식을 못 먹는다며 불을 끄게 해서 오러와 오도의 그릇을 바꾼다. 뼈다귀를 씹은 오도는 이빨이 다 부러진다고 난리를 친다. 그러자 등불을 들고 내려왔던 엄마는 두 번이나 허탕을 치고 세 번째는 아예 내려오지도 않는다. 두 번이나 허탕을 치는 장면에서는 아이들이 손뼉까지 치며 호들갑이다. 오도가 샤오나에게 잠을 자러 가자고 하지만 샤오나는 이런저런 구실을 댄다. 그 때 오러는 아궁이 옆에서 묵묵히 꽃신에 수를 놓는다.

"꽃신 신고 샤오나하고 도망가는 거 아냐?"

유빈이 추측처럼 둘은 첫닭이 울 때 멀리 떠난다. 술에 취해 잠든 오도를 오러로 착각한 엄마가 밀랍을 들이붓는 바람에 남겨진 오도는 고생고생을 한다. 결국 오도는 이듬해 꽃춤놀이를 기다리며 제 손으로 치마저고리를 만들고 꽃신에 수를 놓기 위해 바느질을 한다. 실이 엉키고 엉망진창인 것은 불 보듯 뻔한 일. 그러나 이 과정을 거쳐 오도는 점차 성숙한 여자로 성장해 갈 것이다.

힘들고 어려운 일을 겪어야 비로소 제짝을 만나 혼인할 자격을 얻게 된다는 옛이야기. 바느질을 하느라 안간힘을 쓰는 오도 저 뒤편에서 눈을 질끈 감은 채 돼지 다섯 마리에게 먹이를 주는 어머니가 보인다. 그 모습은 미성숙한 딸의 어리광을 더 이상 받아 주지 않겠다는 태도로 보인다. 딸의 행복한 미래를 위해 기꺼이 계모 노릇을 작정한 듯하다. 자애로움과 엄함, 냉정함의 경계에서 아슬아슬하게 줄타기를 해야 하는 어미로, 선생으로, 나는 언제 어떻게 지독한 계모 노릇을 해야 하는가? 엄마 노릇 십이 년, 선생 노릇 십팔 년, 내 화두다.

6. 곳간은 텅 비었어도 마음은 부자네요

『자린고비』 © 문종훈 그림, 정하섭 엮음 | 웅진주니어

천안에 어린이문학을 공부하는 모임이 있다. 올해로 6년째인 '느림어린이문학'은 학교 선생들과 어린이 서점을 운영하는 분, 도서관 사서, 학교 밖에서 아이들을 만나는 선생, 시민단체에서 일하는 사람까지 스무 명 남짓이 스승을 모시고 즐겁게 놀 궁리를 하는 철없는 모임이다. 아이들과 즐겁게 놀기 위해서는 먼저 어른이 즐겁게 놀 줄 알아야 한다는 게 우리의 뻔뻔한 논리다.

그 가운데 하나로 천안, 아산 지역에 사는 형편이 어려운 아이들과 한 명씩 결연을 맺어 한 달에 한 권의 책을 초등학교 졸업 때까지 보내 주는 놀이를 한다. 보내는 이와 받는 이가 모두 신명 넘치니 흥겨운 놀이가 분명하다. 그 일을 시작한 까닭은 어린이문학을 공부하며 배운 기쁨과 즐거움을 현실의 아이들에게 돌려주자는 생각에서였다. 그렇게 4년 정도 하다 보니 우리의 뜻에 마음을 보태 주는 사람들이 생겨나서 지금은 한 달에 서른 권 정도 책을 보내고 있다.

책을 받는 아이들은 도서관에 갈 형편도 못 되고, 제 몫으로 된 책 한 권조차 가져 보지 못한 아이들이 대부분이다. 그런데 눈물 나게 고마운 건 책을 받는 아이들이 책 오는 날을 목 빼고 기다리고 가끔은 고맙다는 전화를 한다는 것이다. 처음으로 자신의 책을 가지게 되었다는 이야기를 들었을 때는 오히려 우리가 감격에 겨워 눈물을 글썽였다. 그러면서 한 끼 정도의 밥값이 누군가에겐 세상의 그 어떤 보물보다 더 귀한 구실을 할 수 있다는 것에 부끄럽고, 고맙기까지 하다.

화려한 세상의 저편에서 그늘지고 음습한 삶을 살아가는 아이들에게, 느림 식구들은 세상엔 따뜻한 마음을 가진 이들도 있다는 소박한 뜻을 책 한 권에 담아 보내는 것이다. 기부금 영수증을 받는 일도 아니고, 누군가에게 칭찬을 받는 일도 아니지만 묵묵히 책을 보내는 느림 식구들을 보며 이들이야말로 진정으로 어린이문학의 삶을 살아내는 사람들이란 생각에 늘 존경스럽고 고맙다.

혹자는 별일도 아닌 것을 이 지면에 대고 떠드느냐고 눈을 흘길지도 모른다. 그렇지만 넉넉지 않은 살림을 쪼개, 보이지 않는 일을 하는 이들의 훈훈한 마음을 알기에 얼굴이 달아오르는 것을 참으며 밝히는 것이다. 나중에 돈 많이 벌면 좋은 일하겠다고 다짐하는 사람들을 종종 만난다. 지금 번 돈으로 일단 내 집 장만하고 노후 자금 모으고 그리고 나중에…….

제 살점 떼어내는 일이 생각처럼 녹록하지 않다는 것을 우리는 잘 알고 있다. 거창하게 나눔이니 뭐니 그런 말을 쓰지 않더라도 내 호주머니에 든 것을 꺼내 놓기란 마음을 먼저 비우지 않으면 무척 어려운 일이다. 그런데 제 살점을 떼어 주는 이들은 안다. 그게 아픔이 아니라 즐거움으로 되돌아오는 부메랑임을. 내 곁에 있는 이들이 따스한 마음을 가지면 우리네 삶이 훨씬 살맛 난다는 것을 몸으로 알고 있다. 그러니 낡은 신발을 꿰매 신어도, 좀 더 싼 옷을 사러 발품을 팔며 다녀도 콧노래가 나올 수 있는 것이다.

"아, 나 저 얘기 아는데, 저 아저씨 디게 짠돌이야."

아산혜원이 수줍게 말한다.

"짠돌이? 그게 뭔데?"

"어, 디게디게 아끼고, 뭐든지 안 쓰고. 하여튼 그래요. 그리고 생선두 안 먹구 그냥 구경만 하구 그래요. 아들이 두 번 쳐다봤다구 막 혼내키구 그래요."

좀처럼 자기 생각을 드러내지 않는 혜원이 오랜만에 조잘댄다.

"진짜?"

주현이 눈을 동그랗게 뜬다. 얼굴이 발그레해진 혜원이가 주현을 보며 빙그레 웃는다.

"근데, 저 생선 밑에 있는 사람들이 속상해하지 않네요. 저 봐요, 다 웃고 있잖아요."

"그러게나 말이다. 혜원이 말대로라면 속상해서 울든지 얼굴을 찡그리든지 해야 되는데?"

"아, 일있다. 약속을 지키는 사람한테 저거 다 준다고 해서 그런 건가?"

병주의 자신만만한 말소리가 점점 흐려진다.

"자, 그럼 병주 추측이 맞는지 책 속으로 들어가 봅시다~."

내가 장난스럽게 말꼬리를 올리자 아이들이 와하하 웃는다. 감정 표현을 온몸으로 하는 도현이가 배를 잡고 멍석 위를 구른다. 몇 녀석이 덩달아 구른다. 주현은 도현이 등을 치며 그만하라고 다그친다. 머쓱해진 도현이 눈을 흘기며 입을 내민다.

"자린고비가 뭐예요?"

호준이 묻는다.

"글쎄, 책을 보면 알 수 있을 것 같은데?"

"야, 아까 혜원이가 짠돌이라 그랬잖아."

윤호가 퉁명스럽게 말한다. 나는 시무룩해진 호준을 보며 윤호 이름을 불렀다. 윤호가 "미안." 하며 호준이 어깨를 쓰다듬는다.

"아, 바다다. 저 생선이 바다에서 사니까 바다를 그렸나봐!"

앞 면지를 펼치자 은이가 환하게 웃으며 말한다.

"와, 어쩜, 그럴듯한 생각이다."

"저거 바다에 사는 거야? 물고기는 강에도 살잖아."

"그래, 물고기는 바다에도 살고 강에서도 살지. 근데 얘가 뭐냐에 따라 사는 곳이 다르지. 얘 이름이 뭘까?"

"지난번에 읽었을 때, 거 뭐냐, 조긴가 그랬어요."

"그거 제사 때 상에 올리는 건데?"

"아, 맞다. 조기, 아니 아니 굴비다."

은이가 도리질을 치며 소리치듯 말한다. 몇 아이들이,

"아, 굴비. 그거 맛있는데."

하며 입맛을 짭짭 다신다.

"밥상에 간장하고 밥밖에 없네?"

"디게 못 사나 보다."

"어? 아니라는데. 부자래!"

"부잔데 반찬두 없이 밥을 먹어?"

"집도 부잣집 아닌 거 같아요. 식구들이 옷도 다 누덕누덕 꿰매 입었어요."

"진짜, 이상한 부자다."

자린고비네 밥상과 집을 보며 아이들이 고개를 갸웃거린다. 왜 안 그렇겠는가? 텔레비전에서 보는 부자들의 화려한 집과 옷차림을 본 아이들은 오히려 자린고비가 이상한 사람으로 비춰질 밖에.

자린고비는 먹는 것도 여느 부자와는 달리 고기나 생선도 올리는 일이 없다. 아이들이 반찬투정이라도 하면 호통을 쳤다.

"우리 엄마도 내가 반찬투정하면 막 혼내는데."

"나는 지옥에 떨어져서 야차한테 혼날까 봐 밥두 안 남기구 다 잘 먹어요."

성훈이 사촌형한테 들은 야차 이야기를 하며 뻐기듯 한마디 한다.

"저 닭 봐라. 고기 먹고 싶어서 계속 쳐다본다."

"안 먹을 거면 나나 주지 그러는 거 같은데?"

하얀 점을 찍어 닭의 시선을 나타낸 그림을 보며 아이들이 깔깔거린다. 동네 사람들이 던져준 고기를 밥도둑이라며 자린고비가 다시 담 너머로 내던지는 장면이다. 자린고비의 짠돌이 태도는 생선을 주물럭거린 다음 국을 끓인 부인을 보며 물독에 손을 씻었더라면 하는 아쉬움과 함께 된장에 앉았던 파리를 쫓아가 다리를 빨아먹는 데서 극에 달한다.

"근데 저 할아버지는 저렇게 돈을 모아서 어디다 쓰려고 그러지?"

지원이 혀를 쯧쯧 찬다. 까마득하게 높은 천장에 매단 굴비를 두 번 쳐다보는 식구들에게 "오래 보면 짜서 물 켠다."는 장면을 보며 하는 말이다

자린고비는 똥뿐만 아니라 돌멩이 하나까지도 허투루 버리는 법이 없다. 남의 집에 갔다가 똥이 마려우면 간신히 참고 집으로 오는 장면은 마치 만화처럼 그려졌다. 똥, 하면 재미있어 넘어가는 아이들이 코를 박는 시늉을 하며 낄낄거린다.

"근데 왜 똥도 아껴요? 우리 엄마는 똥 참으면 병 된다 그랬는데요?"

재근이 고개를 갸웃거리며 묻는다.

"으음, 옛날에는 농사지을 때 똥을 거름으로 썼거든. 그러니 귀한 거지."

"우웩. 그럼 그 똥을 먹은 곡식을 사람들이 먹은 거예요? 으, 드러!"

병주가 코를 틀어막고 요란을 떤다.

"좀 더러운 것 같지? 그런데 옛날엔 요즘처럼 비료 같은 게 없었어. 그래서 똥을 거름으로 썼지. 선생님도 어릴 때 어른들이 절대 남의 집에 가서 똥 누지 말라는 얘기를 들은 기억이 나. 똥이 흙과 잘 섞이면 곡식한테는 아주 훌륭한 거름이 된다는 거야. 그런 귀한 거름을 다른 집에 준다는 건 쉽지 않은 노릇이지."

개구쟁이 녀석 몇이 입을 가리고 웩웩거린다.

"야, 저 구두쇠가 자린고비한테 졌네?"

"손에 든 종이에서 밥풀 떨어지는 거, 병아리들이 주워 먹으려고 한다. 병아리가 엄마 엉덩이를 깨물면서 밥풀 떨어진다고 그러는 거 같어."

자린고비 집에 머문 손님에게 창호지 조각에 묻은 밥풀을 떼어 놓고 가라는 이야기를 하는 장면을 보며 아이들이 두런거린다. 글에서 말하지 않은 그림의 자잘한 이야기들이 아이들에게 또 다른 재미를 준다. 인색한 자리고비에게 손가락질하는 사람들. 꽉 찬 곳간을 보며 '이제 다 모았구나' 회심의 미소를 짓는 자린고비. 지독한 자린고비의 소문을 듣고 임금은 암행어사를 보내 진상을 알아보라고 한다.

그런데 암행어사가 자린고비 집에서 본 장면은 그야말로 감동이다. 형편이 어려운 사람들에게 쌀까지 내주고 자기가 사는 고장에 굶주리는 사람이 없게 한다. 문득 경주 최부자의 베풂이 떠오르는 장면이다. 구태여 그것을 노블리스 오블리주라는 말을 쓰지 않아도 내 곁의 사람들이 굶주리는데 나만 혼자 배불리지 않는 인간의 심성. 측은지심의 아름다움이 아니겠는가?

"그렇게 모은 걸 다 나눠 주네? 근데 식구들은 가만히 있었을까?"
"아, 알았다. 저 사람이 왜 그렇게 구두쇠 노릇했는지."
"왜 그랬는데?"
"가난한 사람한테 나눠 주려고 그렇게 한 거잖아요? 진짜 대단한 사람이다."
"맞아요. 곳간이 텅텅 비었어도 저 자린고비 마음은 부자네요. 진짜 부자!"

은이와 주현이 말이 맞다. 자기를 위해 쓰는 것을 지독히 아끼고 그렇게 모은 것을 세상의 그늘진 곳에 과감히 부려 놓는 사람. 대단한 사람이다. 진짜 부자 맞다. 수단과 방법을 가리지 않고, 남의 몫까지 빼앗아 제 배불려 호의호식하는 가짜 부자들이 득실거리는 세상에 대고 자린고비는 묻는다.
"왜 재물을 모으는 거냐? 네 배부를 때 네 곁에 있는 이웃들이 굶주리는 길 보면 괴롭지 않느냐?"
기운 옷을 입고도 당당한 자린고비가 따갑게 묻는다.
추워지는 겨울이다. 가난한 이들에게 겨울은 춥고 무서운 계절이다. 이 겨울, 자린고비를 부러워하고 존경하기만 할 일은 아니다. 우리 스스로 자린고비가 될 일이다. 비록 큰 자린고비는 못 되더라도 흉내만이라도 내며 살 일이다. 내 밥 한 술 덜어 배고픈 이웃의 빈 밥그릇에 넣어 주어야 할 때다. 적어도 지금 나는 걸칠 옷이 없거나, 빈 쌀독을 긁는 그런 궁핍한 생활을 하고 있지 않으니 말이다.

7. 사람 사는 마을로 길을 내는 마음

『심심한 오소리』© 이상교 글, 이태수 그림 | 사계절

운동장에 모여 아무리 기다려도 그 아이는 오지 않는다. 텃밭에 가서 한참 일을 하다가 문득 생각나 둘레를 살펴보면 역시나 없다. 아이들이 목청 높여 불러도, 발 빠른 몇이 작은 학교를 이 잡듯 뒤져도 아무 곳에도 없단다. '무슨 일이 있으랴?' 싶으면서도 하던 일 팽개치고 뒷산이며 평상 쪽 산이며 유치원 옆 느티나무에 난 커다란 구멍까지 샅샅이 찾아본다. 그러다 지칠 때쯤이면 보인다. 금낭화와 매발톱꽃이 어우러진 꽃밭 귀퉁이에서 땅바닥에 몸을 바짝 붙인 채 뚫어져라 무언가를 쳐다보는 아이가. 애달프던 마음 대신 울컥 화가 치밀어 '떽!' 하면 오히려 아이가 놀란 표정이다. 눈을 끔벅끔벅하면서 입을 말미잘처럼 오므렸다 폈다 하고 있다. 무얼 하고 있냐고 물어 보면 개미를 보고 있었단다. 또 어떤 때는 학교 뜰에 핀 골무꽃이나 광대나물꽃을 뽑아 꿀을 빨아 먹느라 우리 애를 태우곤 했다.

툭하면 우리를 전전긍긍하게 만드는 욱이는 그럼에도 자기는 늘 왕따 당하고 있다며 일기장이고 글쓰기 공책에 대고 하소연이다. 엄밀히 따지고 보면 우리 반 모두가 저한테 왕따를 당하는 셈인데. 자기가 하고 싶은 것을 우리가 하고 싶지 않다고 말하면 뒤도 안 돌아 보고 자기 하고 싶은 놀이를 찾아 가는 욱이. 자기가 하고 싶은 것을 아이들이나 선생님이 하지 않고 다른 것을 하기 때문에 자기가 왕따 당한다는 아이. 그러면서 타협이나 대안은 달가워하지 않는다. 그래서 나와 아이들은 억울하다고 항변하지만 욱이에게 그게 통할 리 없다.

『심심한 오소리』 책 표지를 본 순간, 욱이가 떠올랐다. 머리만 삐쭉 내민 채 진분홍 진달래를 하염없이 쳐다보고 있는, 어찌 보면 쓸쓸해 보이기도 하고 겁먹은 것처럼 보이는 눈빛을 한 오소리. 어른 손가락 두 개 합쳐 놓은 것보다 손목이 가늘 정도로 깡마른 몸에, 어색한 상황 앞에서는 순해 보이는 눈을 한없이 끔벅이고만 있는 욱이. 더더구나 친구라곤 아무도 없이 혼자 있는 모습에 욱이가 그대로 겹쳐졌다. 오소리 옆에 핀 흰색노루귀마저 관심 없다는 듯 딴 곳을 향해 있다. 간혹 스치는 바람은 아직 스산하고 나뭇잎은 금세라도 버석버석 소리를 낼 것만 같은데……. '심심한~'이 아니다. 외롭다, 또는 고독하다 정도의 의미는 담고 있어야 어울리는 그림이다. 어찌 됐든 책 표지를 보며 나 혼자 한참 동안 욱이를 훔쳐보았다. 찔레꽃을 그리는 공부는 전혀 개의치 않고 어디서 주웠는지 낚싯대에 매다는 조그만 종을 열심히 만지작거리고 흔들어 보며 혼자 하나도 안 심심하게 놀고 있다.

『심심한 오소리』 앞뒤 면지에 그려진 오소리하고 하나도 다를 게 없다. 혼자 물구나무를 서고, 뒷짐을 지고 먼 데를 바라보기도 하고, 비스듬히 기댄 채 앞발을 모으고 눈을 지그시 감고 놀기도 하는, 혼자서도 하나도 안 심심한 오소리는 보는 사람으로 하여금 무료함을 느끼게 한다. 책을 가지고 그림책 걸상에 앉자 아이들이 오소소 앞으로 쏟아져 나온다. "야, 진달래 꽃전 또 해 먹고 싶다." 얼마 전에 꽃전을 해먹은 걸 떠올리며 아이들이 입맛을 다신다. 나 또한 고소한 기름 냄새가 코끝에 스치는 것 같아 나도 모르게 침이 꼴깍 넘어간다. 세밀화라 바람에 꽃잎이 흔들릴 것처럼 생생하다. 봄볕을 받은 바위에 몸을 비스듬히 기댄 채 호드기를 부는 하나도 안 심심한 오소리는 어떤가? 마치 우리 반 개구쟁이가 다가가 말을 걸면 화들짝 놀라 일어날 것 같다. 마른 잎사귀를 뚫고 나온 연초록 둥글레(은방울꽃 싹과도 닮았는데 내가 보기엔 둥굴레 싹 같다.) 새순을 보고 감탄하는 오소리 모습에도 욱이가 담겨 있다. 동무들이 '놀자아!'고 소리쳐도 아랑곳하지 않는 우리의 오소리. 장면이 바뀔 때마다 '오소리는 혼자여도 하나도 안 심심했지.'가 반복된다. 그러자 원재가 맥없이 한마디 던진다.

"하나도 안 심심하긴……. 디게 쓸쓸해 보이는데."

"맞어, 재 디기 심심하니까 자꾸 안 심심하다고 하는 거다, 그치?"

기범이가 내게 눈웃음을 치며 맞장구를 친다.

계절은 연초록 봄을 지나 산 그림자 비추는 계곡물이 시원한 여름이다. 맑은 골짝 물에서 헤엄치는 물고기 떼를 바라보는 (몰입해서 보는 오소리 눈이 사시처럼 그려져 있어 재미있다.) 하나도 안 심심한 오소리. 그런 오소리를 보는 아이들 얼굴에 딱하다는 표정이 역력하다. 숲 가득 무리지어 핀 나리꽃과 맥문동, 그리고 서로 어깨 기댄 나무들 사이에서 짐짓 아무렇지도 않은 듯 뒷짐을 진 채 코를 한껏 벌리고 혼자 잔대꽃 향기를 맡는 오소리는 오히려 보는 이 마음을 안타깝게 한다. 가을에 떨어진 나뭇잎을 가지고 혼자 놀기의 진수를 보여 주는 오소리는 또 어떤가? 같이 놀자는 동무들을 따돌리고 조용한 걸 즐기는 오소리의 외로움은 극치를 달린다. 물론 정작 당사자는 전혀 느끼지 못하는 외로움이지만 말이다. 그래서 가던 걸음을 멈추고 오소리를 바라보는 노루의 측은한 눈빛이 따스하게 느껴진다. 마치 자기만의 세계에 빠져 있는 욱이를 보는 우리 반 아이들의 눈빛 같다. 그런 동무들의 마음을 눈치채지 못하는 건 오소리나 욱이 모두 매한가지지만.

드디어 겨울이다. 집으로 들어가 있던 오소리 눈앞에 사슴뿔 같은 나뭇가지가 살랑인다. 신화를 보면 나무는 지하와 지상, 하늘을 품어 안아 생명을 키우는 존재로 등장한다. 생명력을 가진 존재가 눈앞에서 살랑이니 무심하던 오소리 마음이 흔들릴 수밖에. 혼자 있음에 전혀 개의치 않던, 아니 오히려 혼자임을 즐기던 오소리가 드디어 이때부터는 표정이 쓸쓸하고 어두워진다.

"아, 엄마 뱃속에 있는 애기 같아요."

겨울잠을 자는 오소리를 보던 아이들이 자리에서 엉덩이를 들썩거리며 웅성거린다. 몸을 잔뜩 웅크려 말고 겨울잠을 자는 오소리 둘레에 칠해진 연한 붉은 색이 그런 느낌이 들게 한다. 겨울잠을 잔다는 것은 봄을 위해 꼭 필요한 쉼이며 약동하는 생명력이 한껏 응축되어 있음을 의미한다. 잠에서 깬다는 것은 그래서 생물학적인 깨어남을 말하는 것뿐만 아니라 영혼이 새로운 세계로 도약하는 것까지 담고 있지 않은가? 겨울잠을 자는 오소리를 에워싼 심상치 않은 신비로운 붉은 기운은 어머니의 자궁에서 생명을 얻듯 새로운 생명을 얻게 됨을 암시하는 것처럼 보인다.

바람 소리에 놀라 잠에서 깬 오소리.

"오소리가 겨울잠을 자나?"

수정이가 고개를 갸웃거린다.

"잘 걸?"

누군가 자신 없는 목소리로 말한다. 이럴 때 나는 언제나처럼 불친절한 선생이 된다.

"수정아? 니가 도감 찾아봐서 우리한테 일러 줄래? 나도 잘 모르겠다. 겨울잠을 자면 봄이나 되어야 일어날 텐데…….”

말끝을 흐리는 내 말에 대답하는 수정이 목소리는 높은 음이다. 모두 들 잠든 겨울에 혼자 잠에서 깬 오소리는 비로소 온전한 혼자가 된다. 혼자가 되어 무얼 할 수 있겠는가? 그동안 자신이 살아왔던 일을 되새겨 떠올리고 자기 내면을 들여다 볼 수밖에. 벚꽃 흩날리듯 하얀 눈이 날리는 걸 보며 오소리는 동무들이 보고 싶고, 놀러 오길 간절히 원한다. 날리는 눈발을 쳐다보는 오소리 검은 눈동자는 공허해 보인다. 무료해 보인다. 그런 오소리 마음을 아는지 모르는지 눈은 하염없이 하염없이 내린다. 무릎에 턱을 괴고 책을 보던 은영이가 한숨을 포옥 내쉰다. 뒷자리에서 엉거주춤 앉아 있던 욱이 역시 말이 없다. 마치 우리 교실에 눈이 내리는 것처럼 고요하다.

외로움에 사무친 시간을 보내던 오소리는 굴 밖으로 나온다. 그리고는 동무들이 ‘노올~자!’ 소리치며 달려오던 작고 정다운 길에 쌓인 눈을 쓸기 시작한다. 싸악싸악 눈을 쓰는 싸리 빗자루 소리가 들릴 것 같은 장면. 나무 빼곡한 숲 저쪽부터 난 길이 아득하다. 땀이 뻘뻘 나지만 오소리는 빗자루를 내려놓지 않는다. 사람 사는 마을로 통하는 길을 내는 걸 멈출 수 없기 때문이다. 지독한 외로움을 알았으니, 진정한 행복이 무엇인지 깨달았으니 어찌 비질을 멈출 수 있겠는가? 깨달음은 새로운 생명을 가져다주고, 새로운 생명을 얻게 된 오소리의 모습은 그래서 무척 힘차 보인다. 마음의 길을 낸 자에게는 희망이 있기 마련. 그 희망이 금세 이루어지지 않는다 해도 실망하거나 쉽게 포기하지 않는 법. 빗자루를 어깨에 짊어지고 산길을 오르는 오소리 모습은 그래서 무척 아름답다. 오소리가 부르는 콧노래가 들리는 것 같다. 아직은 오지 않은, 그렇지만 곧 자기가 낸 길을 따라 동무들이 오면 꼭 안아 줄 거라는 마지막 그림은 화면을 꽉 채우고도 남을 정도다. 밖으로 환하게 번져나는 기쁨의 빛깔, 생명의 빛깔은 보는 사람 마음까지 환하게 만들 지경이다.

드디어 우리의 오소리는 더 이상 혼자가 아니다. 자기만의 세계를 벗어나 마음과 마음이 통하는 길을 냈으니, 그 길로 숱한 생명이 오갈 것이고 그동안 경험하지 못한 새로운 세계가 그 길에 만들어질 것이니.

책을 함께 읽은 뒤 며칠이 지나 아침 일찍 교실 문을 열고 들어선 욱이에게 손짓을 했다. 이리 와 보라는 내 말에 눈을 동그랗게 뜨는 욱이.

"욱아? 너 『심심한 오소리』 생각나지?"

"네~에."

"뭐 생각한 거 없어?"

"그거 내 얘기랑 비슷해요."

"그래? 그럼 너 심심한 오소리 될래? 아님 안 심심한 오소리 될래?"

"안 심심한 오소리요."

"그, 럼, 지금부터 내가 너한테 어울리는 별명을 하나 지어 줄게."

"……."

"뭐냐면 말이지? 니가 혼자 놀면 너 부를 때 '심오소리'로 부르고 우리랑 어울려서 놀면 '안오소리'라고. 어때?"

잠시 갸웃거리던 욱이가 마지못해 고개를 끄덕인다. 나는 욱이의 납작한 엉덩이를 툭툭 두드려 주었다.

그 뒤부터 나는 버릇이 생겼다. 욱이가 집으로 돌아갈 때마다 묻는다.

"욱아! 오늘은 안오소리니, 심오소리니?"

그러면 욱이는 때론 안오소리라고도, 또 어떤 때는 심오소리라고도 한다. 그런데 점점 안오소리 되는 날이 많아진다며 애절한 눈빛으로 대답을 기다리는 내게 힘을 주고 간다. 욱이의 한마디에 그날 하루를 마감하는 내 기분이 좌우된다. 기분 좋은 기다림이며 마음 설레는 기다림이다.

6

이야기 그림책만 그림책인가?

1. 빛과 색의 세계로 떠나는 황홀한 소풍

『무지개』 © 문승연 글 · 그림 | 천둥거인

밤새 하이얀 첫눈이 내렸다. 좀 이른 첫눈이다. 노오란 나비가 떼 지어 가지런히 앉아 있는 것 같은 은행나무에도 첫눈이 소복소복 쌓여 있다. 첫눈치고는 인심이 푸짐하다. 우리 학교에는 어른 두 명이 팔을 벌려야 안을 수 있을 정도로 커다란 은행나무가 있다. 어제 아침에만 해도 그 나무 아래에서 계집애 몇이 바람에 날리는 노란 이파리를 잡으려고 이리저리 뛰어 다녔다.

"성생~니임! 은행잎 잡으면 소원이 이뤄진대요!"

"하아린, 니 소원이 뭔대?"

"으~으, 내 소원은……."

"근데요~오, 저기 은행잎이가 땅에 떨어지기 전에 잡어야 돼요. 그치이?"

혜지가 흘러나온 코를 들이키며 코맹맹이 소리로 말한다. 그리곤 뒤도 안 돌아보고 다시 은행잎을 잡으러 뛰어 간다. 덜 여문 소리로 짝짝 손바닥 마주치는 소리가 들리는 걸 보니 번번이 허탕을 치는 모양이다. 그래도 아이들은 연신 까르르까르르 웃는다.

교실로 들어오라는 말을 하러 나간 나는 하염없이 그 모습을 쳐다보다 살그머니 교실로 들어왔다. 팔랑개비처럼 뒹구는 아이들과 노란 은행잎, 잘 영근 귤빛 가을 햇살. 그 아름다운 한 폭의 그림을 앞에 놓고 어찌 공부 시간 운운하겠는가? 그랬는데 오늘 아침에 보니 은행나무 한 그루에 가을과 겨울이 곁들여진 장관이 펼쳐져 있다. 아이들과 나는 아침 자습을 핑계 삼아 눈발을 쏘다녔다.

"어? 무지개에서 해님이 뛰어 내린다!"

책을 펼쳐 들자마자 성수가 벌떡 일어나서 소리친다.

"선생니임! 나 그 전에 무지개 봤어요. 산에 무지개가 이러케 이러케 있었어요."

태웅이가 흥분해서 팔로 크게 반원형을 그리며 쇳소리를 낸다.

"나두 봤는데."

"나두, 나두……. 그때 진짜 봤어."

"무지개 무지 이쁘지? 그지?"

오매불망 태웅이를 향해 구애 작전을 펼치는 정인이가 태웅이 코앞까지 바짝 다가앉아 묻는다.

짙푸른 하늘에 하얀 뭉게구름을 뒤로 하고 걸린 일곱 색깔 무지개는 탄성을 지르게 한다. 무지개가 걸린 아래로 희끗희끗 쏟아지는 빗줄기가 그려진 까만 구름은 색색으로 칠해진 무지개를 한층 돋보이게 한다. 미끄럼틀처럼 걸린 일곱 색깔 무지개를 타고 내려오는 볼이 통통한 붉은 해는 둥근 공에서 미끄러지듯 아슬아슬하다. 탱글탱글한 까만 눈은 영락없이 호기심 많은 우리 반 사내아이들 모양이다. 그림책은 무엇보다 읽는 이에게 그림이 많은 이야기를 걸 때 흥미진진하다. 그림을 이루고 있는 요소는 무엇인가? 선, 형태, 색으로 형상을 빚은 것이 그림이다. 그런데 그림책을 읽다 보면 어떤 것은 선과 형태로 이루어진 형상이, 또 어떤 것은 색과 형태로 이루어진 형상이 이야기를 만들어 가는 모습을 발견한다. 그러다보니 그림책을 읽고 났을 때 허전함을 느끼고 뭔가 부족하다는 생각이 드는 것은 이 세 가지 요소가 잘 버무려져 생명력 있는 형상으로 살아나지 못하기 때문이다.

몰리 뱅의 『쏘피가 화나면— 정말, 정말 화나면…』을 보면 주인공의 심리 변화를 드러내는 데 색깔이 얼마나 극적인 구실을 하는지 그저 놀랍다. 그 작품을 읽으면서 나는 우리 나라 그림책에는 색깔로 탄성을 지르게 하는 작품이 없다는 생각이 들어 안타까웠다. 그런데 『무지개』를 보는 순간, 나도 모르게 벌떡 일어나 앉으며 '야~ 아!' 소리를 질렀다. 이 작품에는 색깔뿐만 아니라 사물의 형상에 어린이의 마음과 모습이 고스란히 담겨 있기 때문이었다. 그래서 나는 이 책을 얼른 아이들에게 읽어 주고 싶었다. 정확하고 예리한 눈을 가진 우리 아이들에게 검증을 받고 싶었다. 아이들 역시 시작부터 예사롭지 않은 반응을 보였다. 모두 잠든 밤의 색깔이 그저 검은 색이 아니라는 사실을 알고 있는가? 밤을 나타내는 색이 까맣다고 말하는 대부분의 사람들은 밤하늘을 제대로 보지 못한 것이다. 생각은 가끔 진실을 왜곡하게 만든다. 밤의 빛깔은 당연히 검다는 생각 때문에 눈앞에 있는 밤하늘 색을 있는 그대로 보지 못하게 한다. 『무지개』의 밤하늘은 존재하는 진실을 왜곡하지 않는다. 밤하늘 색이 얼마나 여러 빛깔인지, 그 여러 색깔이 모여 보여 주는 까만 빛깔이 얼마나 풍요로운지 우리 눈앞에 고스란히 펼쳐 보여 준다. 청보랏빛과 연보라, 나뭇잎이 흔들리듯 펼쳐진 초록빛, 눈송이처럼 희끗희끗한 별, 우리 반 코흘리개 정인이 얼굴처럼 동그란 달. 검은 밤하늘을 가만히 들여다보면 일곱 색깔 무지개가 그 안에 이미 담겨 있음을 깨닫는다.

그래서 밤의 빛깔이 점점 옅어지고 짙푸른 바다 위로 잘 익은 토마토처럼 빨간 해가 얼굴을 내미는 모습은 아주 자연스럽다. 붉은 해덩이가 일렁이는 바다 위로 솟아오를 때는 마음이 확 트이는 느낌이 든다. 빨강과 파랑의 대조. 그 극적 긴장감을 살짝 누그러뜨리는 하얀 물보라. 잠깐 한숨 돌리면 탱탱한 공처럼 튕겨 오르는 해. 장난스런 모습이 아이들이 좋아하는 호빵맨의 얼굴 그대로다. 거기엔 어디로 튈지 모르는 에너지 덩어리 그 자체인 아이들이 있다. 아이들의 호기심과 쉼 없이 뿜어져 나오는 열정이 담겨 있다.

"야, 저거 해, 확 튀어 나올 거 같지?"

내가 몇 번이나 자리에 앉으라고 말을 해도 엉덩이를 붙이지 못하는 용찬이. 펄쩍 뛰어 오르는 붉은 해를 보며 환호성을 지르는 아이들은 이미 해가 되어 있다. 옥수수 밭에, 또는 꽃밭에 노오란 알갱이 알갱이가 되어 찬란하게 부서져 내리는 햇살은 온갖 식물에게 생명을 주고 빛을 만들게 한다. 주체 못하는 열정으로 꿈틀거리는 생명의 원천이 해로부터 오고 있음을 넘치게 보여 주는 장면이다. 온몸 가득 색색으로 꿈틀대는 생명을 보면 거기에도 아이들이 담겨 있다. 바지런히 꼼지락꼼지락 몸을 움직이는 생명력 넘치는 아이들이 거기에 있다. 햇살이 쏟아져 내리니 거기에 맞춰 춤이라도 추듯 몸을 꿈틀대는 대지의 모든 생명 안에 아이들이 담겨 있는 것을 보는 것은 눈부시다. 그 눈부신 꽃밭을 지나 팔랑거리는 나비가 날아오른다. 우리 학교 은행잎처럼 노오란 빛깔이다.

아이들 입에서 또다시 탄성이 터진다.

"와~아, 나비다."

노오란 나비의 날개짓 소리가 귓가에서 들릴 듯 생생하다.

"아, 진달래 화전 먹고 싶다."

턱을 괴고 있던 현일이가 갑자기 진달래 화전 타령이다.

"왜?"

나는 눈을 동그랗게 뜨고 물었다.

"어, 저기 분홍색 보니까 그때 우리 진달래 화전 해 먹은 게 생각나거든요."

"맞다. 그 때 진달래 피었을 때 나비가 있었는데, 저게 진달래 꽃이 잔뜩 핀 데 나비가 앉은 거 같어요."

'아이들은 모두 시인이다.'라는 이오덕 선생님 말처럼 좋은 그림 앞에 선 아이들은 모두 시인이다. 보연이 말을 들어 보니 진짜 진달래 지천인 양지녘에 한 마리 나비가 날아든 듯한 착각이 든다. 생각만 해도 황홀하다. 노랑과 연분홍 색깔이 가져다 준 선물이 마음을 한껏 부풀어 오르게 한다. 봄의 진달래 산천을 지나면 나뭇잎 사이로 쏟아지는 햇살이 눈부신 여름이다. 연초록 새순이 물결처럼 일렁이는 오월 말이나 유월 초. 우리 학교 평상에 누워 하늘을 보면 볼 수 있는 광경이다. 연초록 새순 사이로 쏟아져 내리는 은빛 햇살을 본 아이들이라면 『무지개』에 그려진 이 장면을 보며 '아, 어쩜!' 할 것이다. 그리고 저마다의 추억 속으로 쏟아지는 빛처럼 빨려들어갈 것이다. 작가는 그저 한 그루의 나무와 연초록 새순, 그리고 나뭇잎 새로 보이는 하늘과 햇살을 담담하게 보여 줄 뿐이지만, 우리는 저마다 여행을 떠나게 된다. 좋은 그림은 이처럼 그 앞에 선 독자의 마음을 설레게 만들고 묻어 둔 이야기를 꺼내게 한다. 그래서 나는 감히 말한다. 그림 앞에서 무언가 이야기하고 싶어 안달이 나면 그 그림책은 좋은 그림책이라고. 뜻 없이 가슴을 설레게 하는 그림이라면 훌륭한 그림책이라고.

『무지개』에는 그림 앞에 선 독자의 마음을 울렁거리게 하는 장면이 이어진다. 억새를 스치는 바람에도 보이지 않는 색깔이 담겨 있다. 바람에 몸 뒤척이는 억새 언덕 뒤로 펼쳐진 가을 하늘은 쓸쓸하기 그지없다. 뜻 없이 툭하고 눈물 한 방울 떨어질 것 같다. 눈물을 거두고 눈 들면 지친 듯한 붉은 해를 삼켜 버리는 잿빛 구름, 그리고 다시 어둠. 피곤에 지친 듯 길게 누운 사람의 형상을 닮은 어두운 그림자 밑으로는 하루의 피곤함으로 지친 이들이 몸을 눕히는 사람의 마을이 펼쳐 있다. 그렇게 하루가, 한 해가 저물어 가고 있다. 그 집 지붕 위로 새살거리듯 나리는 비. 비 섞인 바람에 펄럭이는 개나리색, 짙푸른 바다색, 짙은 진달래색 빨래는 빗속을 뛰어 다니는 아이들 몸짓 그대로다. 비가 오는데도 처량하거나 우울함이 전혀 느껴지지 않는다. 그래서 뒤이어 쏟아지는 장대비는 장쾌하다. 그 속에 서면 묵은 미움도 서러움도, 고단함도 모두 씻겨 내릴 듯하다. '쏴와아아' 빗소리가 귀청을 때릴 듯 거침없다. 속이 시원하다. 후련하다. 검은색과 흰색의 절묘한 조화가 만들어 낸 느낌이다.

그런데 손가락 하나 비집고 들어갈 틈 없이 까맣던 어둠 어디에 이런 색깔이 숨어 있었나? 뒤이어 펼쳐진 장면엔 환하게 떠오른 무지개가 은빛 햇살 찰랑거리는 바다 위에 다리를 놓은 것처럼 길게 펼쳐져 있다. 살면서, 어두운 날을 견디다 보면 이렇게 찬란한 무지개가 뜰 날이 있다는 이야기인가? 어둠과 슬픔 속에도 행복이 숨 쉬고 있다는 말일까?

"야~아, 저 무지개 봐!"

아이들이 손끝으로 무지개를 가리킨다. 마치 제 눈앞에 무지개가 떠 있기라도 한 양. 『무지개』를 읽으며 아이들과 나는 몇 번의 탄성과 환호성을 질렀다. 그리고 마음이 설레었다. 마음에 묻어 두었던 이야기를 꺼내 들여다보고, 색깔이 들려주는 그 많은 이야기를 들으며 행복했다. 그렇게 책 한 권을 읽으며 우리는 늦가을 황홀한 소풍을 다녀왔다.

2. 생명을 얻는 말, 시어

『준치 가시』 © 백석 글, 김세현 그림 | 창비

"태초에 동물과 인간이 다른 점이 없이 살아갈 때 인간과 동물은 모두 같은 말을 사용했다. 그 당시 말은 마술이며 무심코 튀어나온 말은 생명을 얻어 원하는 것을 실현시켰다. 원하는 것을 말하는 것만으로도 충분했던 것이다. 하지만 설명을 하게 되면 수포로 돌아간다. 옛날에는 만사가 그런 식이었다."(미셸 피크말 Michel Piquemal 편, 『인디언의 말 Paroles Indiennes』에서.)

어디 옛날에만 그러했을까? 신선한 시어 뒤에 구구하게 덧붙인 설명 때문에 맛있게 읽던 글맛이 순식간에 달아나 버린 경험이 누구에게나 있지 않은가? 충만했던 상상력이 마치 풍선 바람 빠지듯 사라져 버려 씁쓸했던 기억이 21세기를 살아가는 우리에게도 있지 않은가? 언어는 인간의 생체 리듬과 같은 리듬을 갖고 있다고 한다. 특히 문자가 사용되기 이전, 사람들이 사용하던 음성 언어는 더욱더 인간의 기억 리듬과 맥이 같다는 것이다. 어찌 보면 음성 언어가 인간의 두뇌에 좀 더 쉽게 기억되기 위해 스스로 터득한 생존 전략인지도 모른다. 그래서 문자 이전의 언어는 대부분 시적 리듬을 갖고 있다. 구구한 설명을 빼 버려야 하니 상징과 비유에 기댈 수밖에 없었다. 부연 설명을 하면 더 이상 생명을 얻기 어렵거나 생존 자체가 불가능한 언어, 뜻을 명확히 하려는 욕심으로 설명을 곁들이면 빛이 퇴색해 버리는 언어, 신화 시대의 언어이며 시이며 어린 아이들이 쓰는 언어가 바로 그것이다.

어린 아이들은 본능적으로 직관의 언어를 사용할 줄 안다. 사물이나 어떤 현상을 보고 아이들이 무심코 뱉어 내는 말에 어른들은 깜짝 놀라곤 한다. '아니 저 아이가 어쩜 저런 말을 다 할까, 내 아이가 천재 아닐까?'라며 마음으로 호들갑을 떠는 것도 아이가 쏟아 내는 직관의 말, 상상력의 폭을 무한정 펼쳐 주는 말 한마디 때문이 아닌가? 잔가지를 툭툭 쳐 낸 아이들의 말은 그래서 그대로 글로 옮겨 놓으면 한 편의 시가 된다. 말 속에 리듬이 있고 비유가 있다. 배워서 한 것이 아니라 본능에 따라 움직였을 뿐인데도……. 아이들과 그림책을 함께 보다가 가장 신날 때는 대부분 '내적 운율'이 있는 작품을 볼 때이다. 처음에는 내가 들려주는 이야기를 듣고만 있던 아이들이 어느 순간 나를 무시하고 자기들이 리듬을 만들어 글을 읽는다. 제비부리 같은 입을 딱딱 벌려가며 한 목소리로 글을 읽을 때의 아이들은 혼자 보기 아깝다. 아이들 얼굴에서 빛이 나는 것 같다. 이처럼 아이들은 본능적으로 리듬이 있는 글에 빠져든다. 혹시나 아이들이 내용을 이해하고 있는 걸까? 이런 생각은 어른들의 공연한 노파심이다. 간혹 노파심을 견디지 못한 작가가 친절하게 부연 설명을 곁들여 놓으면 아이들은 금방 시시해한다. 지루해서 못 견뎌한다. 『준치 가시』를 읽어 주기 시작하자 여덟 살짜리 우혁이가 눈을 빛내며 내 품으로 달려든 것은 글에서 오는 매력을 본능적으로 찾아 냈기 때문이다. 제가 쏟아 내는 말과 일치하는 것을 느꼈기 때문이다.

백석의 시에 그림을 곁들인 『준치 가시』는 표지에 쓰인 제목의 필체부터 재미있다. 추사체 같기도 하고 얼핏 보면 글자 구조에 맞지 않게 쓴 아이의 글씨 같기도 하다. 눈길을 끄는 제목 아래에 그려진 눈이 툭 불거진 준치 그림 역시 손이 덜 여문 아이가 그린 그림처럼 어설프고 그래서 친근감이 느껴진다. '준치는 옛날엔 / 가시 없던 고기.' 인간의 기억 리듬은 대부분 낱자 네 개 정도란다. 처음 보는 글을 읽고 다시 기억해 낼 수 있는 글자 수가 네 개 정도라는 것이다 . 그러니 이 얼마나 기막힌 언어의 조합인가? 그리고 그 옆에 여백이 넓게 펼쳐진 장면에 준치 한 마리만 달랑 그려져 있다. '외롭겠다!' 턱을 괴고 그림을 보던 아이가 무심코 던진 한 마디. 그 말을 듣고 보니 정말 외로워 보인다. 커다란 두 눈은 외로움으로 둘레를 뚤레뚤레 돌아보고 있는 듯하다. 부연 설명을 곁들이지 않은 글과 여러 가지 그림을 곁들이지 않고 오롯이 준치 한 마리만 그려 놓은 그림 작가의 심리적 통찰력과 아이들에 대한 신뢰, 그리고 욕심 없음이 만들어 낸 결과이다. 이 외로운 준치에게 앞으로 어떤 일이 펼쳐질지 호기심을 갖게 만드는 그림을 보며 나는 고마웠다. 직관의 그림 언어를 우리 아이들에게 선물해 준 화가가 미더웠다.

먹과 물이 훌륭하게 조화를 이룬 그림은 작고 외로운 준치에게 처음부터 끝까지 따뜻한 눈길을 보내고 있다. 언제나 작고 외로운 목숨에게 동일화를 이루는 아이들은 조그맣게 그려진 준치에게서 눈을 떼지 않는다. 준치 곁에 있는 물풀 역시 부드러운 몸놀림으로 작고 외로운 영혼을 쓰다듬고 있다. 언제나 언제나 가시가 부러웠던 준치. 그 옆을 헤엄치는 커다란 물고기 떼 표정을 보면 우리 반 장난꾸러기들이 생각난다. 겉으로는 언제나 사내다움을 과시하지만 『가부와 메이 이야기』 시리즈 마지막 편을 읽을 때 눈시울이 벌게지던 성수. 장애를 가진 동무가 '천안버스 온양버스' 글자를 썼다며 박수 세례를 퍼붓고 그 종이를 갖고 와 게시판에 붙여 주라던 재현이. 얼굴만 봐도 단박에 개구쟁이임을 알 수 있지만 마음은 한없이 연하고 따뜻한 우리 아이들 같은 물고기들. 짙은 먹 선으로 표현된 가시는 찔리면 금방이라도 피가 날 듯 날카로워 보이지만 표정은 얼마나 온순해 보이는지. 한쪽으로 쏠린 눈동자는 또 얼마나 재미있는지. 가시 없는 작고 여린 준치를 둘러싼 고기 떼들은 그야말로 호기심 가득한 어린 아이의 모습 그대로다.

『준치 가시』가 갖고 있는 매력은 단지 글과 그림에만 있지 않다. 시로 표현된 『준치 가시』 이야기는 우리 옛이야기의 구조를 자연스럽게 담고 있다. 가시를 갖고 싶다는 준치에게 물고기들은 '왜?'라고 묻거나 '가시를 주어야 하나 말아야 하나?' 내적 갈등을 일으키는 모습이 전혀 없다. 옛이야기에 나오는 인물을 보면 어떤 상황에서도 심리 갈등을 보이지 않는다. 호랑이가 저고리를 벗어 달라거나 떡을 달라는 말에 어머니는 갈등하거나 심리 동요를 보이지 않는다. 그냥 말없이 벗어 주고 던져 준다. 심리 갈등을 보여 주려면 구구한 설명이 필요한데 말로 전달되는 언어는 기억되고 전승되기 위해서는 가능한 간단명료해야 했던 것이다. 설명을 하는 순간 말은 생명을 잃기 때문이다. 아울러 이 작품은 타인의 고통에 눈 돌리지 않고 기꺼이 제 살점을 떼어 주는 옛사람들의 훈훈한 마음을 고스란히 담고 있다. 계산하지 않는 마음, 어린 아이처럼 순수한 마음을 담고 있는 옛이야기 주인공의 마음밭을 제 가시를 뽑아 주는 물고기들에서 구현하고 있다.

가시를 갖고 싶은 준치가 되어 버린 아이들은 가시를 떼어 주는 물고기들을 보며 어떤 생각을 할까? 제가 가장 아끼는 소중한 것, 또는 없어서는 안 될 그 무엇인가를 동무를 위해 기꺼이 주는 물고기가 눈물겹게 고마울 것 같다는 생각은 지나친 것일까? '나도 내 친구가 지우개 갖고 싶다 그러면 줘야지.'라며 중얼거리는 우혁이를 보면 아이는 내가 생각한 것보다 훨씬 더 감동받고 있는 것이 분명하다. 문학 작품을 보며 우리가 가장 이루고자 하는 바가 바로 이 지점이 아닌가. 작품에 등장하는 인물의 삶을 보고 '나도 저렇게 해야지?'라며 제 삶의 좌표를 만들어 나가는 모습. 그러면서 자신의 삶을 뒤돌아보게 하는 것이 우리가 아이들 곁에 문학 작품을 놓아 주는 속마음이지 않는가. 그런 면만 보더라도 『준치 가시』는 훌륭한 작품이다.

그림책은 글 작가와 그림 작가가 얼마나 서로를 깊게 이해하느냐에 따라 작품의 질이 좌우된다. 또 글 작가와 그림 작가가 얼마나 아이의 심리를 깊게 이해하느냐에 따라 작품의 성패가 결정된다. 그런데 『준치 가시』는 이 두 가지 어려운 숙제를 잘 해 낸 듯싶다. 직관의 시어를 구사할 줄 아는 글 작가와 여백을 살려 상상의 폭을 깊고 넓게 만들어 줄 줄 아는 욕심 없는 그림 작가가 만나 이 겨울 우리 아이들에게 따뜻한 선물 한 꾸러미를 건네 주고 있다. 아울러 준치의 은빛 나는 비늘은 그림 가까이로 눈을 가게 한다. 손으로 만져 보고 싶게 한다. 책을 읽는 사람을 책 밖에 세워 두지 않고 그림 곁으로 다가오게 하는 것이다. 잠자고 있던 감각을 깨우게 하는 것은 은가루를 직접 발라 놓은 듯한 기법 때문이다. 준치의 은빛은 『무지개 물고기』의 화려함과는 다르다. 『무지개 물고기』의 오색찬란한 비늘을 보고 "와이!" 하고 탄성을 지른 아이들이 준치의 은빛 앞에서는 낮은 목소리로 "이야~아!" 하면서 호기심을 잔뜩 갖는다. 두꺼운 먹 선에 자연스럽게 스며든 은빛 비늘은 마치 처음부터 그 자리에 있었던 듯하다. 우리 옛 그림이 갖고 있는 자연스런 화법과 여백의 미를 충분히 살렸기에 가능한 일이다.

"엄마, 이 물고기들이 준치한테 자꾸 가시 떼 주잖아."
"응. 근데 왜?"
"그게 저, 엄마가 나한테 밥 주면서 한 순갈 주면 정 없다 그러잖아.

그러면서 또 한 숟가락 주잖어. 그거 같어. 그치, 엄마?"

가시 없던 준치에게 가시를 더 주려고 달려드는 물고기 떼를 보며 우혁이가 말했다. 청국장에 밥을 비벼 먹는 모습이 예뻐서 내가 내 밥을 덜어 주며 했던 말이 떠오른 모양이다.

"맞어. 우리 조상들은 그래서 남한테 뭐를 주거나 할 때 꼭 두 번씩 줘. 그만큼 정이 많은 거지."

"어, 근데 물고기들은 그걸 어디서 배웠지?"

"그거야, 먼저 돌아가신 조상님들이 물고기들한테 몰래 가르쳐 줬나 보지 뭐!"

온 몸이 가시투성이가 된 준치가 그려진 그림을 보며 나는 큰소리로 '하하하' 웃었다. 느닷없는 웃음에 나를 빤히 쳐다보던 우혁이도 덩달아 따라 웃었다. 한참을 웃던 녀석의 한마디.

"아, 이제 준치가 외롭지 않겠다. 친구들하고 똑같아졌으니까."

그리곤 물풀 사이를 유유히 헤엄치는 준치처럼 깔아 놓은 이불 속으로 몸을 쏘옥 들이민다. 외롭던 준치가 행복해졌으니 이제는 마음이 한결 놓이는 모양이다. 우혁이가 던진 마지막 한마디, 그 한마디를 『준치가시』의 어느 한 귀퉁이에 그대로 써 본다. 그것 역시 군더더기 없는 한 편의 시다.

"준치는 외롭지 않네. 다른 물고기와 똑같으니까."

마치 백석이 쓴 시처럼 자연스레 섞이는 우혁이의 말. 그 말에서 거칠어진 마음밭을 쓰다듬는 생명의 손길이 느껴진다.

3. 뼈가 없어도, 오징어는 오징어라서 귀하다

『오징어와 검복』 © 백석 글, 오치근 그림 | 소년한길

"우혁아, 쟤들이 2PM이냐?"

"아니, 쟤들은 샤이니야. 엄만 볼 때마다 물어 봐. 근데 왜?"

"어……어, 봐도 봐도 모르겠어서."

"왜 다 다른데. 엄만 참……."

딱하다는 듯 쳐다보는 눈길을 외면하면서 나는 고개를 갸웃거린다. 도무지 알 수가 없다. 나이를 먹었다는 걸까? 문득 어릴 적 텔레비전에 나오는 외국배우를 보며 엄마가 하시던 말씀이 떠올랐다.

"아니, 쟈는 금방 죽었는데 언제 또 살아났냐?"

내 눈에는 분명 다른 배우인데 엄마는 똑같은 사람이라며 고개를 갸웃거리곤 했다.

그런데 어느덧 내가 그렇다. 비슷한 키에 갸름하고 흰 예쁘장한 얼굴, 또 고만고만한 노래와 춤을 추는 가수들을 볼 때마다 도무지 분간을 못하겠다. 그래서 자막을 못 본 경우, 그들의 이름을 알아맞히는 건 너무도 어려운 일이다. 가수뿐만이 아니다. 연기자들도 헷갈린다. 분명 신인이라고 하는데 도무지 낯설지 않다. 어디서 본 듯한 얼굴이다. 그들은 성형에 대해 숨기지 않고 왁자하니 웃으며 '과학의 힘'이라 한다. 그때마다 나는 무척 쓸쓸하다. 그래서 한번 보면 대번에 알아 볼 수 있는 '자연 얼굴'을 가진 연예인을 보면 반갑고 고맙다.

제 본연의 겉모습을 버리고 다른 이의 외모를 보고 과학의 힘을 과감히 활용한 그들은 과연 자신들이 모델로 삼았던 그들처럼 될 수 있을까? 타고난 본디 나도 아니고, 그 누구도 아닌 또 다른 내가 되어 버린 이들의 내면은 과연 행복할까? 대중 매체는 시대의 유행을 끌고 다니는데 앞장선다. 모두가 비슷해지기 위해 자신의 본바탕을 버리는 것이 아무렇지도 않다고 떠들어 대는 이들 앞에서 나는 나로서 아름답고 귀하다는 말은 곰팡내 나는 낡은 사고방식으로 핀잔 받아도 되는 일인가 묻는다. 더구나 연예인이 하는 말 하나하나가 그야말로 가슴에 팍 꽂히는 우리 아이들을 보면 마음이 아프다 못해 앞길이 깜깜해진다.

자칫하면 사라질 뻔했던 토속적인 우리말을 고스란히 지켜 낸 백석. 그가 쓴 동화시를 그림책으로 만든 『오징어와 검복』은 이런 내 답답함에 숨통을 트이게 해준다. 물론 아이들은 노래처럼 이어지는 글맛에 재미를 느끼고, 오징어와 검복의 한 판 대결에 흥미를 보이는 데 열중하지만. 살다가 문득 언젠가 읽은 이 책이 들려준 진정한 이야기를 끄집어 고민하는 순간이 있다면 얼마나 다행일까 하는 생각을 하며 아이들 앞에 앉았다.

그림책을 읽을 때 칠판에 책 제목과 글쓴이, 그린이, 외국 작품일 경우는 옮긴이를 쓰고 책을 펴낸 출판사를 적는다. 이렇게 하다 보면 굳이 강조하지 않아도 아이들은 스스로 좋아하는 작가가 생기고, 또 작가의 작품 경향도 찾아내곤 한다. 가랑비에 옷 젖듯 아이들은 그렇게 조금씩 글작가와 그림작가를 알아 가면서 배움의 켜를 두텁게 쌓아 나간다. 내가 칠판에 『오징어와 검복』에 대한 서지 사항을 적자 몇 아이들이,

"아, 저 아저씨! 나 아는데!"

마치 이웃집 아는 아저씨를 만난 것처럼 반가워한다.

"누구?"

내가 묻자,

"저 백석 아저씨요."

하고 목소리에 힘을 준다.

"맞아요, 우리 지난번에 받아쓰기 하고, '실감나게 읽어요'에서 『개구리네 한솥밥』 했잖아요. 선생님 또 잊어 버렸어요?"

하며 고개를 잘래잘래 흔든다. 툭하면 깜빡깜빡 잊는 내가 한심스런 게다.

"어우, 저 물고기 디게 싸나워 보인다."

준혁이가 입을 삐죽거리며 가자미눈처럼 샐쭉한 눈을 한 검복을 가리킨다.

"배가 뚱뚱한 거 보니 욕심쟁이 같은데?"

세운이가 준혁이를 돌아보며 말한다. 준혁이는 고개를 끄덕거리며 발개진 얼굴로 웃는다.

"오징어가 먹물을 내뿜었나 봐. 근데 오징어는 자기가 위험해지면 먹물을 내뿜는다 그랬는데?"

"윤진아, 그걸 어디서 알았어?"

"어……어, 내가 동물백과 뭐 그런 걸 읽었을 때 알았어요."

"그랬구나! 근데 윤진이는 여러 가지 책을 많이 읽네?"

내 말에 기분이 좋아졌는지 윤진이는 보는 이 마음을 녹이는 눈웃음을 짓는다.

"근데 진짜 무슨 일이 있어서 저렇게 먹물을 잔뜩 뿜었지?"

보연이가 고개를 갸웃거린다.

"어? 진짜, 오징어 화났다. 눈이 이렇게 쭉 찢어진 게 우리 엄마 화났을 때랑 똑같다."

석규 목소리가 갑자기 높아졌다. 아이들 몇이,

"맞다, 맞다."

하며 맞장구를 친다.

"석규야, 엄마가 화나면 눈이 이 오징어 눈처럼 되니?"

석규는 부끄러운지 몸을 틀며 조그만 목소리로 대답한다. 나는 무릎 아래 앉은 석규 머리를 한 번 쓰다듬어 주었다.

오징어는 오랫동안 뼈가 없이 살았네.
오징어는 뼈가 없어 힘 못 쓰고, 힘 못 써서 일 못하고,
일 못하여 헐벗고 굶주렸네. 헐벗고 굶주린 오징어는 생각했네.
'남들에게 다 있는 뼈, 내게는 왜 없을까?'

"어? 오징어, 원래 뼈 없는 거 아닌가?"

근우가 이상하다는 표정이다.

"글쎄 말이다. 나두 그렇게 아는데."

내 말에 근우가 고개를 끄덕거린다.

"근데 오징어가 힘이 없고 불쌍해 보인다."

찬하 말에 우리는 모두 고개를 끄덕거렸다. 온몸이 곧 무너져 버릴 듯한 오징어를 바라보는 다른 동물들도 모두 안타까워하는 얼굴이다. 바야흐로 자기의 정체성을 찾는 오징어의 물음은 이렇게 시작된다. 때문에 오징어를 둘러싼 바다의 먹빛 어둠은 힘들고 어려운 오징어의 내면을 한층 실감나게 한다.

오징어는 농어에게 묻는다. 그러자 농어는 원래부터 뼈가 없었으니 그대로 살라 충고한다. 그러자 지원이가 한마디 한다.

"에이 좀 쌀쌀맞다."

냉정한 농어에게 내심 서운한 마음이 드는 모양이다. 아이들은 이렇듯 낮은 자리에 있는 자, 결핍이 있는 자의 편에 선다.

"글쎄 말이다."

오징어와 견주어 높은 자리에서 내려다보는 농어가 마치 현실적으로 문제를 해결하려는 어른처럼 보여 나 역시 마음이 불편했던 터라 얼른 지원이 편을 든다.

속 시원한 답을 듣지 못한 오징어는 이번엔 도미를 찾아간다. 그러자 도미는 말한다.

"너는 네가 못난 탓에 제 뼈까지 잃은 거지. 못난 것은 뼈 없이 살아가야지."

"야, 저 도미 진짜 얌체 같다."

"맞어. 어떻게 그렇게 사람, 아니 오징어 맘을 몰라 주냐? 꼭 일부러 화나게 하려고 약 올리는 거 같다."

채은이 말에 소명이가 맞장구를 친다. 도미의 말이 믿기지 않고 분한 오징어는 이번엔 장대를 찾아가 묻는다. 그런데 장대와 오징어는 서로 비슷한 자리에서 눈을 마주치고 있다. 그들이 서로 마주한 자리만 보아도 장대가 마치 제 일인 양 오징어 마음을 읽어 줄 거라고 말하고 있는 듯하다. 장대에게서 오징어는 왜 뼈가 없어졌는지 알게 된다.

장대는 이 말에 대답했네.

"네게도 남과 같이 뼈가 있었지. 그러던 걸 욕심쟁이 검복이란 놈 감쪽같이 너를 속여 빼앗아 갔지. 검복을 찾아가서 뼈를 도로 내라 해라."

"어? 선생님 잠깐만요."

세운이가 책 읽는 내게 멈추라 한다.

"왜?"

"저기 이 아저씨가, 아니 선생님이 쓴 거 또 있어요. 이 아저씨는 꼭 글을 노래처럼 쓰잖아요?"

"어떤 책이 있었지?"

내가 모른 체하고 묻자, 세운이가

"아… 아…, 그거 있는데. 아, 왜 작년 가을에 읽어 준 거 그거 있잖아요."

하며 안타까워한다.

그때다.

"야, 그거, 저기 『준치 가시』잖아. 김세현 선생님이 그린 그림책!"

"아, 맞다, 맞어."

세운이가 손으로 제 머리를 툭 친다.

"야. 니들 어쩜……, 진짜 내가 니들한테 완전 감동했다. 어쩜 글만 보고도 백석 선생님이 쓴 다른 글을 생각해 낼 줄 아냐? 암튼 내가 이 맛에 니들한테 그림책 읽어 준다니까……."

적잖이 흥분했던 터라 내 목소리가 높아졌다. 그런데 애들은 '뭘 그런 것쯤이야.' 하는 표정으로 웃기만 한다.

드디어 제 뼈를 빼앗아 간 검복을 만난 오징어. 그런데 검복이 만만치 않다. 몸을 한껏 부풀려서 위협을 준다. 아이들은 연신 "저 이빨 봐. 저 지느러미에 가시 박혔어. 순 욕심쟁이, 싸움꾼처럼 생겼다."며 오징어와 맞선 검복에 대해 적대감을 드러낸다. 날카로운 이빨로 자신을 물려고 하는 검복을 피해 달아나는 오징어를 보며 "아우 불쌍해서 어떡해." 하며 안타까워한다. 약한 목숨인 아이들은 이 순간 달아나는 오징어와 한마음이 되기 때문이다.

그런데 도망치다 만난 장대는 잃어버린 제 것을 찾으라고 용기를 준다. 그 말에 힘을 얻은 오징어는 검복과 정면으로 맞선다. 힘센 자 앞에서 도망치면 영원히 제 것을 찾지 못한다는 말에 목숨을 건 싸움을 시작한 것이다. 이 세상 누구든 목숨을 내놓는 자 앞에선 이길 도리가 없지 않은가? 왁자지껄하던 아이들이 순간 숨소리조차 내지 않는다. 더 이상 오징어는 낮은 자리에 있지 않다. 한껏 위협을 주는 검복 앞에선 오징어는 온몸에 힘을 주고 눈을 부라리고 있다. 팽팽한 긴장이 감돈다. 그리고 뒤이은 장면에는 오징어 먹물만 있다. 다음 장면에서는 어제와는 달라진 오징어가 검복과 치열한 사투를 벌이고 있다.

"어? 검복이 쪼만해졌어. 오징어가 너 죽고 나 살자 그러면서 덤비니까 겁이 났나 봐."

용준이 말에 갑자기 사내 녀석들이,

"오징어 힘내라, 힘내라."

주먹을 쥐고 흔들며 응원을 한다. 아이들 응원에 힘을 입었는지 오징어는 결국 검복의 갈비뼈를 하나 뺏는 데 성공한다. 아이들이 "와~" 하고 환호성을 지른다. 그런데 곁에서 지켜보던 다른 힘센 물고기들이 검복의 편에 서서 오징어를 공격한다. 한 발 물러선 오징어. 아이들은 흥분했다. "약한 물고기들을 모아서 저것들을 물리쳐야 한다."고 발을 구른다. 그러나 결국 오징어는 언젠가 검복에게서 빼앗긴 뼈를 찾겠다는 일념으로 먹물을 물고 다닐 뿐 여전히 외뼈일 뿐이다. 그리고 오징어가 뿜어 낸 먹물 때문에 검복은 얼룩덜룩한 몸을 하게 되었단다.

"에이 좀 시시하다. 검복하고 끝까지 싸웠어야 하는데……."

근우가 자릴 털고 일어서며 아쉬운 듯 말한다. 그때다.

"오징어는 원래 뼈가 없는 건데, 왜 그렇게 뼈를 가지려고 싸우고 그랬지?"

고개를 갸웃거리며 희진이가 말한다. 나는 정신이 번쩍 들었다. '그래. 희진이 말처럼 오징어는 뼈가 없어도 오징어인데 왜 뼈를 갖기 위해 목숨을 걸었던 걸까? 그냥 뼈 없이 살면 안 되었던 걸까?' 나 역시 고개가 갸웃거려졌다.

물론 백석이 말하고자 하는 것은 물고기의 유래를 재미있게 꾸며내며, 강자에 의해 빼앗긴 것을 찾기 위해 용감하게 맞서는 오징어를 통해 식민지 민중에게 삶의 좌표를 만들어 주고자 하는 것이었는지도 모른다. 그렇지만 희진이 말처럼 '뼈 없는 오징어가 자신의 본 모습에 만족하지 못하는 것'처럼 읽히는 것도 타당하다. 그래서 마치 다른 사람의 외모를 닮고 싶어 제 본모습을 버리는 사람들의 모습이 오징어에게 겹쳐질 수도 있다. 작품이 시대와 독자에 따라 이렇게 새롭게 읽힐 수 있다는 것을 깨닫는 귀한 시간. 자리로 돌아가는 아이들의 모두 다 다른 뒷모습이 그래서 또 아름답게 보인다.

4. 우리 아이들의 아이들은 과연 볼 수 있을까?

『큰 집게발이 멋진 흰발농게』 © 김황 글, 문종인 그림 | 한솔수북

"야, 집게 발 디게 크다."

아이들과 같이 읽으려고 책상 위에 놓아둔 책을 보고 도현이가 소리친다.

"뭐가? 뭔데 그래?"

하며 둘레에 있던 몇 녀석이 우르르 달려든다.

"선생님, 나 이 책 빌려 주면 안 돼요?"

"조금만 기다려. 선생님이 읽어 줄 거니까."

"그럼 읽고 나서 먼저 빌려 줘요, 네?"

실눈에 웃음을 잔뜩 담아서 애원을 한다. 책 빌려 달라는 제자의 청은 언제 들어도 반갑다. 도현이 손을 잡고 위아래로 흔들며 알았다고 대답을 한다.

"야호, 선생님이 저 책 나 먼저 빌려 준댔다."

도현이 자랑에 아이들이 여기저기서 저도 빌려 달라고 소리를 친다.

"선생님, 그런데 저 꽃게 발 디게 커요."

"야, 흰발농게라고 써 있잖어."

아직 글을 다 깨우치지 못한 작은도연이의 말을 큰도연이가 냉큼 받아 가르친다. 순간 작은도연이 표정이 쓸쓸해진다.

"작은도연이도 선생님처럼 꽃게라고 생각했구나! 나도 그랬어. '무슨 꽃게 발이 이렇게 크지?' 하고 갸웃거렸거든."

내 응원에 도연이가 머쓱한 표정으로 큰도연이를 쳐다본다. 큰도연이가 '헤헤~' 하고 사람 좋은 웃음을 웃는다.

"근데 흰발농게가 뭐에요?"

유리가 고개를 갸웃거리며 묻는다.

"나도 잘 몰랐어. 근데 이 책을 읽고 나니까 조금 알겠더라구. 우리 같이 흰발농게가 어떤 녀석인지 한번 알아볼까?"

"네~~에!"

아이들 목소리가 파도 소리보다 크다. 그림책을 읽거나 옛이야기를 들려주면 아이들은 일단 공부가 아니라 여기고 좋아한다. 여덟 살짜리 아이들도 공부는 교과서를 가지고 하는 거라 생각하는 게 쓸쓸하다. 매일 "똥 누는 것도 공부, 밥 먹는 것도 공부, 자기 둘레 깨끗이 하는 것도 공부, 동무에게 다정하게 말하는 것도 공부"라고 힘주어 말해도 교과서로 하는 것만 공부라 여기는 아이들 생각은 좀처럼 바뀌지 않는다.

"아, 이거 보니까 바다 가고 싶다. 바다에서 수영하고 싶다."

온통 바다색으로 칠해진 앞 면지를 보며 은이가 꿈꾸듯 말한다. 아침부터 습기 머금은 날씨에 훅훅 찌는 더위, 답답한 교실을 벗어나 저 파란 바다에 풍덩 뛰어들고 싶은 은이의 간절한 마음이 이해가 된다.

"나는 게 잡고 싶다. 근데 게 디게 빨리 도망가는데."

성훈이가 일어서서 두 손으로 땅을 파헤치며 게 잡는 시늉을 한다. 아이들이 와하하 웃는다.

"선생님 나는요, 옛날에 바다에 갔을 때 게 무지 많이 잡았어요. 근데 게가 무지 쪼끄맸어요. 집에 가져올라 그랬는데 엄마가 못 가져오게 했어요."

"왜?"

"게 엄마들이 우리 애기 어디 갔지? 그러면서 막 울면서 찾을지도 모른다고 그랬어요."

"그래서 놓고 왔어?"

"네!"

"게 엄마들이 아이구 다행이다 하면서 막 좋아했겠다, 그치?"

아산혜원이가 고개를 모로 꼬며 배시시 웃는다. 옆에 있던 보윤이가

"진짜 다행이다."

그러면서 앞으로 쏟아진 머리를 쓸어 넘긴다.

슥 슥 스륵 스륵
빨간 게 , 흰 게, 납작한 게, 작은 게,
집게발을 흔드는 게, 싸우는 게, 먹이 먹는 게.
갯벌은 어느새
모래 구멍에서 나온 게들로 북적거려요.

"야, 게 무지 많다."

아이들이 책으로 바짝 다가온다.

"근데 게들, 발소리만 나도 확 다 도망간다."

"맞어. 그래서 가까이에서 보기가 어려운데 이걸 보니까 게가 어떻게

생겼는지 잘 알겠지?”

“네. 그런데 선생님! 꽃게가 꼭 탱크 같아요.”

“어, 진짜 그러네? 탱크 만들 때 게를 본떠서 만들었나? 한번 알아봐야겠네?”

내 말에 요원이 얼굴이 발갛게 달아오른다.

“그런데 얘들아, 여기에 나오는 게는 꽃게가 아니래. 사람들도 얼굴이 하얀 백인, 검은 흑인, 우리처럼 약간 누르스름한 황인이 있는 것처럼 게들도 다 달라. 그리고 꽃게는 여기 같은 갯벌에 살지 않고 바닷속 깊은 곳에 산다고 그러더라.”

“우리 반 애들 이름이 다 다른 것처럼요?”

“고럼 고럼. 병주가 아주 잘 알아듣네?”

“흰발농게들이 손 흔드는 게 친구들하고 놀자고 하는 거 같다.”

아랫니가 흔들린다며 아침 내내 손가락으로 이를 흔들던 호준이가 배죽배죽 웃으며 말한다.

“맞어, 호준아. 흰발농게들이 친구를 부르는 건데, 그것도 이성 친구를 부르는 거래.”

“이성 친구가 뭔데요?”

“어, 남자는 여자를 여자는 남자 친구를 이성 친구라고 하지. 호준이 이성 친구는 우리 반 여자 애들이지.”

“오~오!”

남자아이들이 호준이를 보며 소리친다. 호준이 얼굴이 금세라도 울음을 터뜨릴 듯 빨개진다.

“윤호야, 너도 마찬가지야.”

윤호가 머리를 긁적이며 히히히 웃고는 호준이 곁에서 물러앉는다.

“흰발농게는 걸음이 느린가 봐요. 직접 보면 디게 빨리 도망가는데.”

"도요새가 더 빨리 뛰는 거지."

"맞다, 맞어. 도요새는 살기 위해서 죽기 살기로 뛰니까 그럴 거야. 그리고 바다 새 이름에 도요가 들어가는 건 모두 이렇게 부리가 길다고 그러네. 그래야 갯벌 속으로 쏙 들어간 게 같은 것을 쏙쏙 잡아먹을 수 있나 봐."

"아~ 어떻게 해, 저 게는 이제 죽었다."

주현이가 두 손을 맞잡고 몸을 부르르 떤다.

"어? 살았다, 휴~ 이젠 됐다."

지원이가 주현이 손을 잡으며 눈으로 웃는다. 먹히는 자, 약자 앞에서 손을 맞잡고 안쓰러워하는 아이들 모습은 언제 봐도 예쁘다.

짝짓기를 시작하는 게들. '짝짓기 춤'을 추는 게를 보고 있을 때, 작은 도연이가 불쑥 앞으로 나선다. 옹기종기 모여 앉은 아이들 틈을 비집고 한쪽 팔과 양 다리로 바닥을 짚고 몸을 둥그렇게 말아 올린다. 그러더니 한쪽 팔을 들어 흰발농게처럼 흔든다. 작은도연이가 손을 흔들 때마다 내가 "따랑해, 따랑해!" 하며 개그프로에 나오는 개그우먼 흉내를 내자 아이들이 호들갑을 떨며 웃고 나뒹군다. 한바탕 쇼가 끝나고도 아이들이 키득대느라 소란이 좀처럼 가라앉지 않는다.

"쟤네 결혼했다. 이제 애기 낳겠다."

혼자 남은 암컷은 갯벌 깊은 곳에서 알을 품는다. 그리고 우리의 흰발농게, 앞발을 도요새에게 빼앗긴 게가 둥지에서 나온다. 아이들이 박수를 친다.

"아니? 웬 박수?"

"안 죽고 살아났잖아요. 근데 쟤는 어떻게 짝짓기를 하지?"

"선생님, 쟤들은 앞발 없으면 결혼 못하잖아요?"

"글쎄 말이다. 걱정이다. 어떻게 하지?"

"아하하, 쟤 봐라. 앞발 없으니까 여자, 아니 암컷인 줄 알고 결혼하자 그러네?"

"바보 아냐?"

"야~아, 불쌍하다."

여자아이들은 잠재된 모성을 발휘한다. 어리지만 그 따뜻한 마음이 참 곱고 예쁘다.

알을 품은 흰발농게 암컷이 바다에 알을 낳았는데 다른 생물들이 먹어 버릴 땐 지원이와 아산혜원이가 진저리를 쳤다. 냉엄한 자연의 세계를 받아들이기엔 아직 너무 어린아이들이다.

"어휴, 다행이다. 아까 앞발 떨어진 게 다시 생겼다."

"맞어. 나는 쟤 평생 짝짓기 못할 줄 알았는데……."

가슴을 쓸어내리는 은이와 주현이.

"그럼 홀아비 안 되겠네요?"

"뭐? 홀아비?"

큰도연이 말을 듣고 나도 모르게 큰소리로 웃었다. 아이들이 영문을 모르고 어리둥절한다.

"홀아비란 말을 어떻게 알았어?"

"그냥요."

큰도연이가 멋쩍게 웃는다. 어쨌든 큰도연이 말처럼 앞발을 잃어버린 흰발농게가 다시 앞발이 생긴 덕분에 홀아비 신세를 면하게 되어 다행이다.

"야, 도연아! 쟤 드디어 짝짓기 한다."

성훈이가 큰소리로 환호를 한다. 느닷없는 성훈이 말에 우리는 또 한바탕 와하하 웃었다.

"근데 선생님, 왜 갯벌을 없애요?"

책 뒷면에 있는 흰발농게의 생태와 사라지는 갯벌에 대한 글을 읽어 주는데 아이들이 묻는다.

"갯벌을 막아서 농사짓는 땅을 만들거나 공장을 짓느라 그런다네."

"그럼 게들은 어디 가서 살아요?"

"다 죽는 거지 뭐!"

"그래, 보윤이 말처럼 갯벌에서 사는 생명들이 모두 없어지게 되지."

"그럼, 이제 앞으로는 게나 그런 거 못 보는 거예요?"

"갯벌을 자꾸 없애면 그렇지. 그러니까 갯벌을 없애지 않도록 어른들이 생각을 다시 해야지."

아이들 얼굴에 근심이 어린다. 갯벌이 사라진다는 말에 얼굴이 어두워진 아이들을 보며 나 역시 마음이 무겁다. 개발 논리에서 사람만 중심에 두는 어른들의 무모함이 결국엔 부메랑이 되어 우리 아이들 삶을 파괴시킬 것이란 생각에 우울하다. 우리 아이들이 자라 어른이 되었을 때 자식들 손을 잡고 찾아갈 갯벌이 과연 남아 있기라도 할까? 이번 여름 방학엔 갯벌에 가서 흰발농게를 꼭 찾아보라는 말을 하는데 마음이 스산해진다

아쉽고 안타까운 마음에 책에 실린 자료를 가지고 흰발농게를 만들어 보았다. 조심스럽게 색을 칠하고, 종이를 오리며 자신만의 흰발농게를 만드는 아이들을 보며 내일은 「갯벌은 살아 있다」는 비디오 자료를 함께 보리라 마음먹는다. 1학년 아이들에겐 조금 어려울지 몰라도 받아들일 수 있을 만큼 받아들일 테니, 그 또한 앞서 걱정할 일은 아니다.

5. 만물의 숨소리, 음악의 탄생

『세상에 음악이 생겨난 이야기』© 여송연 글, 김솔미 그림 | 사계절

마음에 깊은 강물이 출렁인다. 아산 염치에 있는 작은 들꽃교회. 그 이름만큼 소담한 곳에서 일요일 오후 한때 음악을 듣는다. 가까운 이의 죽음으로 낮게 가라앉았던 마음에 비로소 봄꽃 향내가 스며든다. 아, 그러고 보니 아카시아가 피었구나! 조팝나무가 하얀 꽃을 깃발처럼 흔들고 있구나! 비로소 닫혔던 마음의 문을 열고 무심히 지나쳤던 꽃들에 눈을 준다. 마음을 준다. 쌀 한 톨에서 생명과 평화, 농부의 무게, 세월의 무게를 말하는 노래꾼 홍순관의 '춤추는 평화'를 만나고 돌아오는 길. 음악이 주는 힘으로 나른하고 우울했던 일상에 물기가 돈다. 크고 힘 있는 것에 대한 찬사로 뒤엉킨 세상에서 낮은 자리에 있는 모든 것들을 위한 헌사의 음악은 시들었던 풀이 비 온 뒤 살아나듯 생기를 준다.

꽃이 열리고
나무가 자라는
그 소리 그 소리
너무 작아
음 음 음
나는 듣지 못했네

홍순관, 「소리」 전문, 『네가 걸으면 하나님도 걸어』

작고 여린 것을 보기 위해 마음의 무릎을 꿇게 만드는 음악은 무딘 감각을 새롭게 하고, 메마른 가슴에 물기를 준다. 그 물기는 생명을 낳게 하는 힘을 갖게 한다. 그것이 바로 음악의 힘이다. 우리가 지칠 때마다 노래를 부르고 듣는 까닭이 거기에 있다.

일고여덟 살 아이들과 스무 해 가량 지내다 보니 이제는 고 작은 입들이 재잘거리는 소리가 점점 음악처럼 들리기 시작한다. 가깝게 지내던 이가 교실에 놀러 왔다가 아이들이 재잘거리는 소리에 '나는 아무리 돈을 많이 준다 해도 초등학교 선생은 못할 것 같애. 너는 이 소음 속에서 용케도 잘 산다. 게다가 책도 읽어?' 하면서 고개를 절레절레 흔들었다. 나도 아이들 소리가 소음으로 들려 신경을 날카롭게 긁을 때가 있다. 주로 내 마음이 편치 않을 때, 또는 아이들을 내가 의도하는 대로 이끌고 가려할 때가 그렇다. 그러나 새처럼 끊임없이 지저귀는 아이들의 입을 막을 방도가 내겐 없다. 그래서 나는 아이들의 온갖 소리(괴성도 종종 들린다)를 '나 살아 있어요!'라고 외치는 생명의 숨소리라고, 지저귀는 노래라고 생각하려 애쓴다. 그러다 보니 어쩌다 애들이 쥐 죽은 듯 조용하기라도 할라치면 '얘들이 어디가 아픈가? 무슨 일이 있나?' 기웃거리고 묻게 된다. 건강할수록, 에너지가 넘칠수록 교실은 아이들의 시끌시끌한 목소리로 가득하다. 그러니 시끄러운 교실은 건강한 숨소리가 끊임없이 쏟아져 나오는 공간이다.

놀이 시간이 끝났다고 아이들이 탬버린을 창틀에 치며 소리친다. 아니 노래를 한다. "햇살-마을--들어와-!" 밋밋하게 말하지 않고 가락을 넣어 소리를 높인다. 아이들 말을 들어보면 이렇듯 가락이 있다. 그대로 노래 한 소절이다. 누가 가르쳐서가 아니라 몸에 배인 리듬이다. 아이들 심장이 뛰노는 맥박의 율동은 음의 박자와 같으며 우주가 자아내는 음악의 세계라고 한다. 그러니 아이들의 언어는 그대로 노래가 될 수밖에.

『세상에 음악이 생겨난 이야기』를 읽으며 나는 감탄을 했다. 요즘 관심이 가는 여신의 세계를 다룬 이야기이라 그렇기도 했지만 점점 각박해지는 세상을 살려낼 힘의 원천이 음악임을 부드럽고 따뜻한 그림으로 그려낸 것이 마음에 물결을 일으켰다.

"야, 쟤들 봐. 홀딱 벗고 막 춤춘다."

키득거리는 지원이. 책 표지에 그려진 그림을 가리키며 얼굴까지 발갛다. 몸통과 팔다리, 그리고 머리만으로 그려진 사람의 형상이 풍선처럼 둥둥 떠서 춤을 추고 서로 손을 맞잡고 놀고 있다. 어디선가 잔잔한 선율의 음악이 들려올 듯하다.

"저 새는 머리가 셋이네?"

희진이가 고개를 갸웃거린다.

"왜 머리가 셋일까?"

"아, 알겠다. 여기저기 많이 봐야 하니까……."

소명이가 말끝을 흐리며 얼굴을 붉힌다.

"오-, 어떻게 그렇게 깊은 뜻을?"

놀라는 시늉을 하자 몸을 배배 꼰다.

"사람들은 '3'을 모든 것을 다 갖춘 완벽한 숫자라고 생각했대. 또 땅과 하늘, 땅 밑 세계를 다 귀하게 여기는 뜻으로 3을 쓰기도 했다네?"

책에서 읽은 것을 떠올리며 덧붙이는데 보연이가 냉큼 나선다.

"그럼 저 새가 머리가 세 개인 건 혹시 땅도 보고 하늘나라도 보고, 그리고 땅속 세상도 보는 신기한 새라는 뜻?"

"그래, 보연아! 네 말을 들으니 진짜 그런 것 같다. 아마 세상을 창조할 때 새는 모든 걸 다 보고 있었을지도 모르니까."

몸은 하나인데 머리가 둘인 뱀이 서로 반대 방향을 향해 원을 그리고 있다. 다산을 상징하는 뱀이 연초록 빛깔을 띤 채 붉고 따뜻한 기운으로 충만한 우주의 생명을 잉태하고 있다. 겨울잠을 자는 동물 가운데 하나인 뱀은 생명을 창조하는 상징성을 담고 있다고 한다. 드넓은 우주의 공간에서 생명이 잉태되는 모습은 푸르른 빛깔 때문에 더더욱 신비로움을 자아낸다. 그런데 평화롭던 우주에 욕심 많은 괴물들이 등장하며 엄청난 물난리가 난다. 서로가 서로의 숨소리를 귀하게 여기지 않으면 결국 서로가 서로에게 상처를 입히고 멸망한다는 것은 신화가 들려주는 진실의 이야기이다. 물난리는 생명 있는 모든 것들을 쓸어간다.

"여자아이가 혼자만 남아 있어서 외롭고 쓸쓸해서 울고 있어요. 너무 슬플 것 같아요."

윤진이가 쓸쓸한 표정을 한 채 그림에 나오는 아이처럼 무릎을 끌어안는다.

"새 만드나 봐. 선생님 앞으로 다시 넘겨봐요."

책 표지를 보여 주었다.

"봐, 저 새도 파란색인데 여자애가 만지는 새도 파란색이잖아."

근우가 의기양양하다. 아이들 눈이 참 예리하다. 이어지는 그림은 우리 반 아이들이 종합장에 그리는 그림과 닮았다. 딱히 말하기 어려운 온갖 동물들이 붉은색으로 덧입혀 있어 용트림하는 에너지가 느껴진다.

마지막으로, 흙으로 자기와 닮은 인형을 만드는 여자아이. 눈치 빠른 녀석들은 야릇한 웃음을 담고 말한다.

"재랑 결혼해서 이제 애기를 막 낳을 거야, 그치?"

서로 얼굴을 마주보며 키득거린다. 생명을 얻은 인형들은 이리저리 뛰어다니며 웃는다. 고요하던 화면에 아이들의 웃음소리가 가득 넘치는 것 같다. 그런데 문득 어깨가 점점 처지는 우리 아이들과 깊은 한숨으로 얼굴에 그늘이 짙어지는 어른들의 모습이 떠올라 마음이 무겁다. 태초의 생명은 저리도 맑고 싱싱한데…….

새롭게 생명을 얻은 알몸의 사람들은 여자아이를 '호리병박 여신'이라 일컫는다. 그때 근우가 고개를 갸웃거리며 혼잣말을 한다.

"어? 왜 조롱박 여신이라고 안 했지? 저거 꼭 조롱박 비슷한데……."

그러고 보니 아이들에겐 호리병박이 낯설 것이다. 학교에서 본 것은 조롱박이니.

"그래 호리병박보담 조롱박이 더 실감난다, 그치? 근데 이 이야기는 우리 지난번에 읽은 『오러와 오도』하고 같은 묘족 신화래. 그 쪽에선 아마 우리 나라와 비슷한 조롱박을 호리병박이라고 부르나 봐. 그러니까 조롱박이라고 안하고 호리병박이라고 했을 것 같은데."

그 말에 근우가 고개를 끄덕거리며 수긍을 한다.

호리병박 여신은 사람들을 위한 선물로 '여자와 남자가 신이 나서 춤추고 사랑이 샘처럼 솟아나게' 한다. 길게 뻗은 여신의 머리카락이 무지갯빛으로 빛난다. 그 색색의 빛에서 사람들은 춤추고 사랑한다. 그 모습이 눈부시다. 그리고 호리병박 여신은 자신이 태어났던 박을 반으로 쪼개서 자신을 닮은 악기를 만든다. 희망을 상징하는 노란 빛깔의 호리병박은 인간의 영혼에 생명을 불어넣는다. 바람도 구름도, 강물도 화음을 이룬다. 온 세상이 오색찬란한 색깔로 빛난다. 꿀물처럼 달콤한 음악은 사랑을 낳게 하고 숱한 생명을 만든다.

"와, 저거 보니까 나도 춤추고 싶다."

소명이가 자리에서 사뿐 일어나 나비처럼 팔랑거린다. 근심과 걱정이라곤 찾아볼 수 없는 이들이 날개 없이 세상을 날아다니며 춤을 추는 장면이 가라앉은 몸과 마음에 손을 내밀었나 보다. 그림은 말을 건다. 엉덩이를 딱 붙이고 앉아 있는 우리에게 그러지 말고 너도 같이 춤추자고, 흐르는 음악에 맞춰 노래를 부르자고 팔을 잡아 일으켜 세운다. 책을 들고 일어서며 나도 팔을 접었다 폈다 춤추는 시늉을 하자 아이들이 자지러진다.

어린아이처럼 단순한 형상의 그림들이 주는 매력 때문인가? 책을 읽는 내내 그림에 나오는 인물들처럼 발가벗고 자유롭게 춤추고 풀숲에서 뒹굴고 싶은 생각이 들었다. 실오라기 하나 걸치지 않은 채 음악을 틀어 놓고 흙냄새, 풀냄새를 맡으며 별과 달의 기운을 받고 싶다는 간절함이 생겼다. 그러면서 닫혔던 온몸의 감각을 열고 온갖 생명이 내뿜는 숨소리를 고스란히 받아 안고 싶다.

그리고 노래하고 싶었다. 최초에 음악이 그렇게 탄생했듯 나 또한 닫아걸었던 몸과 마음을 열고 사랑의 축제를 열고 싶다. 부지런한 새처럼 쫑알거리는 아이들의 소리가 노래가 되게 하고, 춤이 되게 하고, 그래서 매일매일을 기쁨이 충만한 축제가 되게 해야겠다는 다짐을 해본다. 권위와 가식의 탈을 쓰지 않은 이 천둥벌거숭이들과 함께 행복하게 살 수 있는 길은 바로 거기에 있을 터이니.

6. 글과 그림이 만든 놀이 한 판

『씨름』 © 김장성 글, 이승현 그림 | 사계절

그림의 표현 방식과 문장의 표현이 마치 처음부터 한 몸인 듯 어울리면 얼마나 감칠맛 나는가? 굳이 '민족적 형식에 민족적 내용'이라는 말을 끌어다 붙이지 않아도 글이나 그림에는 제각각 어울리는 짝이 있기 마련이다. 『씨름』을 읽으며 잠시도 엉덩이를 붙이지 못하고 들썩거리며 그림에 따라 온몸으로 반응하는 아이들을 보며, 또 흥에 겨워 노랫가락을 읊듯 글을 읽는 나를 보며 오랜만에 가마솥에 끓인 진한 육개장 한 그릇을 배부르게 나눠 먹은 느낌이었다. 역동적인 몸놀림과 순박하고 토속적인 등장 인물의 생김새, 한지에 번져나는 먹의 느낌, 그리고 민요풍 가락의 호흡과 리듬이 만들어 내는 흥겨운 가락. 민요를 부르듯 또는 판소리하듯 자연스레 가락을 만드는 문장은 소리 내어 읽을수록 흥겨움이 더해진다.

내가 그림책을 들고 자리에서 일어나자 눈치 빠른 기범이가 소리를 지른다.

“얼른 ‘이야기 명석’ 펴!”

얼마 전 학급 운영비를 털어 나무 자리를 샀다. 이름을 뭘로 할꼬? 고민하다 어릴 때 마당에 펴던 멍석이 떠올랐다. 여름 밤 그 멍석에서 바라보던 하늘의 별, 잠들지 않으려 머리를 털며 안간힘 쓰고 듣던 어머니의 옛이야기. 지금은 그런 기회가 없어져 버린 우리 아이들한테 어른이 되어 가끔은 꺼내 볼 수 있는 추억을 만들어 주고 싶었다. 그래서 ‘이야기 멍석’이라는 이름을 말했더니 모두 좋단다. 그리고 ‘멍석’이라는 말이 재미있는지 ‘멍석 깔아라, 멍석 걷어라.’며 멍석 당번을 귀찮게 한다. 내가 멍석을 사 놓은 까닭은 엎드려서 책도 보고 옛날이야기도 듣고 그림책도 보자는 고매한(?) 뜻이 담겨 있건만 우리 아이들은 멍석을 깔아 놓고 딱지치기에만 열을 올린다. 근데 멍석 위에서 치는 딱지 소리가 제법 찰지다. 듣는 맛이 그만이다. 그래서 ‘딱지 그만 쳐라.’ 소리를 차마 못 한다.

여하튼 멍석을 펴고 아이들이 둘레둘레 앉는다. 그런데 책 표지를 보자마자 아이들이 다른 때와는 달리 웅성거린다.

“책 이렇게 쫙 펴 봐요.”

민수가 보챈다. 표지를 앞뒤로 쫙 펼치자마자 갑자기 환호성이 터진다.

“와~아, 아!”

누구랄 것도 없이 입이 쩍 벌어진다. 화면 가득 담긴 거대하고 육중한 몸과 활시위처럼 팽팽하게 버티고 선 씨름꾼의 몸짓에 저절로 탄성이 나온다.

“와~아, 진짜 대단하다.”

“엄청나다, 엄청나!”

잘라내기 기법의 묘미를 극대화한 그림은 씨름꾼들의 격렬한 한판을 아낌없이 보여 준다. 사내애 몇은 아예 멍석 뒷자리로 나간다.

"얼굴이 터질 것 같아요."

혜인이가 제 얼굴을 손으로 감싸 쥔다. 벌겋게 달아오른 두 사내 - 덩치 큰 씨름꾼의 얼굴이 한층 더하지만 - 얼굴이 정말이지 금세 폭발이라도 할 것 같다. 마치 화난 황소를 보는 것 같다.

"근데 왜 덩치가 서로 다른 사람끼리 씨름을 해요?"

원재의 불만 섞인 목소리다. 아이들은 언제나 책을 볼 때 책 속의 인물과 자기를 동일시한다. 키가 작고 몸집이 왜소해 붙은 '작은 땅콩'이라는 별명 때문에 속이 상하는 원재는 금방이라도 공중으로 들릴 것 같은 몸집 작은 사내 편이 되었다.

"야. 씨름은 힘이 아니라 기술이래. 우리 아빠가 그랬거든."

기범이가 끼어든다. 앞 면지를 펼치니 사방이 연한 물빛이다.

'새벽에 안개 낀 것 같아요. 사람들이 새벽부터 씨름 구경을 가나 봐요. 저기 맨 끝에 오는 할아버지는 무지 늙었나 봐요. 힘이 없어서 꼴찌로 와요. 근데 손자가 되게 착해요. 그런데 손자는 답답한가 봐요. 손이 앞으로 나와 있는 거 보니까 사람들하고 같이 가구 싶은가 봐요.'

여기저기서 한마디씩 주고받느라 시끌벅적하다. 나는 끼어들 틈도 없다. 그냥 둬도 잘 굴러가는 수레 같다.

"야, 엿장수도 간다."

"어디 어디?"

뒤에 서 있던 녀석들이 앞으로 몰려나온다. 그 바람에 멍석에 앉아 있던 아이들이 그림이 안 보인다고 야단이다. 마치 지들이 씨름 구경에 나선 것마냥 들떠 있다.

나도 모르게 책 읽기에 리듬이 붙는다. 은영이가 무릎걸음으로 걸어나온다.

"선생님 여기 치마 쓴 여자도 있어요."

"그래, 장옷이라고 하지."

"옛날에 여자들이 바깥에 나갈 때 쓰던 거야."

진솔이가 덧붙인다.

"근데 왜 다른 아줌마들은 안 썼어?"

민수가 진솔이 쪽으로 몸을 돌리며 묻는다.

"으, 그거야 할머니들이니까."

"어, 그렇구나!"

녀석들! 장옷을 입는 사람들은 어떤 부류의 사람들인지 말할까 하다가 입을 다물었다. 시간이 흐르면 알겠지. 나이에 따라 입는 옷이 아니라 신분에 따라 입는 옷임은 나중에 스스로 알게 되겠지. 온 동네 사람들이 죄다 모인 북적북적한 씨름판이 펼쳐진다. 그런데 아이들은 씨름꾼들의 싸움보다는 구경꾼들에게 더 관심이 많다. 구석구석 펼쳐진 사람들의 행동을 보며 제각각 떠든다. 역시 아이들은 약자 편이다. 그런 아이들다운 마음 씀씀이가 참 예쁘다.

"선생님, 요기 우는 애는 엄마한테 떡 사달라고 떼를 써요."

상재 말이 끝나기도 전,

"야, 조기 재 봐 봐. 떡 훔쳐 간다."

좀처럼 입을 열지 않던 영석이가 큰소리로 말한다.

"진짜다, 진짜."

기호가 영석이 말에 맞장구를 친다. 멋쩍게 웃는 영석이 얼굴이 보기 좋다.

책장을 넘길 때마다 곳곳에 이야기 거리가 참 많다. 그걸 놓치지 않고 찾아내는 아이들 덕분에 글을 읽는 내 목소리는 이미 과도하게 흥분되었다.

"야, 저건 너무하다."

큰 장사와 체신이 대추알만 하다는 장사가 등장하자 아이들이 불만 섞인 목소리로 투덜댄다.

"잠깐만요. 책 다시 넘겨봐요."

상원이가 달려와 책장을 앞으로 넘긴다.

"저 사람 여기서 준비 운동하던 사람이다."

"아니여, 준비운동 하던 사람은 얼굴에 점이 있는데 이 사람은 없잖어."

서로 맞다 아니다 옥신각신이다.

"어? 치마 쓴 여자 여기 있다."

은영이가 구경꾼 틈에서 장옷 입은 여자를 찾아낸다. 겉으론 명랑하지만 자신감이 부족한 은영이 내면은 구경꾼 틈에서 존재를 감추고 있는 여인과 닮아 있다. 친구들과 잘 놀면서도 종종 외로움을 느끼는 은영이는 지금 그림책에 나오는 장옷 쓴 여인이 되어 책을 보고 있을 것이다.

등장한 씨름꾼 모습이 참 토속적이다. 넓적한 콧구멍(얼굴의 삼분의 일을 차지하고 있다)과 돼지털처럼 억센 수염, 부리부리한 눈, 일로 단련된 솥뚜껑만 한 손과 발. 보기만 해도 얼마나 힘이 센지 느껴진다. 그에 견주어 상대편은 대추알만 한 체신을 갖고 있다. 참 기막힌 표현이다, 대추알만 한 체신이라니! 산만한 허우대와 대추알만 한 체신은 그림의 인물로 무척 적절하게 형상화되었다. 이 둘의 대결은 그야말로 흥미진진한 격돌이 예상된다. 숨소리조차 들리지 않을 듯 긴장한 구경꾼의 모습이 그렇지 않은가? 시선이 모두 씨름꾼에게 붙박여 있다. 허우대가 산만 한 장사가 체신이 대추알만 한 장사를 들어 올린다. 구경꾼들의 몸이 씨름꾼의 힘 방향으로 우르르 따라간다. 아이들도 '우~ 우~ 우~' 소리를 내며 몸이 한편으로 따라 기운다. 모래가 튄다. 그림이 한껏 긴장되어 있는 장면이다 보니 문장은 극도로 자제한다. 덩치 큰 씨름꾼의 허벅지와 종아리만 커다랗게 그려져 있는 장면. 얼마나 힘을 주었는지 꼿꼿하게 서 있는 발가락 끝을 보면 보는 이도 덩달아 손과 아귀에 힘이 들어간다.

다시 큰 장사 잡치기 들어간다. 위기일발이다. 구경꾼 가운데 손으로 눈을 가린 사람, 안타까워 손으로 입을 가리고 있는 사람, 사선으로 몸이 쏠리다보니 구경꾼들한테 깔린 사람들. 계집애 몇이 '아~우' 하며 안타까워 한다. 그런데 다음 장면에선 위기감이 줄어든다. 작은 장사가 두 다리를 쭉 뻗어 위기를 모면한다. '휴~우.' 나도 모르게 안도의 숨을 쉬었다. 얼마나 격렬한 싸움인지 자그맣게 그려진 심판이 큰 장사의 발에 채여 나동그라진다. 그림엔 온통 모래가 날린다. 그림을 보던 아이 몇이 마치 제 눈앞에 모래가 날리기라도 하는 양 손을 휘휘 내젓는다. 이 장면에 이르니 앉아서 그림책을 보는 아이들은 거의 없다. 죄다 일어서서 제가 씨름판에 나가 있기라도 한 양 엉거주춤 무릎을 굽히고 서서 본다. 폭풍 같은 장면을 지나 다시 멀리서 그림을 보여 준다. 그런데 멀리서 씨름판을 보니 모래판 위뿐만 아니라 그 둘레의 갖가지 모습이 눈에 들어온다. 씨름의 승부와는 관심 없다는 듯 잠이 든 황소, 기다리는 것에 지쳐 소나무에 등을 기대고 앉은 소몰이꾼의 무료한 모습, 그 뒤에서 슬쩍 오줌을 누고 있는 사내(씨름을 보느라 얼마나 참았을까? 오줌을 누면서도 눈은 온통 씨름판에 가 있다), 아이들은 이 노상방뇨하는 사람을 가리키며 한참을 킬킬거린다.

그때다.

"야, 저쪽 저 오른쪽 위에 있는 나무 뒤에서 어떤 사람 똥 싼다."

아이들이 와하하 웃음을 터뜨린다. 쪼그려 앉아 볼일을 보고 있는 사람 역시 눈은 씨름판에서 떼지 못하고 있다. 씨름판 둘레에서 벌어지는 이런 그림을 보며 고조되었던 긴장감이 한 박자 쉬어 간다. 그러나 채 한숨을 돌리기도 전에 다시 씨름판이 격렬해진다. 아랫입술을 얼마나 힘주어 깨물었는지 큰 장사의 이가 뒤틀릴 것 같다. 그 밑에 깔린 대추알만 한 장사는 금방이라도 고꾸라질 것 같다. 검게 흩뿌려진 먹물은 이들의 대결이 얼마나 격렬한지 고스란히 드러낸다. 뒤이은 장면에는 구경꾼들만 등장한다. 상상력을 고조시키는 데 안성맞춤이다. 아이들은 안달이 나 얼른 책장을 넘기라고 아우성이다. 그런데 어랏! 전세가 역전되고 있다. 샅바에서 손을 놓친 사람은 허우대가 산만 한 장사이다. 그림은 큰 장사가 넘어질 방향 즉 힘을 실은 방향 쪽으로 비스듬히 그려져 있다. '어라, 어라, 어라, 어라!' 하며 점점 커지는 글씨는 구경꾼의 입에서 터지는 것처럼 들린다. 그림과 글씨의 크기가 이야기 진행에 한 목소리를 한다. 들썩이던 교실은 침묵. 흘낏 보니 상재는 손에 난 땀을 바지에 문지르고 있다.

'쿵!'

드디어 거대한 산이 넘어졌다. 아이들은 마치 제가 이기기라도 한 양 서로 얼싸안고 난리다. 글을 읽는 내 목소리는 아이들 함성에 묻혀 들리지 않는다. 완전한 몰입이다. 흥이 많은 기범이와 원재는 '얼쑤 얼쑤' 하며 춤을 추고 있다. 내가 웃음을 터뜨리자 몇 녀석이 합세하여 그야말로 놀이판을 벌인다. 그렇게 한참 떠들썩한 아이들을 보다가 뒤 면지를 열었다. 노을 진 산을 뒤로 하고 다시 집으로 향하는 장면이다. 선아가 수줍게 말한다.

"아까 새벽에 갈 때처럼 할아버지는 맨 꼴찌다."

집에서 어른을 모시고 사는 선아는 이야기 속에서도 자신과 맞닿는 부분에 마음이 가는 모양이다. 아무튼 대추알만 한 장사의 편에서 마음 졸인 우리 아이들은 이 책을 읽으며 통쾌한 승리를 맛보았다. 크고 힘센 것보다는 약하고 작은 것에 마음을 두는 아이들에게 얼마나 잘 맞는 이야기인가? 오늘 아이들은 한바탕 신나는 민속 놀이를 했다. 책에 나오는 인물과 하나가 되어 함께 맘 졸이고 어금니를 앙다물며 하나가 되었다. 이 얼마나 아름다운 조화인가? 그것은 아마도 글과 그림이 한 치의 어긋남 없이 맞물리는 데서 오는 흥겨운 선물이 아닐까? 오랜만에 떠난 흥겹고 배부른 그림책 나들이였다.

[수록 작품 목록]

1장

미술 수업_ 토미 드 파올라 글 · 그림, 엄혜숙 옮김 | 문학동네

낱말 수집가 맥스_ 게이트 뱅크스 글, 보리스 쿨리코프 그림, 신형건 옮김 | 보물창고

나 대신 학교 가 줄래?_ 마리사비나 루소 글 · 그림, 서지혜 옮김 | 느림보

내 말 좀 들어 주세요, 제발_ 하인츠 야니쉬 글, 질케 레플러 그림, 김라합 옮김 | 상상스쿨

릴리의 멋진 날_ 케빈 헹크스 글 · 그림, 이경혜 옮김 | 비룡소

열한 번째 양은 누굴까?_ 미지 켈리 글, 러셀 아요토 그림, 강미라 옮김 | 국민서관

채소밭 잔치_ 다시마 세이조 그림, 고향옥 옮김 | 우리교육

2장

하퀸, 골짜기로 내려 간 여우_ 존 버닝햄, 안민희 옮김 | 논장

너도 갖고 싶니?_ 앤서니 브라운 글 · 그림, 허은미 옮김 | 웅진주니어

나는 노벨상을 받을 거야_ 이자벨 핀 글 · 그림, 김서정 옮김 | 문학과지성사

치킨 마스크_ 우쓰기 미호 지음, 장지현 옮김 | 책읽는곰

고물자전거 날쌘돌이_ 다바타 세이이치 글 · 그림, 엄혜숙 옮김 | 우리교육

뚱보 페트라_ 헬가 반쉬 글 · 그림, 배상희 옮김 | 여유당

벽 속에 늑대가 있어_ 닐 가이먼 글, 데이브 맥킨 그림, 이다희 옮김 | 비룡소

특별한 손님_ 안나레나 맥아피 글, 앤서니 브라운 그림, 허은미 옮김 | 베틀북

3장

살아 있어_ 나카야마 치나츠 글, 사사메야 유키 그림, 엄혜숙 옮김 | 보물상자

비밀의 방_ 아스트리드 린드그렌 글, 한스 아놀드 그림, 이유진 옮김 | 보물창고

피아노치기는 지겨워_ 디비드 칼리 글, 에릭 엘리오 그림, 심지원 옮김 | 비룡소요

프로버디티!_ 크리스 반 알스버그 글 · 그림, 홍연미 옮김 | 달리

사슴아 내 형제야_ 간자와 도시코 글, G.D. 파블리신 그림, 이선아 옮김 | 보림

내 토끼 어딨어?_ 모 윌렘스 글 · 그림, 정회성 옮김 | 살림어린이

기억의 끈_ 이브 번팅 글, 테드 랜드 그림, 신혜은 옮김 | 사계절

파리의 휴가_ 구스티 글 · 그림, 최윤정 옮김 | 바람의아이들

4장

아무도 몰랐으면 좋겠어!_ 박경진 글 · 그림 | 미세기

세 엄마 이야기_ 신혜원 지음 | 사계절

뻐꾸기 엄마_ 이형진 글 · 그림 | 느림보

즐거운 비_ 김향수 글, 서세옥 그림 | 한솔수북

나, 화가가 되고 싶어!_ 윤여림 글, 정현지 그림 | 웅진주니어

손님_ 윤재인 글, 민소애 그림 | 느림보

동생이 싫어!_ 문구선 글 · 그림 | 한림출판사

비무장지대에 봄이 오면_ 이억배 글 · 그림 | 사계절

혼자 가야 해_ 조원희 글 · 그림 | 느림보

5장

종이에 싼 당나귀_ 서정오 글, 김영희 그림 | 한림출판사

길 아저씨 손 아저씨_ 권정생 글, 김용철 그림 | 국민서관

옴두꺼비 장가간 이야기_박영만 원작, 이미애 엮음, 김세현 그림 | 사파리

정신없는 도깨비_ 서정오 글, 홍영우 그림 | 보리

오러와 오도_ 이영경 글 · 그림 | 길벗어린이

자린고비_ 문종훈 그림, 정하섭 엮음 | 웅진주니어

심심한 오소리_ 이상교 글, 이태수 그림 | 사계절

6장

무지개_ 문승연 글 · 그림 | 천둥거인

준치 가시_ 백석 글, 김세현 그림 | 창비

오징어와 검복_ 백석 글, 오치근 그림 | 소년한길

큰 집게발이 멋진 흰발농게_ 김황 글, 문종인 그림 | 한솔수북

세상에 음악이 생겨난 이야기_ 여송연 글, 김솔미 그림 | 사계절

씨름_ 김장성 글, 이승현 그림 | 사계절

창이 환한 교실 4

최은희가 들려주는 그림책 이야기

학교로 간 그림책

1판 2쇄 펴냄 2017년 4월 25일

지은이 최은희
펴낸이 김두레
디자인 김태우
편 집 이현정

인쇄 천일문화사

펴낸곳 상상의힘
등록 제 2010-00312호(2010년 10월 19일)
주소 서울시 강남구 삼성동 봉은사로 72길 33(101-902)
전화 070-4129-4505
팩시밀리 02-2051-1618
홈페이지 www.sseh.net

ISBN 978-89-97381-28-9 03800

이 도서의 국립중앙도서관 출판예정도서목록(CIP)은 서지정보유통지원시스템 홈페이지(http://seoji.nl.go.kr)와 국가자료공동목록시스템(http://www.nl.go.kr/kolisnet)에서 이용하실 수 있습니다. (CIP제어번호 : CIP2014019174)